아직,
역사는 끝나지 않았다

아직, 역사는 끝나지 않았다

초판 1쇄 발행 2023년 01월 25일

지은이 장시정
펴낸이 류태연

펴낸곳 렛츠북
주소 서울시 마포구 양화로11길 42, 3층(서교동)
등록 2015년 05월 15일 제2018-000065호
전화 070-4786-4823 | **팩스** 070-7610-2823
홈페이지 http://www.letsbook21.co.kr | **이메일** letsbook2@naver.com
블로그 https://blog.naver.com/letsbook2 | **인스타그램** @letsbook2

ISBN 979-11-6054-600-2 (13340)

아직,
역사는 끝나지 않았다

장시정 대사의 외교안보 에세이

36년 경력 외교관의 현장 경험을 바탕으로 한
외교안보 정책과 현안들에 대한 단상과 제언

청년 이승만은 이미 한 세기도 더 전에 "나라가 지금 이 지경에 이른 근본적인 원인은 정치를 변혁하지 못했기 때문이다"라고 탄식하면서 국내정치의 중요성을 설파하는 한편 "마땅히 세계와 통하여야 한다. 외교를 잘하고 통상하는 것이 피차의 이익이 되어 나라를 부유하게 하는 근본이다"라며 외교와 통상을 강조하였다. 탁견이 아닐 수 없다.

지난 문재인 종북주사파 정권은 전체주의의 망령이었다. 자유민주주의가 질식하고 국가안보가 한없이 취약해졌다. 대한민국은 국력이 결코 약한 건 아니지만 중국, 러시아, 북한과 같은 전체주의 북방국가들과 대치하고 있는 최악의 지정학적 여건에 처해 있다. 그렇기에 경제도 중요하지만 외교안보는 더욱 중요하고, 그에 앞서 국내정치가 잘되지 않으면 경제든 외교안보든 모두 허사다.

소련 해체 후 프랜시스 후쿠야마가 쓴 『역사의 종언』은 반공산주의 선언이었다. 그는 베를린 장벽 붕괴를 냉전의 종말로 보았다. 하지만 이것은 베를린 장벽이 수많은 전선 중 하나에 지나지 않았다는 사실을 간과한 것이다. 한국의 휴전선은 아직 그대로이며 냉전도 계속 중이다. 과거 미·소 간 대결이 미·중 간 대결로 바뀐 것뿐이다. 서방이 중국에 진지하게 대처하지 않은 건 최대의 실수였다. 지금 신냉전의 대결 상대는 사람들의 생각보다 훨씬 더 강력하다. 후쿠야마도 자신의 견해에 변화가 있음을 고백했다. 자유민주주의가 퇴보하고 있고, 공산주의는 죽지 않았고, 역사도 끝나지 않았다는 주장이다. 통일독일은 1950년대 서독이 공산당을 해산한 '방어적 민주주의'의 길을 아직 고수하고 있다. 바로 우리가 반공, 승공의 길을 포기해선 안 되는 이유일 것이다.

그동안 이런저런 생각이 많았다. 외교관이란 직업의 특성상 크든 작든 늘 호기심과 관심이 발동한다. 36년 외교관 생활 중 여러 해외 임지를 다녔지만 백미는 마지막 임지였던 함부르크였던 것 같다. 함부르크는 오늘날 유럽연합의 맹아라는 과거 한자동맹의 일원이자, 황제로부터 독립한 자유도시로 상업과 산업 그리고 언론과 출판의 중심도시다. 그래서 부자들의 도시면서도 지성인들의 도시기도 하다. 1867년에 마르크스의 『자본론』이, 1946년에는 독일의 사회적 시장경제의 기념비적 저서 밀러-아르막 교수의 『경제지도와 시장경제』가 이곳에서 처음 모습을 드러내었다.

함부르크에서 근 4년을 보내면서 수백 명에 달하는 세계 최고의 전문가, 지성인들과 만나 생각을 나누며 지낼 수 있었던 건, 나의 외교관 생활 마지막에 잡을 수 있었던 엄청난 행운이었다. 지금 나의 생각들도 대부분 그때의 귀동냥으로부터 조련된 것들이다. 이 책을 통하여 그들의 생각을 독자들과 공유하고자 한다. 이 책의 주요 내용을 개괄해 본다.

Part 1, 3 한국과 국제정치

중국, 러시아, 북한이라는 강력한 북방 전체주의 세력과 대치하고 있는 지정학적 현실을 직시하고, 한미동맹에 더하여 일본까지 묶은 3국 동맹만이 이 북방 전체주의 세력을 안정적으로 극복할 수 있다. 한·미·일 3국 간 사실상의 군사동맹으로 중공, 소련, 북한의 침략을 막아 내었던 6·25전쟁이 그 실증적 사례다. 러시아의 우크라이나 침공은 전쟁을 불법화한 현대 국제질서의 근간을 흔드는 행위로서 한·러 관계의 중요성에도 불구하고 보다 거시적인 관점에서 대응해야 하며 중·러의 확장적 대외정책과 베스트팔렌체제에 대한 도전은 현대 국제정치가 풀어야 할 주요 과제다.

Part 2 북한 관계

태생적으로 군사국가인 북한과의 평화 통일은 본질적으로 불가능하다. 북한이 남북한연락사무소를 폭파하고 해상에 표류 중이던 우리 해수부 공무원을 사살했을 때 그나마 피상적이었던 관계마저도 끝났다. 문재인 정부가 임기 내내 주장한 종전선언은 국민의 '일반의지'를 도외시한 것으로 미군철수의 빌미가 될 뿐만 아니라, 최종적인 승리를 추구하는 전쟁의 본질상 의미가 없다.

Part 4 한·중 관계

2020년 3월 불거진 '차이나게이트'를 기점으로 한·중 관계의 전반적 리셋이 시급해졌다. 중국은 북한에 이어 한국에 정치적 영향력이나 지배력을 갖게 될 때 중화 패권주의 목표에 한층 더 쉽게 접근할 수 있다는 판단을 하고 있다. 그런 만큼 중국이 한국에 대하여 경제, 통상의 상호 이익 추구를 넘어서 정치적 영향력의 확대를 시도하고 있음을 경계하고 이에 적극 대처해야 한다.

Part 5 한·일 관계

일본과는 우선 과거사에 대한 역사인식의 차이를 극복하고 단순히 미래 지향적임을 넘어서서 미래로 연결되는 생산적인 대화와 협력을 꾸준히 집적시켜 나가면서 선린, 공조, 협력 관계를 뛰어넘는 동맹관계를 지향해야 한다. 무역 분쟁이나 영토문제를 국내정치로 끌어들여서는 안 되며, 특히 독도문제에 관하여는 low-key를 유지해야 한다.

Part 6 독일모델

미국은 구글, 애플, 하버드 대학 등 아주 높은 첨탑을 가지고 있지만, 평균치는 상대적으로 낮다. 반면 독일은 꼭대기가 미국보다 낮을지라도 그 평균치는 더 높고 단단하다. 바로 미텔슈탄트_{Mittelstand}와 히든챔피언이 떠받치고 있는 나라로서, 우리의 발전모델이다.

또한 튼튼한 정당제 아래에서 제대로 된 정치 엘리트를 육성, 충원하는 독일의 정치제도를 우리 정치가 참고할 것을 주문한다.

Part 7 통일 문제

비스마르크가 오스트리아를 배제하고 독일제국을 통일한 소독일주의 통일 사례는 통일의 주체 문제를 최우선시한다. 즉 어떤 경우에도 북한이 중심이 되는 통일은 물론, 연방제 같은 중도적이며 타협적인 통일은 대안이 될 수 없으며 자유대한민국이 주체가 되는 통일만을 추구해야 한다. 하지만 지난 70년간 너무나 이질적인 집단이 되어 버린 북한과 우리는 지구상에서 가장 극심한 '부적합성'incompatibility을 보이고 있기에, 당분간은 명분을 위한 통일 레토릭 대신 국방안보를 튼튼히 하는 가운데 남북한이 각자도생의 길을 찾아야 할 것이다.

지난 문재인 정권 5년간 엄습해 온 전체주의의 그림자가 나를 늘 깨어 있게 했고, 코로나의 도래는 오히려 차분하게 생각하고 글을 쓸 수 있는 기회를 주었다. 한국외교협회에서 발간하는 '외교광장'에 게재한 글과 페이스북에 포스팅했던 글들을 큰 주제별로 묶고, 포스팅 시기 순으로 날짜를 표시하여 정리하였다. 날짜 미상으로 표기된 일부 글은 이번 출간 시 추가한 것이다. 가독성을 높이기 위하여 소제목과 일부 문구를 그 취지나 맥락에 어긋나지 않게 바꾼 것도 있다. 특정 주제에 대한 깊이 있는 글도 아니고, 외교 현장 경험을 소환하여 쓴 글이 많지만, 그럼에도 핵심이나 메시지만큼은 놓치지 않았기를 바라는 마음이다. 독일의 사례를 많이 인용한 것은 '어떤 설명도 비교 없이는 또렷해지지 않는다'는 평소 생각의 반영이다. 독일이라는 거울을 빌려 우리의 모습을 비쳐 보고자 한다.

과거 외세와의 역사적 전투 현장이 되었던
영종도에서 2022년 세모에,

김시래

목차

들어가는 말   •004

Part 1.
강대국의 경유지, 한국과 국제정치

다가오는 한국의 위기와 지정학 ·· •017

아직, 역사는 끝나지 않았다 ·· •021

마키아벨리의 '조바심하는 통찰력'과 한반도 ································· •025

"미국이 돌아왔다"- 바이든 대통령의 첫 국무부 연설 ···················· •028

'초월외교'와 동맹 외교 ·· •031

G20를 넘어 D10으로 ··· •036

빌헬름 2세의 '훈 연설'과 바이에른호의 중국해 항행 ····················· •039

종전선언 주장은 국민의 '일반의지'를 도외시한 것이다. ·················· •043

나토의 '이중결의'가 우리의 핵무장 논의에 갖는 함의 ···················· •046

중국의 불쏘시개로 전락한 한국 대통령의 호주 국빈 방문 ················ •054

5가지 우크라이나 전쟁 시나리오 ··· •056

우크라이나 전쟁과 국제안보질서 재편 ····································· •061

'겉보기 거인' 러시아와 전범자 푸틴 ·· •067

유럽 지정학의 지각 변동- 스웨덴과 핀란드의 나토 가입 ················· •071

Part 2.
북한과의 평화는 사실상 불가능하다

김정은과의 평화는 사실상 불가능하다 - '방어적 민주주의'   • 079

세기의 스캔들, 국군 포로 문제   • 084

엽기적인 북한, 인민들의 웃음을 금지하다   • 086

바이콧, 멸공!   • 088

핵보유는 말이 아닌 핵구름으로 보여 주는 것이다   • 091

북한 핵문제, 어떻게 대처할 것인가?   • 095

Part 3.
한국전쟁은 '잊혀진 전쟁'인가?

한국전쟁은 '잊혀진 전쟁'인가?   • 103

6·25 동란인가, 조국해방전쟁인가?   • 105

정보는 평가하지 않는다면 아무 소용이 없다   • 107

"일본 없이 한국을 방어할 수 없다" - 아시아판 나토   • 112

"맥아더가 옳았다" - 제한전의 비극   • 117

한국전쟁의 첫 교훈과 그 마지막 교훈   • 122

다시 써야 할 『징비록』   • 128

Part 4.
'차이나게이트'는 국권 침탈의 전주곡

중국몽과 시진핑의 야망   • 137

미·중 무역전쟁과 한국   • 142

'차이나게이트'는 국권 침탈의 전주곡   • 150

세계 질서를 바꾸려는 중국 공산당의 '조용한 정복' 시도   • 153

세계의 신(神)이 되려는 중국 공산당   • 158

지옥으로 가는 '일대일로'   • 163

중국의 민주화는 가능한가?   • 167

기자조선과 소중화   • 171

Part 5.
한·일 분쟁, '헤드라인 싸움'에서 벗어나야 한다

대마도는 우리 땅이 아니다   • 179

한·일분쟁, '법률적 분쟁'으로 풀어야 한다   • 184

한·일분쟁, '헤드라인 싸움'에서 벗어나야 한다   • 190

무역 분쟁의 승자는 없다   • 196

일본은 정녕 '가깝고도 먼' 나라인가?   • 203

"청년들이여, 야망을 가져라!"   • 209

"일본(한국) 사람은 다 그래"- 〈한일 간 시민사회와 언론인 심포지엄〉 • 212

국가적 진퇴양난을 자초한 한국 법원   • 219

독도와 서양 고지도의 증거력   • 222

과거사를 대하는 독일과 일본, 어떻게 다른가?   • 225

천황을 부인한 리버럴리스트, 마루야마 마사오   • 232

Part 6.
독일의 힘은 정치로부터

독립과 중립- 독일 연방헌법 재판관들의 행동준칙   • 239

탱자가 되어 버린 독일식 연동형 비례대표제   • 243

독일의 성공 신화는 정당 정치로부터   • 251

독일은 전자 선거도, 사전 선거도 하지 않는다   • 255

올라프 숄츠의 부상과 메르켈 시대의 종언   • 259

게노쎄(동무) 슈뢰더와 전관예우   • 266

독일 중심의 EU, 지속가능한가?   • 270

한국 안보, 유럽과 무관한가?   • 274

왜 독일모델인가?   • 278

Part 7.
비스마르크의 소독일주의와 한국통일

브란트 총리의 무릎 사죄는 독일통일의 출발 • 285

독일통일은 '자기해방' 모델이다 • 287

전후 조국의 분단을 막은 오스트리아 '국민교사' 카를 레너 • 290

"We shall overcome"- 독일통일의 교훈 • 295

재통일이 아니라 새로운 통일이다 • 301

브렉시트는 남북한 통일의 반면교사 • 305

분리를 통한 통일, 비스마르크의 소독일주의에서 배운다 • 311

참고 문헌 • 317

Part 1

강대국의 경유지, 한국과 국제정치

북방 전체주의 세력과 대치하고 있는 한국의 형세가 왠지 위태로워 보인다.
사진 출처: Wikimedia Commons

"좋은 시절에 그 실체에 그늘을 드리울 주장에 귀 기울이지 않는 것은 인간의 본성이다."
_티투스 리비우스Titus Livius

"세계질서 2.0에 대한 새롭고 다른 접근 방식이 필요하다. 냉전 종식으로 세계는 마치
썰물 때 조류가 잠시 멀리 가 버린 것처럼 역사의 휴식에 접어들었고 앞으로 닥쳐올 상
황에 무방비로 노출되었다."
_미국외교협회장, 리처드 하스Richard Haass

다가오는 한국의 위기와 지정학

　　　　　헝가리는 1989년 5월 동독인들에게 가장 먼저 오스트리아 쪽 국경을 터 줌으로써 동구혁명과 독일 통일로 가는 길을 처음 열어 주었던 나라다. 나는 동구혁명 직후였던 1990년 1월 부다페스트를 여행하면서 얼어붙은 날씨만큼이나 을씨년스럽게 보였던 부다페스트의 거리를 걸었고 그로부터 6년 후에는 그 나라에서 2년 반을 살면서 그 짧은 기간 중 일어났던 괄목할 만한 발전을 목도할 수 있었다. 헝가리는 13명의 노벨상 수상자를 배출했고, 예술에도 능한 사람이 많다. 나는 김치를 좋아했던 아라파드 괸츠 대통령의 소박한 모습과 함께 한창 번영해 가는 이 나라의 모습을 뒤로하고 1998년 여름 부다페스트를 떠났다.

그런데 2012년 여름 빈으로부터 차를 몰고 14년 만에 부다페스트를 다시 찾았을 때의 실망감은 지금도 잘 잊히지 않는다. 우중충한 날씨 탓도 있겠지만, 왠지 거리는 어두워 보였고 활력을 느낄 수 없었다. 『다가오는 유럽의 위기와 지정학』을 쓴 조지 프리드먼George Friedman의 관찰도 그때 내가 받았던 인상과 일치한다. 바치 거리Vaci St.의 세계 최고 브랜드 상점들은 대부분 떠났고 한산해진 거리에는 차도, 사람도 없었다. 내가 업무상 가끔 갔던 시내의 최고 레스토랑인 군델Gundel도 예약 없이 이용이 가능해졌다고 했다. '뭔가 이게 아닌데'라는 생각과 마주치자 이 나라의 지도자가 생각났다. 바로 빅

토르 오르반_{Viktor Orban} 총리다. 그의 권위주의적 정부가 포퓰리스트적 정책을 시행하면서 나라 전체의 활기가 식어 버렸다. 헝가리가 유럽연합에 가입하면서 기대했던 혜택이 현실화되지 않자 오르반은 민족주의 입장을 추구했다. 그의 관심사는 유럽연합이 아니라 헝가리와 헝가리에서의 자신의 입지였다. 사법부를 장악하고 헌법재판소를 약화시켰고 언론을 조정하면서 정권 유지 가능성을 계속 높여 왔다.

그런데 정작 중요한 이야기는 지금부터다. 헝가리 사람들은 매우 똑똑한 사람들이다. 1990년대 말이면 헝가리에서 본격적인 시장경제가 시작된 지 얼마 되지 않았을 때였지만 당시 헝가리 사람들은 은행의 재무제표를 보고 그 은행에 맡긴 돈을 찾아야 할지, 말아야 할지를 결정한 사람들이었다. 부다페스트에 나와 있던 한국계 은행 관계자는 당시 헝가리 사람들의 경제 지식이 우리보다 낫다고 했다. 그렇다면 왜 이 똑똑한 사람들은 오르반이 나라를 이 지경까지 망치도록 수수방관하였을까? 프리드먼은 이렇게 말한다.

> "러시아인들은 정보 조직을 이용해서 점령 기간 동안뿐만 아니라 그 후에도 모든 사람에 대한 신상을 꿰고 있었고 사람들이 감추고 싶어 할 만한 신상 정보를 모조리 알고 있었다. 러시아인들은 대놓고 협박할 필요가 없었다. 넌지시 암시만 하면 되었다. 사람들은 자기가 무슨 짓을 했는지 알고 있고, 러시아 정보 조직도 알고 있으며, 그 정보 조직이 자기가 한 짓에 대한 기록을 갖고 있다는

사실도 알고 있었다. 어쩔 수 없이 몸조심하게 되었다는 뜻이다."

결국 헝가리 지도층은 러시아 정보기관에 코가 꿰어 푸틴의 친구인 오르반의 장기 집권을 열어 주면서, 서서히 그들의 번영을 잠식해 갔다는 이야기다. 우리나라에도 많은 정치, 언론, 종교계 인사들이 중국이나 북한으로부터 자유롭지 못하다는 이야기를 한다. 작년 11월 호주에 망명한 중국 스파이 왕리창은 대만과 홍콩에서 여론 조작과 선거 개입 공작을 벌였다고 폭로했는데, 언론계 인사 등에 대한 매수도 그가 동원한 방법이었다. 러시아 정보기관의 헝가리에 대한 은밀한 공작과 그 정보를 넘겨받은 권력자의 장기 집권은 우리나라에서 여사한 경각심을 재삼 상기시켜 준다.

오랜 기간 해외 체류로 국내 사정에 어두웠던 내가 우리나라에서 살고 있는 중국인들을 주목하게 된 우연한 계기는 지난여름에 있었다. 무더운 어느 날 저녁 남산을 올라가는데 웬 중국말이 그렇게 많이 들리는지 내가 혹시 북경에라도 와 있는 건 아닌지 착각할 정도였다. 마주치는 사람마다 삼삼오오 중국말을 하는 게 아닌가. 그전에도 지하철에서 간간이 들을 수 있는 중국말이었지만 이날 남산 올라가는 길에서 받은 충격은 쉽게 가시질 않았다. 그러던 중 올해 삼일절에 '차이나게이트'가 터지면서 그 정치적 의미에 대하여 경각심을 갖게 되었다.

에스토니아, 라트비아, 리투아니아의 발트 3국은 오랫동안 러시아의 지배를 받았지만 슬라브족 국가들은 아니다. 스칸디나비아, 특히 핀란드와 공통점이 많다. 동구혁명 후 이 나라들은 유럽연합과 나토에 가입하여 러시아와 대치하는 최전선이 되었다. 그런데 이 나라들은 하나같이 언제 터질지 모르는 시한폭탄을 안고 있는데, 바로 여기에 거주하는 러시아 소수 주민들이다. 이들은 차별받고 있다고 주장하고, 러시아는 이들을 보호하겠다고 한다. 다시 프리드먼의 상상력을 동원해 보자.

> "간단한 시나리오가 펼쳐진다. 우발적이든 조작했든 어떤 사건이 일어나서 발트해 연안국 수도에 거주하는 러시아인들이 시위를 시작하고 경찰이 최루 가스를 쏘자 어디선가에서 폭력사태가 일어나고 러시아인들이 죽음을 당한다. 러시아 정부는 자국 시민들을 보호할 권리 행사를 요구하고 발트해 국가는 그 요구를 거부한다. 폭력사태가 심각해지고 많은 러시아인이 목숨을 잃고 러시아는 이 나라를 점령한다. 경계지역 전역에 오래전부터 화약고들이 존재하고 있지만 이곳은 유럽 반도와 본토 사이 경계지역에 있는 언제 불붙을지 모르는 화약고다."

여기서 '발트해 연안 국가들' 대신 '한국'을, '러시아인' 대신 '조선족'을, '러시아' 대신 '중국'을 각각 넣고 다시 읽어 보라. 지금 한국과 중국의 지정학적 관계가 연상됨에 큰 어려움이 없을 것이다. 발트 3국이 러시아와 대치하고 있다면 우리는 중국과 대치하고 있다. 나토에 가입한 발트 3국이 러시아에 위협적이라면 미군이 주둔하

고 있는 한국도 중국에 위협적이다. 그 반대도 마찬가지다. 한반도
도 발트 3국과 같이 언제 불붙을지 모르는 화약고이며 한국에 와
있는 조선족이 그 뇌관이 될 가능성이 크다. 우리가 조선족을 노동
시장의 필요에 따라서 그리고 중국 유학생을 대학의 생존 대안으로
서 더 이상 마구잡이로 받아들이면 안 되는 이유다. 피는 여권보다
강하다지만, 이들은 유사시 북경의 마리오네트로 전락할 것이기 때
문이다. 물론 이들을 민주시민으로 키우고자 하는 관심이 늘 필요
하다는 건 불문가지다.

- 조지 프리드먼George Friedman 지음, 홍지수 옮김,
『다가오는 유럽의 위기와 지정학Flash Points』

2020.12.12.
아직, 역사는 끝나지 않았다

지정학은 지리적 요인을 통해 국제적 현
안을 이해하는 방식이다. 그런데 우리나라의 지정학적 위치는 200
개가 넘는 전 세계 국가 중 단연 최악이다. 러시아와 중국이라는 거
대 전체주의 국가와 마주하고 있기 때문이다. 3대 세습국가이자 핵
을 보유한 북한과도 대치하고 있다. 소련의 해체와 함께 자유민주
주의가 공산주의에 최종적으로 승리했다는 『역사의 종언』을 쓴 프
랜시스 후쿠야마Francis Hukuyama는 그 후 『정치질서와 정치쇠퇴』 등 저

서를 통해 그동안 자신의 견해에 변화가 있음을 고백했다. 현대 자유민주주의가 퇴보하고 있고 공산주의는 죽지 않았으며, 역사도 끝나지 않았다는 것이다. 민주주의는 통치자를 바꾸는 절차다. 인민민주주의나 주권민주주의처럼 민주주의에 형용사를 붙여 한정하는 것은 그런 절차를 없애려는 시도이며, 중국과 러시아가 바로 이런 허울 좋은 민주주의로 영구집권체제를 확립한 독재의 나라다.

'궁극적 자본주의'라고도 하는 사회민주주의는 자유와 평등의 기본권이 보장되는 가운데 사회적 연대를 강화하자는 정치 세계관이다. 사회민주주의 질서가 발전, 실현되고 그 절정기를 맞이한 상태에서 흔들리기 시작했다는 것은 역설적이지만 내가 만난 미국의 경제학자 제프리 색스Jeffrey Sachs는 높은 수준의 소득과 성장 그리고 혁신이 고도의 사회보장과 결합되는 것이 가능하다면서 스칸디나비아 사민주의 모델을 높이 평가했다. 이것에 맞선 막스레닌주의적 사회주의는 생산수단의 국유화와 통제적 계획경제를 요체로 하며 여기서 한 걸음 더 나가면 사유재산 자체를 부정하는 공산주의가 된다. 요컨대 같은 사회주의의 뿌리에서 나왔지만 사민주의는 자유민주주의고 사회주의는 공산주의다.

독일에는 사민주의도 있고 사회적 시장경제도 있다. 사회적 시장경제는 단순히 얘기하자면 그냥 시장경제다. 우파 정당인 기민당이 처음 제시했고 사민당이 나중에야 이를 지지한 것이 바로 사회적 시장경제가 자본주의 시장경제와 다르지 않다는 방증이다. 그런데 우리나라에서는 이것을 사회주의 경제에 가깝게 해석한다. 경제 민주화를 주장하는 사람들이 사회적 시장경제를 하자고 하는데 이것은 오류다. 경제 민주화는 사회적 시장경제보다 더욱 좌로 나간 개념이며 이미 우리 헌법에 수용되고 있기 때문이다. 나는 독일의 사민주의와 사회적 시장경제를 지지한다. 독일에서 오랜 기간 살면서 체득한 것이기도 하고, 나의 신념과도 부합하기 때문이다. 하지만 이젠 벽을 느낀다. 우리나라에서 '사회'란 말은 오염되었다. 우리의 토양으로는 이런 정치한 제도를 제대로 운용할 수 없다. 우리 수준이라면 그냥 단순한 게 좋다. 중도나 중립이 살아남기 힘든 토양이다.

오스트리아의 '국민 교사'라는 카를 레너 Karl Renner 는 사회주의자다. 소련군에게 점령된 빈에서 수차례 스탈린에게 편지를 써서 접근했고 결국 오스트리아가 패전 후 10년을 기다려 분단 없이 중립국으로 살아남을 수 있도록 정치 지도력을 발휘하였다. 우리도 분단 후 한반도 중립화론이 있었다. 하지만 우리의 토양으로는 이걸 소화할 수 없었다. 이승만 대통령이 〈정읍 연설〉에서 밝힌, 남쪽만이라도 자유민주주의 국가로 독립해야 한다는 주장이 옳은 것이었고 또 그렇게 증명되었다.

다시 우리의 엄정한 현실로 돌아와 보자. 당장 인구 14억의 세계 최대 인구 대국 중국은 그 인구를 주변 국가로 분산시키려 하고 있다. 미국이 서부로 눈을 돌렸듯이 중국도 주변 나라로 눈을 돌리고 있다. 중국이 수십 개 나라에 돈을 뿌려대는 일대일로란 사업도 결국 돈과 함께 사람을 심는 프로젝트다. 역사적으로 해외로 진출한 화교 말고도 중공 치하에서 해외로 뿌려진 인구가 족히 1천만 명은 된다고 한다. 그중 수백만 명이 이미 한국에 들어와 있다. 이는 부동산값 폭등이나 의료보험료의 가파른 인상에도 적잖은 영향을 미친다.

한국은 지리적 자연 장벽이 없기에 강대국들의 경유지 역할을 해왔다. 일청전쟁이나 일로전쟁도 한반도와 그 주변 해역이 전쟁터였다. 이념은 스쳐 지나가도 지리는 불변이다. 요즘은 가끔 악몽을 꾼다. '차라리 우리나라가 태평양 한복판에 있으면 좋겠다'라는 부질없는 생각이 멈추질 않는다.

· 팀 마샬Tim Marshall 지음, 김미선 옮김,
『지리의 힘Prisoners of Geography』
· 프랜시스 후쿠야마Francis Hukuyama 지음, 이수경 옮김,
『존중받지 못하는 자들을 위한 정치학Identity』
· 프랜시스 세예르스테드Francis Sejersted 지음, 유창훈 옮김,
『사회민주주의의 시대』

마키아벨리의 '조바심하는 통찰력'과 한반도

히틀러의 야욕을 막지 못한 아써 체임벌린Arthur Chamberlain의 유화정책만큼 후세 사가들에 의해 혹독하게 비난받은 것은 없을 것이다. 그러나 당시의 눈으로 보자면 그의 판단은 상당히 합리적인 것이었다. 그는 현명치 않았다기보다는 운이 없었다. 체임벌린은 히틀러의 재무장은 문젯거리지만, 독일의 공업 생산력, 역동적인 인구, 유럽의 심장부라는 전략적 입지로 보아 불가피한 것이라 믿었다. 또 한편으로는 뮌헨 협상 당시 영국의 군사력이 독일의 야욕을 막을 만큼 충분치 않아 시간을 벌려고 했다는 분석도 있다. 아무튼 그는 히틀러를 저지하지 못했고 세계 전쟁이 터지고 말았다.

처칠은 일찍부터 히틀러를 꿰뚫어 보고 있었고 한 수 앞을 내다보았다. 처칠은 역사상의 괴물들에 대해서 잘 알고 있었다 한다. 그는 환상을 별로 갖지 않은 매우 현실적인 사람이었는데, 그 이유는 그가 군인으로서 영국의 식민지 전쟁을 몸소 체험했고 또 많은 시간을 들여 역사를 읽고 썼기 때문이었다. 10여 년 전에 봤던 〈포 페더스〉The Four Feathers란 영화에서 사막 한가운데서 전설적인 '마디'Mahdi가 지휘하는 모슬렘 반군을 맞아 사각 편대로 맞선 영국군이 전멸하는 광경은 아직도 나의 뇌리에 선명하게 박혀 있다. 처칠이 바로 이 수단과의 전쟁에 기병대 장교로 참전을 했고, 그의 전쟁 경험은

1899년『강의 전쟁The River War : 수단 재정복의 역사적 고찰』이란 역사물을 낳았다. 그가 노벨문학상을 받은 건 결코 우연이 아니었다.

전쟁이나 변란, 혹은 다른 여러 위험은 언제 그 징후를 알 수 있는가? 조기 경보는 위기 예방을 위한 필수 조건이고, 예견될 수 있는 정보라면 무엇이든 현명하게 조직화하는 기술이 필요하다. 그것이 바로 마키아벨리의 교훈, 즉 '불안한 선견력'anxious foresight이다. 이것은 어떤 국가나 사회에서 일어나고 있는 부정적 징후로부터 앞으로 일어날 사건들을 예견하는 충분하고도 걱정스러운 선견지명이라 하겠다. 나는 이것을 '조바심하는 통찰력'으로 부르고자 한다. 히틀러의 대두에 대한 체임벌린의 '조바심하는 통찰력'은 충분치 않았고 결국 전쟁을 불렀다. 19세기 말 수단에서 영국의 지원을 받는 이집트 지배에 대한 반감으로 마디를 중심으로 한 수단 반군 세력이 부상했지만, 이에 대한 글래드스턴 총리의 '조바심하는 통찰력' 또한 충분치 않았다. 그 결과 청나라와의 전쟁에서 혁혁한 공을 세운 '차이니즈 고든'Chinese Gorden 장군이 하르툼 사수 전투에서 손에 칼을 든 채 전몰하는 비극을 맞았다.

인류의 역사에 이런 사례는 수없이 많다. 고대의 세계 대전이라는 포에니 전쟁에서 로마에 패한 카르타고나 펠로폰네소스 전쟁에서 스파르타에 패한 아테네인들은 대량 살상이라는 엄청난 비극과 마주해야 했다. 그들에게 바로 이 '조바심하는 통찰력'이 없었음을 리비우스와 투키디데스의 기록이 생생히 전하고 있다. 카르타고의 한 장군이 동포들에게 그들의 행운이 영원하지 않다는 것을 설득하는데 실패했을 때 리비우스는 이를 비꼬아 "좋은 시절에 그 실체에 그늘을 드리울 주장에 귀 기울이지 않는 것은 인간의 본성이다"라고 썼다.

한반도로 돌아와 보자. 여기서는 어떤 일들이 벌어지고 있나. 북한은 핵과 생화학 무기라는 대량살상무기 외에도 100만 대군이라는 막강한 재래식 전력을 보유한 채, 남한에 대하여는 남북한 연락사무소를 폭파하고 바다에 표류한 인명을 살상하는 광포를 이어 가고 있다. 중국은 우마오당을 동원하여 한국의 여론을 조작하고 선거에도 개입하고 있다. 그들의 폭력 조직이 서울에 진출하고 강남의 아파트 매집에까지 나서고 있다. 국내적으로는 극심한 대립과 정쟁이 이어지는 가운데, 코로나가 창궐하고 민생은 어려워졌다.

이 정도면 '조바심하는 통찰력'이 아니라 그냥 '막통찰력'만으로도 판단이 오지 않나. 대한민국은 트랩에 걸려들었다. 마치 올무에 걸린 들짐승처럼 지금 대한민국의 시간은 바야흐로 사투의 시간이다. 그런데 정치인들이나 시민들이나 대체로 무사안일하기만 하다. 그저 다음번 선거에서 정권 교체가 될 거라는 막연한 생각들을 하고 있는 듯하다. 과연 그렇게 될까.

'조바심하는 통찰력'의 철학적 기초는 마키아벨리와 홉스 그리고 투키디데스에 있다. 마키아벨리의 미덕은 힘과 용기다. 그의 『군주론』은 그가 사랑했던 도시 피렌체가 무자비한 외부의 침략자들로부터 살아남도록 돕는 지침서였다. 홉스는, "인간은 가장 교활하고, 가장 강하고, 가장 위험한 동물이다"라고 설파했고, 그래서 리바이어던이 필요하다고 했다. 투키디데스는, 문명은 야만성을 억제할 수는 있지만 그것을 제거할 수는 없다고 했다. 마키아벨리나 홉스, 그리고 투키디데스의 철학은 자신들이 직접 겪은 정치적 혼란을 바탕으로 나온 것이다. 이제 그 야만성이 수시로 불거져 나오는 한반도에서, 그래서 생명과 안전에 대한 공포라는 홉스적인 불안이 도사리고 있는 이곳에서 대체 이 '조바심하는 통찰력'을 가진 지도자는 어디에 있는 것일까? 있기나 한 걸까? 어쩌면 한반도에는 처칠이 보았다는 그 괴물만 꽈리를 틀고 앉아 있을지 모른다.

· 로버트 D. 카플란Robert D. Kaplan 지음, 이재규 옮김,
『21세기 국제정치와 투키디데스Warrior Politics』

2021.2.7.

"미국이 돌아왔다"

- 바이든 대통령의 첫 국무부 연설

지난 4년간 트럼프 대통령이 현실주의 외교를 시행해 왔지만, 이제 바이든 대통령은 미국의 대외정책을 4년 전으로 되돌려 놓았다. 그는 국무부를 첫 방문한 연설에서 "미국이

돌아왔다"를 되풀이하면서 외교가 미국 대외정책의 중심으로 돌아
왔다고 강조했다.

"America is back. America is back.
Diplomacy is back at the center of our foreign policy."

민주주의를 수호하는 가치 외교를 목표로 파트너들과 협력을 개선
하고 민주적 동맹의 힘을 재건하겠다고 했다. 당장 민주적 선거의
결과를 지워 버린 미얀마의 쿠데타 군사정권이 물러날 것을 촉구했
다. 특히 중국과 러시아를 지목하고 이들의 부상에 맞대응하겠다고
했다. 전형적인 자유주의적 패권정책의 표현이다. 자유주의적 패권
정책이란 한마디로 오지랖이 넓은 외교정책이다. 자유주의는 인간
의 권리를 소중히 여기는 보편주의적 관점에서 '십자군적 사고방
식'을 가진다. 미국 시민만이 아니라 전 세계 시민을 사해동포적 관
점에서 민주주의나 인권 등을 관리하고 보호하겠다는 것이다. 1994
년 르완다 대학살과 그다음 해 일어났던 스레브레니차 학살을 막지
못했던 국제사회의 실패로부터 금세기 초 일어난 9·11 사태는 미국
의 자유주의적 패권 정책을 가속화시켰다.

그래서 미국은 냉전이 끝난 1990년대부터 2017년 초 트럼프 대통
령이 현실주의 외교정책으로 방향 전환을 할 때까지 대략 20년간
여러 전쟁에 개입했다. 대표적 사례로 아프가니스탄, 이집트, 이라
크, 리비아, 시리아 같은 나라들에 이런저런 형태로 개입했지만 의

미 있는 승리를 거두지는 못했다. 이들 나라에서 인권은 개선되지 않았으며 가까운 시일 내 민주적인 정부가 출현할 가능성도 없어 보인다. 오히려 중동 지역을 불안정하게 만들었고 그곳 주민들에게 도 결과적으로 피해를 주었다. 헨리 키신저가 "외교란 실력 행사를 억제하는 기술"이라고 갈파하였지만, 이렇듯 자유주의 외교는 실력 행사를 보다 용이하게 한다.

바이든 대통령은 이날 미국의 국가안보 우선순위에 따라서 해외 미 군을 올해 중반까지 조정하겠다고 밝혔다. 이에 당장 28,500명의 주 한 미군에 미칠 영향에 관심이 모아진다. 바이든이 동맹을 강조하 고, 중국과 러시아의 위협이나 팬데믹, 기후변화 그리고 핵확산과 같은 지구적 도전에 맞서겠다고 공언한 점을 볼 때, 주한미군의 위 상에 큰 변화가 있을 것으로 보이지는 않는다. 다만, 한·일 간 관계 개선 추이나 대북 전략의 향배, 더 나아가 미국의 인도-태평양 전 략도 주한 미군의 향배에 영향을 미칠 수 있다.

이번 바이든 대통령의 연설에서 흥미로운 것은, 그간의 주적인 중 국 못지않게 러시아에 대하여 강경한 어휘를 사용하였다는 것이다. 중국에 대하여는 미국의 심각한 경쟁자로 지목하고, 중국에 의한 미국의 안보와 번영, 민주적 가치에 대한 도전에 맞서겠다며, 중국 의 경제적 남용과 인권, 지재권, 지구적 거버넌스에 대한 공격을 지 적하였다.

러시아에 대하여는 선거 방해, 사이버 공격, 시민 독살 등 공격적 행위에 대한 트럼프 대통령이 보여 주었던 관용은 끝났다면서, 러시아에 대가를 치르게 하는 데 주저하지 않을 것이라 했다. 미국의 이익과 미국민을 방어하겠다는 의지를 표명하면서 알렉세이 나발니Alexei Navalny의 석방을 요구하기도 했다. 또한 표현의 자유와 집회의 자유 등 러시아의 국내 문제에도 깊은 우려를 표했다. 이것은 중국에 대하여 신장 위구르 인권이나 홍콩 문제에 대한 구체적 언급이 없었고, 미국의 이익이 있다면 중국과 협조하겠다는 용의를 밝힌 것과 대조적이다. 이제는 러시아가 중국 못지않은 미국의 주적이 되었음을 알려 주는 대목이다.

· 존 J. 미어샤이머John J. Mearsheimer 지음, 이춘근 옮김,
『미국 외교의 거대한 환상The Great Delusion』

2021.4.27.

'초월외교'와 동맹 외교

　　　　지난 4월 초《요미우리》신문은 한·미·일 안보실장 회의에서 미국의 제이크 설리번 백악관 국가안보보좌관이 서훈 국가안보실장에게 '쿼드'Quad 참가를 강하게 요구했으나 한국이 이 요구를 사실상 거부하였다고 보도하였고, 홍콩의《사우스모닝 포스트》는 미국 주도의 '쿼드'에 한국이 참여할 것인지를 중

국이 한국에 수차례 물었다고 보도하였다. 미국·일본·인도·호주의 4자 안보대화체제인 '쿼드'에 한국의 참여 문제를 놓고, 미국과 중국이 줄다리기를 하는 모습이 연출되고 있다.

문정인 세종연구소 이사장은 소위 '초월외교론'을 펼친다. "한국이 미국 편에 서면 한반도 평화를 담보하기 어렵다"라며 양쪽 어디에도 속하지 않는 줄타기 외교가 한국의 살길이라 주장한다. 일부 언론에서도 마치 이런 줄타기 외교가 미·중 간 싸움에서 우리가 취할 수 있는 유익한 해법인 것처럼 논의를 벌이는 모습이 연출되고 있다. 이들은 미·중 사이에서 한국의 중립 프레임으로부터 논의를 시작한다. 이것은 이들이 해방 이후 한국전쟁을 거치면서 약 80년 동안 한반도에서 실질적인 안전보장을 제공해 왔던 한미 동맹이라는 요인을 애써 건너뛰고 무시하려는 고의적인 시도다.

모든 국제정치는 힘이 뒷받침되어야 한다는 게 '현실정치'realpolitik의 기본이다. 현실정치는 외교의 달인이라는 비스마르크 사상의 정수이기도 하다. 1862년 비스마르크Otto von Bismarck는 총리 겸 외무장관이 된 후 첫 의회 연설에서 "시대의 중요한 문제는 말과 표가 아닌 철과 피로써 이루어진다"고 언급한다. 프로이센 정부가 요구한 군대 개혁 예산을 의회가 거부함에 대응하여 설득에 나선 것이었다. 당시 언론은 '철과 피'를 '피와 철'로 바꿔 부르며 비스마르크를 무력 통치자로 비난하였다. 비스마르크는 세간의 혹평대로 무지막지한 호전주의자가 아니라, 힘의 원리를 간파한 냉철한 정치인이자 외교관이었다.

그래서인지 비스마르크는 역설적으로 제국의 건설자가 아닌 제국의 훼방꾼으로 불렸다. 그가 더도 덜도 아닌 꼭 필요한 만큼의 민족통일을 허용한 사람이라는 것이다. 실제로 비스마르크가 이끈 독일제국은 오스트리아를 배제한 소독일주의 입장을 취했고, 연방 국가라기보다는 오히려 국가연합이라고 할 만큼 제국에 참여한 각 영방 국가의 자율권을 최대한 보장해 주는 너그러운 나라였다. 그는 독일을 유럽의 주도적이고 지배적인 강대국으로 만들겠다고 하지 않았다. 통일 후에는 '배부른 나라'라며 주변 나라를 안심시켰다. 그런데 독일제국의 마지막 총리, 히틀러가 소독일을 대독일로 만들고, 비스마르크가 철저히 반대한 공격적인 확장정책을 취하여 제국의 종말을 재촉했다.

비스마르크 외교정책의 핵심은 균형 외교였다. 그가 휴양지인 바트 키싱겐에 머물며 그의 아들 헤르베르트에게 구술시킨 '키싱겐 구술'에도 나타나 있듯이 '코슈마르 드 코알리숑'cauchemar des coalitions, 즉 독일을 겨눈 유럽 강대국들의 결탁이라는 악몽에 대한 대처가 바로 그것이다. 비스마르크가 그리는 그림은 그 어떤 영토의 확보가 아니라 전체적인 정치 상황, 프랑스를 제외한 다른 강대국이 독일을 필요로 하는 상황이며, 혹시라도 강대국들이 독일을 겨누고 결탁하는 일만큼은 막아야 하는 상황을 염두에 두었다. 이것은 그가 강조한 "독일은 언제나 5개의 공 중, 3개의 공에 속해야 한다"는 논리, 즉 당시 유럽의 '영, 독, 불, 러, 오'라는 5대 강국 중 독일이 언제나 3개의 강국 그룹에 속해야 한다는 주장과 일맥상통하는 것이다.

쿼드는 미·일 간의 동맹 구도에 인도와 호주를 포함시켜 인도-태평양으로 그 외연을 넓히는 것이다. 여기에 영국이나 프랑스 같은 유럽 국가와 필리핀, 베트남, 싱가포르 같은 동남아시아 국가들이 쿼드 플러스로 합류할 가능성이 크다. 더욱이 이 협의체는 첨단 기술과 백신 등 미래를 향한 새로운 분야에서의 협력 네트워킹도 염두에 두고 있다. 이런 훌륭한 밥상을 우리가 마다할 이유가 없지 않은가. 쿼드 불참은 잠재적인 동맹국의 확대, 심화라는 유익한 기회를 놓치는 것은 물론, 향후 한미동맹을 약화시키고 한·일 간의 협력관계도 훼손하여 소위 김일성의 '갓끈 전략'을 재촉할 것이다.

한반도를 둘러싼 4강 중 한국은 적어도 2강 국가 그룹에는 속해야 한다. 이것은 힘의 균형을 위한 최소한의 조건이며, 비스마르크가 말한 5강 중 3강 구도에 들어가야 한다는 논리보다 훨씬 더 절박한 것이다. 왜냐하면 당시 프로이센은 스스로 강국이었지만 우리는 스스로 강국이 아니기 때문이다. 우리 역사를 보더라도 그렇다. 외세의 침략에는 늘 외세의 도움으로 나라를 지켰고, 그 도움이 없을 땐 항복할 수밖에 없었다. 임진왜란과 6·25 전쟁이 전자의 예고, 몽골의 침략과 병자호란이 후자의 예다.

소위 '초월외교'의 실체는 동맹이 없는 고립무원의 처지를 자처하는 것이다. 비이성적이다. 중국이 우리의 쿼드 참여 여부에 대하여 여러 번 물어봤다고 한다. 우리의 외교 자주권을 훼손하는 확실한 압력 행사다. 독일 외교사의 '따귀 편지' 사건이 상기된다. 1879년 8월 러시아의 알렉산더 2세가 최후통첩 형식으로 독일의 빌헬름 1세에게 독일 외교정책의 방향에 대하여 구속력 있는 설명을 달라는 편지를 보냈다. 1878년 비스마르크가 주도한 베를린회의에서 불이익을 본 러시아가 앙심을 품었던 것인데, 이것은 마치 러시아가 독일에 따귀를 때리는 것처럼 여겨졌다. 이에 비스마르크는, "러시아는 마치 신하에게 왜 빨리 계단을 올라오지 못하냐며 폭언을 일삼는 아시아의 폭군처럼 군다. 차르의 태도와 편지는 주군이 노예를 다룰 때 하는 것과 마찬가지다"라고 비판했고 결국 러시아 대신 오스트리아를 택하여 독오동맹을 맺는 쪽으로 선회하게 된다.

구두로든 문서로든 지금 중국이 한국에 쿼드 참여에 대한 입장을 밝히라는 요구는 그보다 훨씬 더 무례한 요구다. 한국은 비스마르크와 달리 중국이 불만을 가질 어떤 외교적 처사도 하지 않았기 때문이다. 비스마르크가 말한 아시아의 폭군이란 바로 지금의 중국이 아닌가. 언제부터 한·중 관계가 과거 100년 전 조선 시대로 돌아갔나. 중국의 압력 때문에 미국의 쿼드 참여 요청을 뿌리친다면 이건 이미 외교가 아니다. 외교는 내치의 연장이다. 우리는 인류 보편의 가치를 존중하고, 자유롭고 개방적인 'like-minded' 동맹을 적극 추구해야 한다.

- 제바스티안 하프너Sebastian Haffner 지음, 안인희 옮김,
『비스마르크에서 히틀러까지Von Bismarck zu Hitler: Ein Rueckblick』
- 에버하르트 콜브Eberhard Kolb 지음, 김희상 옮김,
『지금, 비스마르크Otto von Bismarck』

2021.6.17.

G20를 넘어 D10으로

G7 정상회의가 영국의 남서부 끝자락인 콘월에서 열렸다. G7 회의는 당초 서독의 헬무트 슈미트 재무장관이 서방 주요 국가 지도자들 간 노변정담식의 허심탄회한 의견 교환을 위하여 제안한 것이다. 1973년 미국, 영국, 독일, 프랑스의 G4로 시작하여 일본, 이탈리아, 캐나다가 합류하여 G7으로 발전하였고 1998년에 러시아까지 들어와 G8이 되었다(크림사태로 2014년 러시아 배제). 2007년 독일 하일리겐담 회의 시 결정된 새로운 프로세스에 따라 2008년 도쿄 회의부터 '플러스 국가'들을 초청하게 되었고 우리나라도 일본의 초청으로 처음 참석하게 되었다. 이와는 별도로 2008년부터는 G20이란 확대된 협의체도 별도로 생겨났고 2010년에는 우리나라가 주최국이 되었다.

2017년 함부르크에서 열린 G20 정상회의는 반세계화 세력의 과격한 집회, 시위로 큰 후유증을 남겼다. 유럽 13개국에서 데모대들이 원정을 왔을 정도였다. 다행히 사망자는 없었으나 수백 명의 경찰

관이 다쳤고 백여 대의 자동차가 전소되었다. 나는 G20 회의가 끝난 다음 날 출근길 도롯가에 방치된 전소 차량들의 흉물스런 모습을 보면서 격렬한 반세계화의 물결을 직접 체감할 수 있었다. 안 그래도 G20 회의가 현실적인 구속력이 없어 G0로 전락했다는 비판이 있던 차에, G7을 창설했던 슈미트 총리의 딸인 주잔네 슈미트_{Susanne} _{Schmidt}는 회의의 규모가 커진 데 대해 한마디로 '소란'일 뿐이라고 평가절하하고 나섰다. 그는 자신의 아버지가 구상했던 노변정담식의 허심탄회한 의견 교환의 장이 아닌 '절대적으로 반생산적인' 것으로 변질된 이런 회의를 막대한 비용과 희생을 치러 가며 개최할 필요가 있는지에 대하여 강한 의구심을 드러냈다.

이번 콘월 G7 회의에 우리나라는 인도, 호주, 남아공과 함께 '플러스 국가'로 초청되었다. G7 회의에 어떤 '플러스 국가'들이 초청되느냐는 그때마다 지구적 이슈나 G7 국가들의 관심 사항을 반영한다. 이번 G7의 관심 사항은 단연 중국과 코로나 백신이었다. 민주주의와 인권을 훼손하는 중국에 대한 보다 적극적인 대처, 그리고 만연하는 코로나 퇴치가 주된 이슈였다. G7은 공동성명에서 신장과 홍콩에서 중국이 인권과 기본적 자유를 존중할 것을 촉구하고 타이완 해협의 평화와 안정을 강조하였다. 그리고 북한에 핵을 포함한 대량살상무기_{WMD}와 미사일 프로그램을 검증 가능하고 불가역적인 방법_{CVID}으로 포기할 것을 촉구하였다.

G7이나 G20의 회의 방식은 난상 토론에 가깝기 때문에, 평소 미디

어에 노출되면서 토론에 경험을 쌓아 온 서방의 지도자들보다 권위주의적 정치판에서 커 온 아시아 지도자들에게 부담이 되는 회의다. 막상 회의가 시작되면 참모의 조언을 받을 수 있는 상황이 아니기에 자신의 평소 토론 능력이 그대로 드러나기 십상이다. 회의장 바깥으로 나오면 더욱 어렵다. 통역이 수행할 수 있는 자리가 매우 제한적이기 때문에 영어를 못하면 대화에 낄 수도 없다. 더욱이 G7이나 G20 회의는 말 그대로 의견을 교환하는 데 주안점이 있다. A4 용지나 프롬프트에 의지하는 지도자에게는 더 이상 설 자리가 없을 것이다.

우리나라는 G20의 회원국으로서 이명박 대통령 당시 이 회의를 주최하기도 했고, G7 회의에도 초청받는 세계에서 몇 안 되는 나라로 성장하였다. 우리 역사를 돌이켜 볼 때 1907년 헤이그 만국 평화회의에서는 회의장에 입장조차 못 하였고, 2차 세계 대전 당시 식민지였던 우리는 자신의 운명을 결정한 카이로 회담이나 얄타 회담에 어떤 의견도 내지 못했다. 1991년 남북한 유엔 동시 가입 전에는 유엔 회의장에서도 옵서버라는 들러리로 앉아 있었다. 그러던 한국이 이제 세계 무대에 우뚝 섰다. 지금 대한민국의 위상은 자랑스럽다 못해 눈물이 날 지경이다.

G7은 노변정담을 나누듯이 속 깊은 대화를 하기 위해서 만나기 시작했고, 1980년대 중반까지는 공동성명도 없어서 실제로 어떤 협의가 있었는지조차 알지 못했다. 이번 콘월 회의에서도 엘리자베스

여왕 등 영국 왕실이 참석하는 만찬에는 G7 국가 대표들만 불렀다. '플러스 국가'들로부터는 의제에 상응한 현실적인 도움을 얻는 데 더 큰 목적이 있어 보인다. 그럼에도 앞으로는 G7이 발전적으로 확대되어 D10이 될 가능성이 크다. D10은 민주주의 10대국이다. G7 국가에다 이번 콘월 회의에 초청된 인도, 호주, 한국을 포함한다는 구상인데, 공식적인 부인에도 불구하고 서방 국가들이 중국과 러시아 같은 독재정부에 맞서겠다는 의지를 드러낸 것이다. 어떻게 보면 쿼드 확대판이다. 그렇다면 우리나라도 반중국 전선에 동참하여야 한다. 그렇지 않을 경우 한국 대신 남아공이 들어갈 수도 있다.

2021.8.4.

빌헬름 2세의 '훈 연설'과 바이에른호의 중국해 항행

독일 군함 바이에른호가 인도-태평양 해역을 향하여 독일 군항, 빌헬름스하펜을 출항하였다. 장병 232명을 태운, 전장 140m가 넘는 이 배는 아프리카의 희망봉을 돌아서 호주의 퍼스를 거쳐 남중국해, 동중국해를 항행할 예정이다. 바이에른호의 항해 목적은 미국, 영국과 보조를 맞추어 중국을 압박하는 것이다. 그런데 타이완 해협을 피하고 중국이 만든 인공섬의 영해 내에도 들어가지 않자 '중국 눈치 보기'를 한다는 비판이 나왔다. 내가 보기엔 이런 비판은 숲은 보지 않고 나무만 보는 격이다. 중요한 건 독일 군함이 중국이 내해화하려는 바다에서 '항행의 자유'를 보여 주는 시위에 참가한다는 전략적 판단이지, 그 구체적 항로가 아니다. 항로 결정은 전술적, 기술적 조치일 뿐이다. 독일은 이번 결정으로 중국이 무시하려는 유엔해양법협약의 입장을 강화하고 유엔의 대북한 제재를 감시하려는 것이다.

아시아 전문가 마이클 오슬린Michael R. Auslin의 『Asia's New Geopolitics』에서 그려진 2025년 미·중 해전 시나리오는 가히 충격적이다. 그는 '인도-태평양'이라는 지역 개념 대신 '아시아 지중해'라는 개념에서 출발한다. 바로 황해, 동지나해, 남지나해를 포괄하는 해역 일대다. 오슬린의 시나리오 따르면 2025년 여기서 미·중 간 무력 충돌이 일어나고, 미국 항모 제너럴 포드호가 격침된다. 미국의 해군, 공군력은 중국보다 앞서지만, 중국 인근 해역에서는 보급선이 긴 미국이 이길 수 없다는 것이다. 시진핑은 2019년 "타이완 문제를 다음 세대로 넘길 수 없다"고 단언했다. 타이완 문제는 중국의 백년 굴욕을 만회하고 중국몽을 달성하는 데 있어 핵심 사안이기도 하다. 중국이 자신의 내해로 만들려는 '아시아 지중해'에는 한국, 타이완, 필리핀이 포함된다. 오슬린의 시나리오는 미·중 전쟁이 벌어지면 결국 이 세 나라가 중국 편에 서게 될 것이라 한다. 과연 그렇게 될까?

독일은 작년 9월 인도-태평양 정책 대강을 채택하였고 올해 4월 유럽연합도 유사한 내용의 전략을 채택하였다. 민주주의, 법치, 인권, 국제법 증진에 기초한 인도-태평양 지역에서의 안정과 번영 그리고 지속가능한 발전을 위하여 군사적 개입을 강화한다는 내용이다. 안네그레트 크람프-카렌바우어_{Annegret Kramp-Karrenbauer} 독일 국방장관은 이번 바이에른호의 인도-태평양 지역 항해가 특정 국가를 대상으로 하는 것은 아니라고 했다. 이것은 다분히 중국을 의식한 발언이지만, 오히려 현실은 중국을 압박하기 위한 유럽연합의 공동외교안보정책이 발동되었고, 영국, 프랑스, 독일의 군사행동이 개시되었다는 것이다. 더욱이 이번 결정은 중국과의 협력관계를 중시하는 메르켈 총리의 얼마 남지 않은 임기 중에 이루어졌다.

중국은 '아시아 지중해'라는 황해, 동중국해, 남중국해의 내해화를 시도하고 있다. 이 중 필리핀, 인도네시아, 베트남을 아우르는 남중국해에 대하여는 거의 90% 해역에 대한 영유권을 주장한다. 2016년 헤이그 상설중재재판소는 중국의 입장을 배척하는 판결을 내렸지만, 중국은 이를 수용치 않고 있다. 국제해양법상 권리로 인정되는 것은 섬뿐이며 초礁는 아니다. 그런데 중국은 이 암초에 콘크리트를 들이부어 인공섬을 만들고 있다. 2015년 상반기까지 중국이 매립한 인공섬만 12km²에 달하는데, 여의도 4배의 면적이다. 설상가상 여기에 12해리 영해까지 설정하였다.

이것은 '통항의 자유'라는 국제질서 근간에 대한 명백한 도전이며, 세계 해상무역의 60%를 차지하는 한국과 일본의 핵심 해상수송로에 대한 현실적인 위협이다. 베이징은 경제적 압력, 정치 군사적 협박, 스파이 활동, 또는 프로파간다 등 어떤 방법을 통해서든 자신의 이익에 맞는 세계를 재구축하고 있으며, 어떤 규칙은 취하고 또 어떤 규칙은 버리고 있다. 이러한 매우 자의적인 '중국 룰'China Rules 들은 차세대 국제사회 최대의 도전이다.

현대 세계는 각 주권국가가 그 힘이나 체제에 관계없이 본질적으로 평등하다는 다양성을 출발점으로 하는 베스트팔렌 질서에 기초하고 있다. 하지만 중국은 이 베스트팔렌 이념과 가장 동떨어진 나라다. 고래로부터 중국은 자신들이 세계 질서의 중심에 있으며, 이 세계 질서는 서로 경합하는 주권 국가들의 균형 상태가 아니라 일반적인 위계질서를 의미했다. 그리고 외교는 여러 주권국의 이해관계를 조정하는 과정이 아니라 외국이 세계적인 위계질서에서 할당받은 위치를 확인하는 일련의 의식에 불과했다. 모택동은 핵전쟁이 일어나면 인구가 훨씬 많고 문화가 더욱 강인한 중국이 최종 승자가 될 것이라고 떠벌렸다.

1900년 6월 말 지금 바이에른호가 출항한 빌헬름스하펜에서 그리 멀지 않은 또 다른 항구인 브레머하펜에서 빌헬름 2세는 유명한 '훈 연설'Hun speech 을 한다. 의화단의 난을 평정하기 위한 8개 연합국 군대에 합류하기 위하여 중국으로 떠나는 독일제국 군대를 격려하는 연설이었다. 여기서 그는 "용서는 없다"며 무자비한 진압을 주문하였다. 그 독일 군대가 121년 만에 다시 중국을 향해 출항하였다. 국제규범을 무시하는 중국에 대한 무력시위임이 틀림없다.

· 헨리 키신저Henry Kissinger 지음, 이현주 옮김, 최형익 감수,
『헨리 키신저의 세계 질서World Order』
· Michael R. Auslin 지음, 『Asia's New Geopolitics』

2021.9.22.

종전선언 주장은 국민의 '일반의지'를 도외시한 것이다

문재인 대통령은 어제 유엔 총회 연설에서 종전선언을 다시 주장하였다. 종전선언은 평화협정으로 가는 예비적 단계로 볼 수 있다. 2018년 4월 판문점 선언에서도 남북한은 종전을 선언하고 평화협정 체제로의 전환을 적극 추진하겠다고 하였고, 이어서 그해 9월 문 대통령이 북한을 방문하여 '남북군사분야합의서'를 체결하여 남북한 간에는 사실상의 종전선언을 하였다는 평가까지 나왔다.

그러나 6·25 전쟁의 당사자인 미국과 중국이 빠진다면 크게 의미가 없다. 문 대통령이 지금까지 종전선언을 계속 주장하는 것은 이것을 염두에 둔 것으로, 동맹국인 미국에 대한 압박으로 볼 수 있다. 종전 선언은 내용적으로 주한 미군 철수를 포함하고 있다. 전쟁이 끝났으니 미군이 주둔할 필요가 없다는 것은 당연한 귀결이 아니겠나. 그런데 같은 날, 같은 장소인 유엔 총회장에서 연설을 한 바이든 대통령은 "한반도의 완전한 비핵화를 위한 진지하고도 일관성 있는 외교"를 추구하겠다고 밝혔다. 이렇듯 바이든은 분명하고

도 단호한 어휘를 선택함으로써 평화협정 제의를 일축하였다.

이렇듯 이 두 정상의 연설은 내용상 상충된 것이었다. 한국 전쟁의 우리 쪽 주역은 미군을 주축으로 하는 유엔군이며 국군도 유엔군 휘하다. 결국, 미국 그리고 유엔 안보리가 의도하지 않는 종전선언이나 평화협정은 있을 수 없다. 그러니까 문 대통령의 연설은 미국의 동맹국인 한국이 국제무대에서 대놓고 미국에 대하여 어깃장을 놓은 것이다. 문 대통령이 유엔 무대에서 종전선언을 내놓은 건 2018년, 2020년에 이어 세 번째다. 집요한 어깃장이다.

바이든 대통령의 유엔 연설 하루 전날, 미국 정부의 공식적인 백그라운드 브리핑에서 흥미로운 일이 있었다. 바로 지난 9월 15일 미국·영국·호주 간의 3자 동맹 '오커스'AUKUS 발족과 함께 미국이 호주에 핵잠수함 추진을 위한 고농축 우라늄 핵연료HEU를 제공하겠다는 입장을 발표하였는데, 이에 "한국과 같은 나라에도 그것을 제공할 수 있는 여건이 되는가?"라는 취지의 질문이 있었고 미국의 고위 당국자는 '다른 나라들'에 대한 언급은 하지 않겠다고 답한 것이다. 결국 한국에는 호주처럼 미국의 고농축 우라늄 연료를 제공하지 않겠다는 의미였다. 문 대통령의 미국에 대한 '어깃장'을 상기해 본다면, 한국 해군의 '게임 체인저'가 될 핵연료의 공급은 언감생심일 것이다.

또 문 대통령은 유엔 연설에서 "지금까지는 경제 발전에 앞선 나라,

힘에서 우위를 가진 나라가 세계를 이끌었지만, 이제 모든 나라가 최선의 목표와 방법으로 보조를 맞추어 지속가능한 발전을 추구해야 한다"고 했다. 행간을 읽자면, 이 대목은 마치 과거 네루 같은 비동맹 그룹의 지도자가 특히 미국에 대항하여 제3세계의 자주성을 강조한 발언을 연상시킨다. 결국 한미동맹에 분탕질하는 발언이다. 당시 네루는 열강들로 이루어진 어떤 집단이나 어떤 진영에도 연루되지 않을 것이라며, 북한이 한국을 침략했다는 사실조차도 판단을 유보하였다.

싸움의 승패가 결정되지 않은 상태라면, 그것이 휴전이든 종전이든 평화협정이든 의미가 없다. 어쨌든 싸움의 당사자들은 결국 최종적인 승리를 추구해야 하기 때문이다. 한국전쟁 중 2년이나 끌었던 휴전 협상이, 불리해진 공산군의 전력을 회복하는 시간만을 벌어 주었듯이 종전선언이나 평화협정은 미군 철수를 통한 궁극적인 한반도 공산화를 조장할 것이다. 1973년 1월 미국과 월맹 간의 평화협정이나 2020년 2월 트럼프 행정부와 탈레반 간의 평화협정이 결국 월남의 공산화와 탈레반의 아프간 장악이라는 비극적 결과를 초래하지 않았나. 바로 이런 맥락에서 우리는 70여 년 전 시작된 공산 세력과의 싸움에서 이겨야만 하고, 완전한 승리를 추구해야 한다.

미국이 평화협정을 맺을 의사가 없다는 사실이 우리를 안도케 한다. 베트남이나 아프간에서 보듯이 미국이 평화협정을 맺는다는 것은 미군을 철수시키겠다는 선언과 다름없기 때문이다. 이렇게 본다면 문 대통령이 유엔에서 외친 것은 결국 미군 철수였다. 이건 루소가『사회계약론』에서 말한 국민의 '일반의지'Volontegenerale를 도외시하는 것이다. 한미동맹 해체와 그 인계철선의 역할을 자임한 주한미군의 철수를 주장하는 건 한국민의 '일반의지'에 반하는 이 정권의 '특수의지'일 뿐이다.

이 정권의 북한 바라기 행태는 우리 국민도 이해하지 못한다. 그러니 어찌 미국이 이해하기를 바라겠는가. 단 한 개의 핵무기도 포기하지 않으려는 북한에 대하여 계속 종전선언이나 평화협정을 운운한다면 이건 편집증적 정신병임에 틀림없을 것이다. 외교가에서 김정일이나 김정은에 대하여 자주 쓰는 상투적인 표현인 파라노이아paranoia란 말이다. 외교와 반역은 종이 한 장 차이다.

2021.10.29.
나토의 '이중결의'가 우리의 핵무장 논의에 갖는 함의

쿠바 사태 이후 1970년대는 미·소 간 데탕트 시기였다. 전략무기제한협정SALT으로 우선 핵무기의 양적 제한이 이루어졌다. 그러나 1976년부터 소련이 서유럽을 겨냥한 중거리 핵미사일 SS-20를 동독에 배치하기 시작하자, 데탕트 분위기는 냉각되기 시작했다. 이에 대응하여 나토는 1979년 12월 '이중결의'Double-Track Decision를 채택하고, 중거리 핵미사일 퍼싱 Ⅱ와 BGM-

109G 그리폰을 서유럽에 배치하는 한편, 유럽에 배치된 사거리 1,000~5,500km의 중거리 핵미사일 제한 협상INF의 개시를 제안하였다. 이에 소련은 모든 협상을 거부하고 이 결의 채택 후 2주 만에 아프가니스탄을 침공하면서 미·소 간의 냉전은 재점화되었다.

1982년 서독에서는 헬무트 콜 총리로 정권이 넘어갔지만 이중결의에 따라 퍼싱 Ⅱ를 배치하였고, 미국에서는 레이건의 공화당 정권이 들어서서 5년간 260억 달러가 소요되는 '전략적 국방 이니시어티브' 도입 등으로 군비 경쟁에 적극 나서면서 소련을 압박한 결과, 이를 견디지 못한 소련 경제가 와해되면서 급기야 냉전체제가 종식되는 결과로까지 이어졌다. 콜 총리가 말했듯이 독일 통일도 '이중결의'의 효과를 톡톡히 보았다.

한반도에 최대 100기 정도까지 배치되어 있었던 미국의 전술 핵무기는 1991년 11월 노태우 대통령의 '한반도 비핵화 선언'과 이듬해 1월 남북한 간 '비핵화 공동선언' 이후 철수하였다. 이것은 소련이 붕괴하고 냉전 구조가 허물어지면서 〈미·소 간 전략무기감축협정〉START이 타결된 연장선에서 이루어졌다. 그런데 북한은 이런 분위기를 역이용하여 핵무기를 개발하였고, 2006년부터 2017년까지 모두 6차에 걸친 핵실험을 감행하여 이제는 수십 기의 핵을 보유한 것으로 알려졌다. 북한핵은 한반도 안보 질서를 근본적으로 변화시킨 일대 전환적 사건으로, 폭력의 수위를 급격히 비등시켰다. 이런 계제에 우리가 안보 질서의 회복을 시도하는 것은 당연하며 이 시도는 결국 핵균형에서 찾을 수밖에 없을 것이다. 비대칭 무기를 재래식 전력으로 메꿀 수는 없기 때문이다. '이중결의'에서 보듯이 핵에는 핵으로 맞서야 한다. 이런 맥락에서 나토식 핵공유가 되든, 자체 핵개발이 되든 남한의 핵무장 필요성이 대두되었음은 부인하기 어렵다.

나토식 핵공유는 미국이 나토 동맹국에 핵을 배치하고 공동관리 하에 두는 것이다. 현재 독일, 네덜란드, 벨기에, 이탈리아, 터키가 이 핵공유에 참여하고 있고 총 100기의 B61 전술핵 폭격기가 이들 나라에 배치되어 있다. 이 핵무기를 사용할 수 있는 권한, 즉 핵단추는 미국만이 가지며 동맹국들은 이 전술 핵무기를 전폭기에 싣고 투하할 시 자국 조종사들에 의한 거부권을 가진다. 우리의 현실에서는 나토식 핵공유보다는 미국 전술핵의 재반입이 용이한 선택으로 보인다. 물론 여기에는 여러 가지 애로가 예견된다. 우선 미국의 입장이 매우 부정적이며, 설령 핵을 재반입하더라도 결국 핵단추는 미국이 갖고 있어 지금의 핵우산 체제와 크게 달라질 게 없다는 주장이다. 아울러 핵비확산조약NPT에 배치되며 국제적인 여론을 악화시키고, 동북아지역에서 핵도미노에 대한 우려를 증폭시킨다는 우려가 있다. 나토의 핵공유협정도 NPT에 위배된다는 비판이 꾸준히 제기되어 왔다.

그럼에도 불구하고 미국의 전술핵을 우리 땅에 두는 것은 많은 유용성이 있다. 2차 대전 후 미국이 일본, 한국, 호주 등 동맹국에 제공해 왔던 전통적인 '확장된 억지력'을 넘어서서 동맹국에 더욱 강화된 '동맹 확증'을 제공할 수 있기 때문이다. 북한의 공격 시 미국 본토의 전략핵을 사용하여 대응하는 것은 확신하기 어렵다. 북한이 애서 ICBM이나 SLBM을 개발한 것은 북한핵의 미국 본토 타격력을 확보하여 유사시 미국의 개입을 막으려는 데 있다고 보인다. 또한 기술적으로도 북한을 목표로 하는 ICBM은 러시아의 영공을 통과하지 않고서는 발사가 가능하지 않다고 한다. 아울러 해상이나 공중을 통한 핵 보복 가능성이 남아 있지만, 이 역시 한국 영토에 고정 배치된 전역핵戰域核. TNF만큼 확증을 주지는 못한다. 특히 SLBM은 보이지 않는 바닷속에서 발사하는 만큼 동맹국의 피부에 와닿지 않는다. 응징 전력은 보이고, 들려야 믿을 수 있기 때문이다. 전장에 배치된 전역핵이야말로 가장 실질적인 응징 전력일 뿐 아니라 동맹국에 정치적, 심리적 메시지도 가진다.

최후적 선택으로 우리가 자체적인 핵개발을 한다면, 이것은 상상하기 힘든 국제적 저항과 제약을 수반할 것이다. 그럼에도 불구하고 최근 미국 학자들에 의하여 제기되었듯이, 북한핵의 위협이 핵비확산조약 제10조에서 말하는 우리의 '지상 이익'을 위태롭게 하는 것이므로 이에 따른 탈퇴 권리를 행사하는 방안도 있을 것이다. 이제 어떤 형태로든 현상 타개가 필요하다. 여기서 나토의 '이중결의'의 지혜를 돌아보자.

우리가 나토의 '이중결의'로부터 얻을 수 있는 첫 번째 교훈이라면 우선 전력 불균형에 따른 심각성을 즉각 인지하고 이것을 타개하기 위한 외교적 노력을 전개하였다는 것이다. 1976년부터 소련은 유럽에 배치된 핵전력을 신형 SS-20로 교체하고 백파이어 핵전폭기를 배치하기 시작하였다. SS-20는 3개의 핵탄두를 장착한 다탄두 발사 기술이 적용된 중거리 탄도 미사일로 트럭에 싣고 이동, 발사할 수 있어 타격 정밀성을 획기적으로 높인 것 외에도 SLBM과 같은 기동성과 은닉성을 갖고 있었다. 당시 나토는 유럽에 SLBM과 노후화된 핵전폭기만 배치하고 있어서 소련의 SS-20의 전진 배치는 '공포의 균형', 즉 동서 간 핵전력의 균형을 양적이나 질적으로 와해할 것이었다. 헬무트 슈미트 서독 총리는 이러한 심각성을 충분히 인지하고, 당시 팽배했던 데탕트의 분위기 속에서도 1977년 런던의 국제전략연구소 연설에서 이 문제를 제기하고 대응 조치를 요구함으로써 2년 후 나토의 '이중결의'를 이끌어 내는 단초를 제공하였다. 그는 국방장관을 역임한 방위 전문가였다.

두 번째는 SS-20의 2차 타격 가능성에 주목하고 이 간극을 메꾸는 군사 전략적 대응 조치를 취했다는 사실이다. 1960년대 소련은 ICBM과 수소폭탄의 개발로 미국과 대등한 핵전력을 보유하기 시작했는데, 이런 상호파괴확증의 상황이라면 소련이 자신들의 본토가 미국의 전략핵 보복으로부터 안전하다 오판하여 자신들이 우위를 갖고 있는 전술핵으로 유럽을 공격하는 실수를 할 수 있다는 것이었다. 이런 의구심이 바로 '이중결의'를 통하여 퍼싱 II를 유럽에 배치한 배경이 되었다. 당시 미국과 나토는 가상 전장인 유럽에 전역핵을 배치하여 전략핵을 동원하지 않고, 소련의 공격을 전면전에서부터 국지전에 이르는 다양한 수위에 맞추어 막아 내는 '신축적 대응' 전략을 취하고 있었지만, 소련의 신형 전술핵 배치로 이 신축적 대응 체계에 하자가 생겼다고 보았다. 결과적으로 미국은 서독 배치 퍼싱 II로 모스크바를 타격할 수 있게 되었지만, 소련은 동독 배치 SS-20로 미국을 타격할 수 없는 상황에 빠지게 되었다.

세 번째이자 가장 중요한 교훈은 협상력을 높이고 관철하기 위한 유효한 협상 전략을 구사했다는 것이다. '이중결의'의 1번 항목이 퍼싱 II 등 응징 전력의 유럽 배치이며, 2번 항목이 INF 협상의 요구였다. 그리고 이러한 채찍과 당근을 보충적, 병행적으로 시행해 나간다는 이중적 전략을 제시하였다. 여기에 시한을 설정하여 협상력을 높인 것이다. 소련은 나토가 응징 전력을 실전 배치한 후에야 협상에 임했고 결국 1991년까지 양측은 유럽에서 중거리 핵미사일을 모두 철수하게 된다. 이 와중에 베를린 장벽이 무너지면서 독일은 통일을 달성하였다.

네 번째는 소련이 '이중결의'를 적극적으로 방해했다는 사실이다. 소련은 '이중결의'에 관한 구상이 나오자, 브레즈네프 서기장이나 그로미코 외상 등 최고위 선에서 서독 방문 등의 기회를 활용하여 이것을 저지하고자 외교적인 총력전을 폈다. SS-20 배치로 소련이 먼저 데탕트에 찬물을 끼얹었음에도, 당시 군축에 관한 유엔선언 등을 근거로 '이중결의' 구상을 비토하였다. 1983년까지 독·소 간

정상회담에서 '이중결의'가 7번이나 주요 의제로 올라왔을 정도였다. 지금 북한의 적반하장식의 태도는 이런 소련의 행태를 닮았다.

마지막 교훈은 국내 정치적 측면이다. 당시 서독 등 유럽 시민의 다수가 퍼싱 Ⅱ의 유럽 배치에 반대하였다. 몇십만 명이 결집하여 인간사슬을 만드는 등 엄청난 반핵, 평화시위가 일어났지만, 1983년 11월 콜 총리와 의회는 퍼싱 Ⅱ의 서독 배치를 의결하였다. '이중결의'에서 협상 조항이 들어간 것은 시민들을 설득하기 위한 방편이기도 했다. 다수의 의견이 꼭 맞는 것은 아니다. 독일은 지금도 연방 차원의 국민투표제를 두고 있지 않다. 히틀러 시대에 남용되었던 국민투표제의 전철을 되풀이하지 않겠다는 다짐일 것이다.

이제 다시 한반도로 돌아와 보자. 북한은 2005년에 일찌감치 핵보유를 선언하고, 6차에 걸친 핵실험을 완료하여 100kt 이상의 핵무기를 보유한 사실상의 핵보유국이다. 마지막 6차 핵실험은 수소폭탄 실험으로 평가될 정도이며, 핵탄두의 소형화, 경량화에 성공하고 ICBM과 SLBM의 완성에 이어 EMP 폭발 능력까지 보유하고 있다고 떠벌리고 있다. 우리는 누리호가 위성 궤도 진입에 실패하였지만 북한은 이미 9년 전에 광명성 3호가 이를 성공시켰다. 올해 1월 당 대회에서는 국가 핵무력의 완성과 발전에 계속 매진한다는 호언장담도 늘어놓았다. 이러한 비대칭 전력의 압도적 격차 앞에서 재래식 전력의 우위를 논하는 것은 큰 의미가 없을 것이다.

최근 한국이 SLBM 발사에 성공했다지만, 이것은 세계 유일의 비핵 탄두 SLBM이다. 아무리 미사일이 좋아도 핵이 없다면 소용이 없다. 한반도만 놓고 본다면 미국이 전술핵을 철수시킨 1990년대 초와 북한핵의 완성 시기로 보이는 2010년 정도를 기준으로 남북한의 핵전력은 완전히 뒤집혔다. 여기에 '백 년의 굴욕'을 만회하려는 중국이 지난 수십 년간 확장적 대외정책을 시도하면서 한반도와 타이완을 포함한 동북아가 새로운 무력 분쟁의 한가운데로 내몰리고 있다. 대응책이 시급한 이유다.

관건은 우리에 대한 미국의 신뢰다. 최근 프랑스의 반발을 무릅쓰고 미국이 오커스AUKUS 동맹인 호주에 핵잠수함 기술을 제공하기로 한 결정에서 볼 수 있듯 미국이 결심하면 된다. 그런데 이런 논의가 갑자기 공허하게 들리는 건 현 정부의 안보 기조가 전혀 신뢰적이지 못하기 때문일 것이다. 대선 후보들 간 북핵 논의가 북한의 오판이나 실수를 경계하고 대비하는 새로운 출발이 되기 바란다. 종전선언 같은 한가로움은 적어도 지금 우리 세대의 몫은 아니다. '이중 결의'의 교훈을 돌아보자.

중국의 불쏘시개로 전락한 한국 대통령의 호주 국빈 방문

　　　　　　　　　　호주를 국빈 방문 중인 문재인 대통령이
호주 야당 대표를 접견했다고 해서 많이 놀랐다. 한 나라의 국가 원
수가 외국 방문 중에 그 나라의 야당 대표를 만나는 건 나의 외교
상식으로는 이해하기 어렵기 때문이다. 민주국가에서 야당의 존재
를 굳이 정적이라고까진 할 수 없지만 그럼에도 야당은 현 정부와
경쟁관계에 있다. 쉽게 말하자면 손님이 자신을 맞이한 주인댁이
싫어하는 시누이를 만나는 격이랄까. 더욱이 접견 내용도 지구적인
이슈가 아니라 양자 간 주제를 다루었다고 한다.

이 자리에서 문 대통령은 '앤서니 노만 알바니스' Anthony Norman Albanese
노동당 대표에게, "호주가 한반도 평화프로세스를 위한 한국 정부
의 노력을 지지해 준 데 감사를 표한다" 했는데, 이건 모리스 총리
에게 하면 충분할 말이다. 또한 "사회적 약자의 편에선 노동당이 호
주의 포용적이고 지속가능한 회복에 큰 역할을 할 것"이라는 말도
잘못 들으면 호주 현 정부는 그렇지 않은 것인가, 라는 의구심을 자
아낸다. 그는 당사국이 원칙적으로 찬성한다면서 종전선언을 또 끄
집어내 결국 알바니스 대표로부터 "한반도에서 70년 동안 평화가
선언되지 않았다는 점을 안타깝게 생각한다"는 대답을 이끌어 냈
다. 종전선언을 반대하는 미국의 기존 입장은 잘 알려진 대로이고
호주 모리슨 총리도 결코 이를 지지하는 분위기가 아니다 보니 굳

이 야당 대표까지 만나서 그 지지를 구한 게 아닌지, 실로 촌극이 아닐 수 없다.

임기가 얼마 남지 않은 국가 원수의 방문은 접수국에서 환영하지 않는 게 보통이다. 곧 교체될 대상을 놓고 심도 있는 협의를 해 봐야 효과가 없기 때문이다. 더욱이 호주는 코로나 발병 이후 거의 2년간 외국의 정상 방문을 받지 않았으니, 이번 방문이 억지춘향이란 건 쉽게 짐작할 만하다. 아마도 1조 원 규모의 방산 수출 계약이 계기가 되었을 것으로 보이지만, 이것도 전 정부에서 사실상 확정된 것이고 또 어디까지나 민간기업 베이스다. 지금 호주와 중국의 관계는 긴장이 고조되어 있고 호주 국민의 80%가 중국을 가상 적국이라고 생각하는 상황이다. 문 대통령 내외가 버킷리스트의 마지막 대륙에 가고 싶어 이런 무리수를 두는 것일까?

호주는 오커스 동맹과 쿼드 동맹의 일원이다. 미국이 프랑스와의 관계를 모험하면서까지 핵잠수함 기술을 이전해 줄 정도로 맹방이다. 베이징 동계올림픽에도 외교적 보이콧을 선언했다. 그런데 이런 나라에 가서 우리는 그럴 생각이 없다면서 "중국은 북핵 문제 해결에 건설적 역할을 하며 경제적으로 중요한 나라"라고 초를 치는 게 과연 우리 국익에 맞는 건가? 중국 외교부 대변인은 문 대통령의 발언을 바로 받아서 "올림픽 정신에 부합하는 한·중 우호의 구현"이라면서 환영했고, 《환구시보》도 "미국을 맹목적으로 따르는 영국이나 호주 같은 국가들과 극명한 대조를 이룬다"면서 "일본과 달리 한국이 어느 한쪽 편에 서기를 거부한 합리성을 보인 것은 칭찬받을 만하다"고 치켜세웠다. 이쯤 되면 문 대통령의 호주 방문은 우리 동맹국들을 비난하는 중국의 불쏘시개로 전락하고 말았다는 인상을 지울 수 없다.

지금 호주는 중국과 전쟁 중이다. 중국이 호주를 압박하려고 석탄 수입을 끊어 버렸는데, 오히려 중국에서 전력난으로 공장이 멈췄다. 올해 한국의 미세먼지가 비교적 적었던 것도 따지고 보면 호주 덕이다. 호주는 많은 산업이 피해를 보고, 많은 기업이 도산 지경까지 이르렀지만 결코 굴복하지 않았고, 이 전쟁에서 승리 중이다. 그런데 이런 분투 중인 나라에 가서 그 적을 편드는 듯한 어깃장을 부렸으니, 시다는데 초를 친 격이다.

2022.2.20.

5가지 우크라이나 전쟁 시나리오

우크라이나 사태가 초읽기에 들어간 모양새다. 러시아군은 우크라이나 접경지대에 최대 19만 명에 이르는 군대를 배치하였다. 사정거리가 500km인 이스칸데르 미사일과 함께 6척의 수륙양용 상륙함을 포함한 30척의 흑해함대가 출동 대기 중이다. 언제라도 전쟁을 시작할 수 있는 준비를 마쳤다. 동부 우크라이나의 돈바스 지역에서는 우크라이나 정부군과 러시아가 지원하는 반군 사이에 실제 교전이 빈발하고 있다. 바이든 대통령은 그의 대변인을 통하여 푸틴의 전쟁 결심이 섰고 심지어 수도인 키예프를 공격할 것이라고까지 밝혔다. 우크라이나는 미국이 전쟁의 위험을 고조시키는 것이 우크라이나로 하여금 러시아와 타협하도록 압박하기 위한 것이라 생각한다.

우크라이나는 나토 가입을 원한다. 하지만 숄츠 총리가 밝혔듯이 이번 뮌헨회의 어젠다에도 우크라이나의 나토 가입에 관한 안건은 없었다. 이에 지난 주말 뮌헨 안보회의에 참석한 볼로디미르 젤렌스키 Volodymyr Zelenskyy 우크라이나 대통령은 이 전쟁이 '우크라이나 전쟁'이 아닌 '유럽 전쟁'이라면서 서방에 대한 분노에 찬 호소를 쏟아 내었다. 그는 서방의 말과 행동이 다르다 지적하며 대표적으로 독일과 프랑스를 지목했다. 이들이 우크라이나의 나토 가입을 지지한다고 말은 하지만 실제 행동은 다르게 한다는 것이다. 또한 그는 나토 가입이 어렵다면 자국의 안보를 보장할 수 있도록 조치해 달라고 요청하며, 지금 즉각적으로 러시아 제재 리스트를 공개하고 실행하여 러시아를 압박해야 한다고 호소했다.

이런 가운데 《디 차이트》지는 5가지 우크라이나 전쟁 시나리오를 제시하였다.

　　　첫 번째는 지상군의 공격 없이 미사일과 대포, 항공기만을 동원한 제한전이다. 지금 우크라이나군이 보유한 스팅어 미사일로는 러시아의 미사일과 지상 포격 그리고 고공 공중 폭격을 막아 낼 수 없다고 한다. 러시아군은 지상군의 개입 없이도 이길 수 있다는 걸 보여 줄 수 있다.

두 번째는 지상군을 투입하여 접경지대의 우크라이나군을 격퇴한 후, 휴전을 제안하고 철수하는 것이다. 러시아는 2008년 조지아와 러시아의 지원을 받는 남오세티야 반군과의 코카서스 전쟁에서 조지아로 진격하였다가 남오세티야의 분리를 인정받은 후 휴전을 한 사례가 있다.

세 번째는 OSCE의 관찰인데, 현 휴전 협정을 깨고 돈바스 지역을 점령하는 것이다. 분리독립을 주장하는 반군은 지금 우크라이나군의 공격이 임박하였다며 주민들에게 피난을 강권하고 있다. 미국은 이것을 러시아의 공격을 위한 빌미를 만들기 위한 거짓 선전으로 보고 있다. 지난주 러시아 의회는 루한스크와 도네츠크를 독립국으로 승인, 선포하였다.

네 번째는 러시아, 벨라루스, 크림반도의 접경 지역 세 곳에서 동시에 공격하여 드니프로 강 이동 지역을 점령하는 것이다. 이렇게 하면 과거 동서독과 같이 동서 진영의 민족 분단국가를 만들게 된다.

마지막 시나리오는 일시적이나마 수도인 키예프를 포함하여 우크라이나 전체를 점령하는 것이다. 이 경우 러시아의 비용과 인명 손실은 걷잡을 수 없이 커질 수 있다. 우크라이나 국민에게도 최악의 시나리오가 되겠지만, 러시아는 이미 체첸을 그렇게 점령, 통치하고 있다.

러시아는 왜 우크라이나를 계속 넘볼까? 러시아는 우크라이나가 역사적으로나 지정학적으로 그리고 경제적으로 자신들과 떼려야 뗄 수 없는 관계를 맺고 있는 형제의 나라라고 한다. 독일 통일 당시 미국이 러시아에 약속했던 나토의 동진을 포기하겠다는 약속을 지키지 않은 것도 탓한다. 그러나 이런 모든 것은 결국 우크라이나를 지배하고 속박하기 위한 빌미에 지나지 않는다. 우크라이나가 러시아와는 다른 주권국가라는 것은 캐나다가 미국이 아니고 벨기에가 프랑스가 아닌 것처럼 국제법의 기본적인 문제다. 푸틴은 이것을 '순결한' 러시아 문명에 대한 침해로 본다. 우리가 중국의 동북공정을 경계해야 하는 이유다. 한복과 김치가 중국 것이라면 한국도 중국 것이라는 주장이 나올 수 있다.

우리는 2013년에서 2014년으로 넘어가는 겨울에 키예프의 마이단 광장에서 일어난 우크라이나 시민들의 '유로마이단 성전聖戰'을 생생하게 기억한다. 2013년 11월 빅토르 야누코비치Viktor Yanukovych 대통령이 온 국민의 여망이던 유럽연합EU 가입 협상을 포기한다고 했을 때 우크라이나 시민들은 불같이 일어났다. 다음 해 2월까지 계속된 시위에서 시민들은 정파를 가리지 않고 단결하여 저항하였다. 야누코비치가 러시아에서 스나이퍼까지 데려와 100명 이상의 시위자들을 죽였지만, 시민들의 저항은 계속되었고 마침내 야누코비치를 축출하였다. 우크라이나인들에게 EU와 러시아 양단간에 선택은 생사를 가르는 것이나 마찬가지다. 스탈린의 신경제정책_{NEP} 실패로 인하여 수백만 명이 아사했던 1933년 대기근_{홀로도모르Holodomor}의 상흔이 채 아물지도 않았다. 과거 천 년간 복속당했던 러시아로 돌아가기보다는 차라리 죽음을 택하겠다는 결사항전의 투혼이 빛을 발한 것이다. 누가 감히 우크라이나가 러시아의 일부라고 이야기하는가.

그런 우크라이나가 2014년에 이어 다시 위협받고 있다. 이 모든 것은 푸틴의 야욕으로 귀착된다. 푸틴은 '민주적' 부정선거를 통하여 러시아의 민주 정치를 붕괴시키고 전체주의 통치를 강화하고 있다. 러시아의 구소련 지역에서의 패권 쟁탈은 그의 전체주의적 통치체제 수립과 불가분의 관계에 있다. 2014년 우크라이나를 침공한 것도 그가 대통령 중임제 헌법을 고쳐 2012년 세 번째로 임기 6년의 대통령에 선출되면서 영구 독재체제를 수립한 시점과 무관하지 않다. 러시아는 그전까지는 EU나 나토의 동진을 용인하는 입장이었다. 러시아는 국내에서는 다른 권력기관을 압도하는 대통령 대권제 그리고 언론과 비정부 단체 등 시민 사회에 대한 국가 통제, 친정부 사회 세력의 조직화를 진행하고 대외적으로는 구소련 지역에 대한 러시아의 주권을 강화하는 정책을 추구하고 있다.

중국은 2월 동계 올림픽을 시작으로 연말 20차 공산당 대회 시까지 공산당의 통치 능력과 영향력, 전면적인 우월성을 보여 주려고 할 것이다. 올해는 10년 임기의 관행을 깨고 집권하는 시 주석의 영속적인 지위를 공고화하는 해이기 때문이다. 그들이 홍콩과 타이완에 대한 권리를 부쩍 강조하면서 강경한 대외정책을 구사하는 것도 이와 결코 무관하지 않을 것이다. 권력을 쥔 영원의 정치인들은 위기를 꾸며 내고 그 결과로 생겨나는 감정을 조작한다. 그들은 자신들의 무능이나 부패한 정치인들이 국부를 독점하는 '도둑정치'kleptocracy에 관심이 쏠리지 않도록 시민들에게 잠깐씩 의기양양과 분노를 경험하도록 가르치면서 미래를 현재라는 강물에 빠뜨린다.

· 하우케 프리드리히Hauke Friedrich,
《디 차이트Die Zeit》 기명기사 2022.2.19.
· 티머시 스나이더Timothy Snyder 지음, 유강은 옮김,
『가짜 민주주의가 온다The Road to Unfreedom』

2022.3.7.

우크라이나 전쟁과 국제안보질서 재편

지난 2월 24일 아침잠에서 깨어난 아날레나 베어복Annalena Baerbock 독일 외교장관의 일성은 "우리는 지금 다른 세계에서 깨어났다"는 것이었다. 2월 27일 올라프 숄츠 독일 총리는 연방하원에서 행한 연설에서 유럽인들이 이제 '시대의 전환'을 목

도하고 있다고 언급했다. 이 두 사람의 발언은 2월 24일 발발한 우크라이나 전쟁이 가져올 국제질서의 변화를 예고하는 것이다.

숄츠 총리는 이번 우크라이나 전쟁을 '푸틴의 전쟁'으로 격하하면서, 우크라이나 국민에게 독일의 연대를 표명하였다. 이날 그가 발표한 '정부 선언'에 담긴 안보정책의 전환은 가히 혁명적인 것이었다. 전쟁지역에 무기를 공급하지 않는다는 지난 20년간의 원칙을 허물어 우크라이나에 대한 무기 공급을 승인하고, 전후 반세기 이상 유지해 왔던 대화와 외교 중심의 메르켈식 안보정책 대신 전쟁을 준비하는 강력한 안보정책으로 과감한 전환을 시도하였다. 독일 언론은 이것을 '미성년 시대의 종언'으로 표현하면서 환영했다. 우크라이나가 "칼춤을 추고 있다"면서 양비론을 주장한 슈뢰더 전 총리는 이제 정치에서 아예 퇴출될 위기를 맞고 있다.

푸틴의 우크라이나 침공은 유럽과 미국을 깨웠다. 이 전쟁에서 푸틴이 보여 준 한 주권국가에 대한 대담한 도발과 서방의 총력 응전은 냉전 종식 후 지난 30년간 세계를 풍미했던 '거대한 망상'grand delusion과 결별하고 유럽과 세계정치의 방향이 바뀌고 있음을 알리고 있다. 향후 국제 질서에 나타날 몇 가지 변화를 예견해 본다.

첫 번째로 유엔 중심의 집단 안보체제가 유명무실하게 될 것이다. 이 전쟁은 현행 국제법과 국제질서에 대한 전면적인 도전이자 명시적인 파괴 행위다. 푸틴은 우크라이나 동부의 친러 반군 장악 지역

두 곳을 국가로 일방적으로 승인하여 2차에 걸친 민스크 협정을 휴 짓조각으로 만들었다. 그는 러시아의 '순결한' 역사를 들먹이며 주 권 존중의 베스트팔렌 체제를 송두리째 부정하였다. 2014년 이후 러시아가 수행한 전쟁도 하이브리드 전쟁이라 불리는 모호한 형태 였지만 이렇듯 명백한 침략 행위는 아니었다. 푸틴은 과거 구소련 또는 차르시대의 러시아로 돌아가려 한다. '역사에 대한 보복'이다. 부전조약 이후 '전쟁비합법시대'를 부정하면서 국제법의 근간을 허 물었다. 향후 중국의 타이완 침공도 같은 선상에서 예상해 볼 수 있 다. 핵보유국이자 유엔의 상임이사국인 중·러의 도발에는 유엔헌장 제51조의 집단적 자위권 발동이 어렵다. 집단안보체제에 대한 사망 선고다.

두 번째로는, 미국과 유럽은 암묵적으로 맺어진 중러동맹의 동시다 발적 도발에 맞서게 될 것이다. 1990년 냉전 종식 후 잠시 나타났 던 미국의 단극체제가 와해되고 중·러의 강력한 전체주의 세력이 부상했다. 푸틴과 시진핑은 서구 민주주의를 좌절시켜야 할 대상으 로 보고, 인권에 대한 서방적 시각을 거부한다. 과거 공산주의 세력 과 서방이 대립했던 냉전 시대와 거의 일치하는 구도로 돌아갔지 만, 지금 서방 세계가 맞서고 있는 중·러의 세력은 냉전 시대보다 훨씬 더 강력하다. 중국은 이제 가난하고 기아에 시달리는 나라가 아니다. 세계의 공장이 된 중국은 군비 확충의 길로 내달리고 있으 며, 러시아는 유럽의 에너지 시장을 지배하고 있다. 중·러는 공식적 인 동맹을 맺은 적은 없지만 과거 냉전 시대보다 더욱 결집한 사실상의 강력한 동맹이다. 이번 우크라이나 침공 시 러시아가 중국 국경 지역의 군대를 유럽으로 이동시킨 조치는 중국에 대한 러시아의 커다란 신뢰를 의미한다. 지난 2월 초 베이징 올림픽 시 푸틴과 시진핑의 정상회담에서 이미 이번 전쟁이 논의되지 않았을까?

세 번째로는, 핵무기의 수직적, 수평적 확산을 불러올 것이다. 숄츠 총리가 신안보정책을 발표한 지 몇 시간도 안 되어 푸틴이 러시아의 핵전력을 비상 대기 조치하였다. 이것은 적어도 푸틴의 명령이 있을 시에는 바로 핵투발을 가능하게 하는 조치임이 틀림없다. 공포는 효과적인 정치적 압력 수단이다. 바로 이것은 핵공포를 유발하여 목적하는 바를 이루려는 '핵강제'nuclear coercion 다. '핵강제' 전략은 1990년 냉전 종식 후 사라졌기에 서방은 잊고 있었지만, 러시아는 그렇지 않았다. 이제 서방은 러시아의 이미 강력해진 핵과 지금까지 어떤 군비통제 시스템에도 구애받지 않고 증강되어 온 중국의 핵에 맞서 그 핵능력을 확충해야 하는 상황에 맞닥뜨리고 있다. 그렇다면 핵군축의 시대는 끝났다. 벨라루스는 국민투표로 러시아군의 주둔과 러시아 핵 유치를 승인하였다. 러시아 핵이 유럽연합에 더욱 가까이 왔다. 이렇듯 핵비확산NPT의 시대도 도전받고 있다. 이번 러시아의 '핵강제' 사례는 특히 북한핵의 위협을 받고 있는 동북아 지역의 일본, 한국 등 잠재적인 핵확산국가의 핵무장 시도를 추동할 수 있다. 지난 2월 27일 아베 전 총리는 사실상의 핵반입을 의미하는 핵공유정책에 대한 논의가 필요하다며 여러 선택지를 살펴봐야 한다고 언급했다.

네 번째로는, 유럽의 안보질서 재편으로서 유럽연합이 나토에 대한 기여도를 높이는 동시에 독자 무장 추세를 강화할 것이다. 중국보다는 덜 시급한 도전 세력으로 간주되던 러시아가 대담하게도 전면전을 일으켰다. 이것은 냉전 와해 후 공산주의를 포기한 러시아에 경계심을 풀어 버린 유럽이 종래의 유화정책을 포기해야 하고, 미국도 유럽에 보다 많은 군대를 주둔시켜야 함을 의미한다. 긴급한 러시아발 도전과 중국의 위협에 직면하는 데는 7,000억 불까지 치솟은 미국의 국방예산만으로는 충분치 않다. 유럽연합은 오는 6월 마드리드 정상회담 시 새로운 '전략 개념'을 채택하여, 유럽과 캐나다가 나토 경비의 절반을 담당하여 미국의 부담을 덜고, 미국이 중국 대응에 보다 많은 재원을 할당하도록 한다는 계획이다. 아울러 1992년 마스트리히트조약으로 채택된 유럽의 공동외교안보정책의 실현도 추동될 것으로 보인다. 에마뉘엘 마크롱 대통령의 '전략적 자립' 개념이나 유럽방위군 창설에 힘이 실릴 것이다. 스위스가 제재에 동참하고, 스웨덴이나 핀란드 같은 중립국들이 우크라이나에 무기를 지원하는가 하면, 사회민주주의 국가인 덴마크에 미군이 주둔하기 위한 협상이 진행 중이라는 점도 특기할 만하다.

다섯 번째는, 세계 에너지 판도의 변화다. 당장 독일은 노르트스트림-2의 승인을 보류하였다. 가스 의존도가 높은 이탈리아는 더욱 어려운 상황임에도 러시아 가스를 차단하는 데 동참한다는 입장이다. 미국의 셰일가스와 카타르 가스 도입이 확대되면서 유럽 가스 시장에 약 30% 물량을 공급하던 러시아는 이제 중국 쪽으로 공급을 돌릴 것이다. 유럽은 그동안 잠시 잊고 있었던 에너지 안보의 중요성을 새삼 자각하게 될 것이다. 독일은 6기밖에 남지 않은 원전의 운용 연장도 고려 중이다. 이렇게 되면 석탄 등 기존 화석 연료의 퇴출도 지연될 수밖에 없다. 국제에너지기구IEA 국가들은 6천만 배럴의 비축 원유를 방출한다. 기후변화 목표에도 차질이 불가피할 것이다.

여섯 번째는, 세계화의 분절 현상이 가속화될 것이다. 코로나로 인하여 주춤거렸던 세계화는 이번 우크라이나 전쟁으로 결정적인 타격을 받게 될 것이다. 우선 무역과 금융 부문에서 SWIFT에서 퇴출된 러시아는 중국에 더욱 의존하면서 독자적인 경제, 금융 블록을 수립하려 시도할 것이다. 러시아 주재 서방 기업들이 서둘러 철수하고 있다. 전략물자 수출 통제나 러시아 항공기, 선박의 취항 불허는 무역과 교통을 단절시켜 러시아와 서방의 경제 관계를 30년 전 구소련 시절로 돌아가게 할 것이다. 세계무역기구WTO 도하협상이 좌초한 것에서 보듯이 더 이상 세계화로 향하는 공동의 길은 존재하지 않는다. 경제보다는 이데올로기를, 이데올로기보다는 개별적인 신뢰를 앞세운 국가별, 권역별 재편이 일어나면서 그룹별로 세계화의 분절 현상이 조장될 것이다. 다자주의라기보다는 오히려 새로운 양자주의다.

이번 우크라이나 전쟁은 위험천만한 시대가 우리 앞으로 성큼 다가왔음을 알리고 있다. 동시에 이 전쟁은 우리의 건국전쟁이었던

6·25 전쟁과 같이 우크라이나인들에게는 진정한 건국과 독립을 가져다줄 것이다. 우르줄라 폰 데어 라이엔 유럽연합 집행위원장은 우크라이나의 EU 가입을 지지했다. 폴란드 등 8개국도 지지를 선언했다. 우크라이나는 2014년 유로마이단 성전으로도 이룰 수 없었던 새로운 건국에 이미 다가서고 있다.

2022.3.18.

'겉보기 거인' 러시아와 전범자 푸틴

독일 외교부의 천재라고 불리는 뮌헨안보회의 의장 볼프강 이싱어Wolfgang Ischinger 대사가 2016년 브레멘의 한 강좌에 와서 한 이야기가 있다. 그는 독일이 전쟁에서 한 번도 이겨 본 적 없는 러시아에 대해 이렇게 말했다.

> "우리는 러시아를 두려움에 떨며 무릎 꿇어야 하는 거인으로 오판해서는 안 된다. 두려움은 외교정책적 전략에서 좋은 조언가가 아니다. 내가 주장하고자 하는 것은 유럽이 침착함과 자신감을 가져야 한다는 것이다."

현대적 의미에서 국력은 영토나 인구보다는 경제력이 그 척도다. 내가 만난 독일무역투자공사의 프랑크 로바쉭Frank Robaschik 한국 담당관은 "한국은 경제 규모가 러시아나 호주보다 크다. 결코 작은 경제가 아니다"라고 힘주어 말한다. 이셩어 대사는 "우선 국민생산고가 스페인 정도밖에 안 되는 나라이며, 인구도 유럽연합의 3분의 1 정도다. 15세 러시아 남성의 기대수명은 최저개발국LDC 수준이다"라고 러시아를 혹평하면서 '겉보기 거인'Scheinriese이라고까지 했다. 미하엘 엔데의 독일 동화에 나오는 이 겉보기 거인은 멀리서는 거인처럼 보이지만 가까이 다가갈수록 작아진다. 러시아가 우주과학기술이나 군사 분야에서 세계 최강국이긴 하지만, 그렇다고 모든 분야에서 다 잘할 수는 없다. 그러니 우리가 러시아나 중국 같은 강국을 무시하지도, 두려워하지도 말아야 한다는 것이다. 혹자는 우리나라가 세계에서 대외의존도가 가장 높은 나라니까 '을'의 위치를 자각해야 한다고도 한다. 하지만 꼭 그렇지는 않다. 현대 세계는 상호의존적이기 때문이다. 강대국의 패권정책 앞에서 약소국이 쉬운 표적이 될 순 있지만, 그들 또한 깨기 어려운 견과류 같은 존재다.

유럽의 스위스나 오스트리아는 차치하고라도 중동의 조그마한 나라 카타르만 보더라도, 주변 아랍국가들로부터 외교적 어려움을 겪는 와중에도 꽤 당차다는 인상을 받는다. 인구 몇십만의 이 작은 나라는 몇천만 인구를 가진 이웃 국가들에 둘러싸여 있다. 그런데도 이 작은 나라는 몇십 배는 큰 과거 종주국이었던 사우디아라비아 대사를 추방하기도 하고, 이란에 대해서는 물론 미국, 러시아에 대해서도 그렇게 당당할 수가 없다. 해외 미국 공군기지 중 오키나와 기지 다음으로 크다는 미군 기지가 카타르에 들어와 있지만, 정작 도하 시내에서는 미군을 볼 수 없다. 미국이 정상회담에서 《알자지라》 방송의 대미 비난을 문제 삼자, 하마드 국왕이 회담장을 박차고 나가기도 했다. 주재 러시아 대사는 출입국 시 도하 공항에서 카타르 당국의 검문 검색이 늘 까다롭다고 불평했다. 작은 나라일수록 특히 외국에 대해서는 국가 기강이 엄중함을 보여 주는 것이라 하겠다. 세계 최대의 액화천연가스 LNG 수출국으로서 세계에서 가장 잘사는 나라지만, 교육도시를 세우고 《알자지라》 방송과 카타르 재단을 만드는 등 포스트카본 시대에 대한 대비도 일찍부터 시작했다. 올해 월드컵을 유치한 이유도 바로 포스트카본 시대를 대비한 것이다. 중동의 방송, 항공, 금융, 문화교육 중심지에 이어 스포츠 중심 국가로 차세대 먹거리를 마련하겠다는 것이다.

지난 2월, 러시아가 우크라이나를 침공했을 때 많은 국제정치 전문가가 예상했던 것과는 달리 푸틴의 승리는 일찌감치 물 건너간 듯하다. 승리는커녕 무승부도 장담하지 못할 상황이다. 물론 러시아의 공세가 아주 실패라는 건 아니다. 하지만 전격전을 계획했던 러시아군은 전쟁의 장기화로 사기와 보급에서 이제 본격적인 애로에 부딪히고 있다. 믿었던 벨라루스도 참전을 거부했다. 세계의 의로운 젊은이들은 자진해서 싸우겠다고 우크라이나로 몰려들고 있다. 조지 오웰, 어니스트 헤밍웨이, 앙드레 말로, 앙투안 드 생텍쥐페리 등 내로라하는 세계의 진보적인 지성인들이 의용군으로 참전했던 스페인 내전의 기억이 어른거린다. 그들은 프랑코에게 졌다. 하지만 우크라이나는 다를 것이다. 이념, 계급, 종교가 뒤엉켜 어느 한쪽도 그 정당성이 분명치 않은 내전이 아니라 이건 누가 봐도 일방적인 침략자의 반대편에 서겠다는 것이니 말이다.

이제 국제사회의 사법 레짐도 러시아를 코너로 내몰고 있다. 유럽이사회가 러시아 퇴출 결정을 내린 데 이어서 유엔의 법원인 헤이그 국제사법재판소는 3월 16일 러시아가 우크라이나 영토에서 침략 행위를 즉각 중지해야 한다고 명령했다. 이것은 우크라이나가 러시아를 〈집단살해죄의 방지와 처벌에 관한 1948년 협약〉 위반으로 제소한 데 대한 재판 절차의 일부다. 비록 러시아가 이를 따르지 않을 경우, 강제 수단은 없지만 그럼에도 국제사법재판소의 결정은 기속력이 있다. 단순한 권장 사항은 아니라는 거다. 그뿐만 아니라 국제형사재판소에서도 푸틴의 전쟁범죄와 인도에 반한 행위를 추적하기 시작했다. 국제사법재판소에서는 러시아라는 국가를, 국제형사재판소에서는 푸틴이라는 개인을 상대로 침략전쟁임을 확인했고, 범죄 해당 여부를 심사한다. 푸틴이 전범으로 기소되면 유고슬라비아의 밀로셰비치처럼 국제형사재판정으로 끌려 나올 수 있고, 그전에라도 그의 이동의 자유가 극히 제약될 수 있다. 바이든 대통령은 기자 회견 시 푸틴이 전쟁범죄자war criminal임을 명시적으로 지적했다.

"전쟁은 죽은 자만이 볼 수 없다"고 한다. 전쟁이 상상이 아닌 현실이란 이야기다. 결국 국제사회에서 우리의 삶이란 평화, 아니면 전쟁이다. 평화를 원하면 전쟁을 준비해야 한다. 우크라이나 전쟁은 여러모로 우리의 경각심을 일깨우고 있다. 젤렌스키 대통령은 매우 용기 있게, 그리고 효율적으로 침략 전쟁에 대응하고 있다. 그는 미국이 제공하는 피난길에 오르지 않았고, 수도에 남아 전선을 진두지휘하는 한편, 화상 회의를 활용해 유럽연합과 미국, 독일 등을 대상으로 심도 있는 협의를 이끌어 내고, 감동적인 연설로 이들의 마음을 사로잡았다. 우크라이나 디지털혁신부 장관이 애플, 테슬라는 물론 삼성 앞으로도 편지를 보내서 러시아 사업을 중단해 달라고 요청했다는 뉴스도 기억한다. 유엔이나 국제사법재판소에 제소하는 것도 잊지 않았다. 우크라이나의 대응은 거의 교본 수준이다. 우리도 이들의 대응 조치를 잘 봐 두어야 한다. 유사시 우리의 대응에 큰 참고가 될 것이다.

· 앤터니 비버Antony Beevor 지음, 김원중 옮김,
『스페인 내전The Battle for Spain』
· 존 J. 미어샤이머John J. Mearsheimer 지음, 이춘근 옮김,
『미국 외교의 거대한 환상The Great Delusion』

2022.7.14.

유럽 지정학의 지각 변동
- 스웨덴과 핀란드의 나토 가입

스웨덴과 핀란드의 나토 가입으로 냉전

후 국제정치 판도는 확연히 달라지게 되었다. 이것은 푸틴의 최대 지정학적 패배이며 세기의 반전이다. 지난 2월 러시아가 우크라이나를 침공한 이후 5월에 스웨덴과 핀란드는 나토 가입을 신청하였고 6월 말 정상회의 의결 후, 7월 5일 나토 30개국이 이 두 나라의 가입 의정서에 서명하였다. 이제 회원국들의 비준 절차만을 남겨둠으로 그간 슈퍼 중립국이었던 이 두 나라의 나토 가입은 사실상 확정이다. 이 두 나라의 나토 가입이 갖는 의미를 살펴보자.

우선, 유럽 지정학의 지각변동이다. 만약 푸틴이 이번 우크라이나와의 장기 소모전에서 '승리'라고 할 만한 결과를 얻는다 하더라도 러시아의 거시적인 전략적 입지는 전쟁 전과 비교할 수 없을 정도로 불리해질 것이다. 러시아는 폴란드와 발트 3국의 나토 가입으로 나토와 국경을 맞대게 되었고 이번 스웨덴, 핀란드의 가입으로 그 국경선을 1,300km 이상 늘렸다. 특히 이 두 나라의 나토 가입으로 러시아의 전통적인 해상 출구인 발트해가 완전히 나토의 해역으로 넘어갔다. 마치 2차 대전 당시 독일군과 핀란드군에 포위된 레닌그라드 공방을 연상시킨다. 또한 스칸디나비아반도 전체가 나토화되면서 북극해에 대한 러시아의 전략적인 입지도 고립무원이 되었다. 두 번째는, 스웨덴과 핀란드가 가진 자체적인 군사적 역량으로 인한 나토 전력의 변화다. 지금까지 나토의 기존 동진 국가와는 달리 이 두 나라는 군사 강국으로서 나토의 전력 증강에 현저히 기여할 것이다. 특히 스웨덴은 과거 30년 전쟁 당시 독일을 거의 다 점령할 만큼 유럽의 전통적 강호다. 2차 대전 중에는 중립을 유지하면서도 히틀러와 스탈린 양쪽에 무기를 팔았다. 지금도 사브_{Saab}가 만드는 최신예 스텔스 전투기와 잠수함을 보유한 군사과학 강국이다. 핀란드는 평상시에는 수만 명의 군대를 유지하지만, 유사시 60만 명의 예비군을 포함하여 거의 백만 대군으로 전환할 수 있는 육군이 강한 나라다. 2번에 걸친 소련과의 전쟁에서도 "전투에서는 이겼다"라는 평가가 나올 정도의 강인한 군사적 전통을 보유하고 있다. 이 두 나라의 군사력으로 발트 해역을 둘러싼 나토의 기존 전력이 3배로 증강된다고 한다.

세 번째는, 국제정치사적 의미다. 19세기 초 나폴레옹전쟁 이래 200년간 중립국이었던 스웨덴과 2차 대전 후 소위 '핀란디제이션'_{Finlandization}으로 중립국이 된 핀란드는 공히 1995년 유럽연합에 가입하였다. 유럽연합의 공동외교안보정책의 관점에서 엄밀하게 본다면 이 두 나라는 이미 중립국은 아니지만 군사동맹에는 가입을 자제함으로써 군사적인 중립을 유지해 왔다. 하지만 푸틴의 우크라이나 침공은 불과 반년 전까지만 해도 나토 가입에 대한 반대 여론이 높았던 국민 여론을 급격히 반전시키고, 이번 가입 결정을 가져왔다. 특히 핀란드의 나토 가입은 러시아의 입장에서는 심리적인 충격도 클 것으로 보인다. 제정러시아 당시 러시아 내 자치공국이었던 핀란드는 러시아의 공산혁명 후 독립하지만, 소련과의 2번의 전쟁 후 굴복하여 1948년 4월 이래 소련으로부터 강요된 중립을 유지해 왔기 때문이다. 냉전 당시에는 헬싱키 프로세스로 동서 간 데탕트의 결실을 맺었고, 이후 헬싱키체제를 가져왔지만, 핀란드의 나토 가입으로 이 유럽안보협력체제가 사실상 붕괴를 맞게 되었다.

마지막으로는, 냉전 종식 이래 특히 트럼프 대통령 시절에 미국과 유럽 회원국 간 협력관계가 순조롭지 못했던 나토가 그 활기를 다시 회복하는 전기가 될 것으로 보인다. 경제, 화폐동맹을 위주로 운영되던 유럽연합은 나토라는 군사 동맹체와 동조화되면서 신냉전의 구조화가 계속 진행될 것이다. 이런 과정에서 안보리의 거부권으로 인하여 작동 불능 상태가 된 유엔의 집단안전보장 체제에 대한 신뢰도가 계속해서 훼손되면서 독일이나 일본의 안보리 상임이사국 진입을 통한 안보리의 확대, 개혁을 추동하게 될 것으로 보인다.

푸틴의 우크라이나 침공은 나토를 러시아 국경으로부터 밀어내기 위한 것이었지만 실제는 나토를 러시아의 국경까지 불러들이는 정반대의 결과를 가져왔다. 그는 혹을 떼려다 혹을 붙였고, 러시아의 고립을 자초하였다. 서방이 이것을 러시아의 역사적인 패배라고 평가하는 이유일 것이다. 그렇다면 이 두 나라의 군사적 중립 포기가 우리에게는 어떤 의미로 다가올 수 있을까?

우리나라는 동서 냉전에서 서방측의 최전선을 맡고 있는 국가임에도 냉전 종식과 함께 그간의 소위 '진보정권'에서 어설픈 중립 코스프레를 연출해 온 측면이 없지 않았다. 노무현 대통령의 균형자론이나 더 나아가 문재인 정권에서의 중국에 대한 삼불정책 같은 것들이 그 연장 선상에서 나왔다. 하지만 이것들은 전혀 작동하지 않았고, 유사시 우리를 지켜 줄 수도 없다. 우리에게 돌아온 건 중국의 경제 보복이나 대통령 수행원 폭행뿐이었다. 스웨덴과 핀란드의 이번 나토 가입은 우리에게 이런 '중립' 또는 '균형 외교'의 의미나 그 유용성에 대한 근본적인 의문을 던진다.

처칠은 "동맹국과 싸우는 것보다 동맹 없이 싸우는 것이 더 나쁘다"고 했고, 비스마르크는 통일 후에도 "5개의 공 중 3개의 공을 가져야 한다"면서 '동맹의 악몽' 방지에 주력하였다. 히틀러는 리벤트로프를 런던 대사로 보내면서 "영국의 동맹을 가져오시오"라고 주문했다. 일본이 러일전쟁에서 이기고 동양의 지배자로 나설 수 있었던 것은 영일동맹의 힘이었다. 지금 미국의 세계 지배가 가능한 것도 동맹이 없는 러시아나 중국과는 달리 미국은 많은 동맹과 함께하고 있기 때문이다.

지난 6월 말 윤석열 대통령의 나토정상회담 참석은, 그동안의 눈치보기식 '균형외교'로부터 벗어나 자유와 시장경제 가치에 기반한 동맹외교의 반듯한 트랙 위에 한국을 올려놓은 결단이자 한국 안보외교 지형을 바꾸는 큰 획이었다. 나토는 러시아를 국제평화와 안보에 대한 '위협 세력'으로, 중국을 '도전 세력'으로 각각 간주하였다. 이번 스웨덴, 핀란드의 나토 가입에 따른 나토의 북진은 러시아와 중국이라는 거대한 북방 전체주의 세력과 북한의 핵위협에 노출된 우리가 어떤 길을 가야 할지를 명확하게 보여 주었다.

Part 2.

북한과의 평화는
사실상 불가능하다

2017년 3월 북극성 미사일 발사
사진 출처: mtviewmirror.com

"핵보유는 국가의 의미이자 존재다. 김정은의 선전 기계가 그것을 말해 준다. 그런 국가에, 그런 지도자에게 긴장 완화를 기대한다는 건 소용없는 일이다."
_《디벨트》주필, 토르스텐 크라우엘Torsten Krauel

베를린 장벽은 수많은 전선 중 하나였을 뿐이다. 한국의 휴전선은 아직 그대로이며 냉전도 계속되고 있다. 상대는 사람들이 생각하고 있는 것보다 훨씬 더 강력하다.
_본Bonn 대학 철학교수, 마르쿠스 가브리엘Markus Gabriel

2020.6.20.

김정은과의 평화는 사실상 불가능하다

- '방어적 민주주의'

북한은 지난 6월 16일 개성공단 내 남북 공동연락사무소 건물을 폭파했다. 2018년 4월 남북 간 판문점 선언에 따른 합의로 2018년 9월에 개소된 지 2년이 채 되지 않았다. 북한의 이 무도한 도발은 지난 김대중 정권 이래 수십 년간 지속되어 온 북한과의 화해 제스처에 종말을 고하는 일대 상징적인 사건이다. 그다음 날 독일의 대표적 보수 언론《디벨트》의 토르스텐 크라우엘Torsten Krauel 주필은 '김정은과의 평화는 사실상 불가능하다'는 제하의 논평 기사를 썼다. 북한의 폭파 행위가 자행된 지 하루 만에 나온 이 논평은 북한과의 화해와 협력이 원천적으로 가능치 않다는 나의 평소 생각을 확인해 주었다.

지난 75년간 북한은 군사 국가다. 핵보유는 북한의 국가적 의미와 존재 그 자체다. 그런 나라나 그 지도자로부터 긴장완화를 기대한다는 건 소용없는 일이다. 북한이 남북정상회담 2년 만에 대결로 방향을 선회한 것은 충분히 예상할 수 있는 일이었다. 2년 전 남북의 두 정상 간 판문점에서의 상징적인 산책은 실제로 푸른 도보다리의 '끝'으로 이어졌을 뿐만 아니라, 시각적으로도 '막다른 골목길'에서 끝났다. 북한은 태생부터 무장국가이며 모든 유전자로 보더라도 군사국가임이 분명하다. 북한은 한국전쟁 시 남한에 대한 기습공격을 포함한 3번의 무장 충돌로부터 태어났으니, 북한의 3번째 지배자도 이 대결구도 말고는 달리 상상할 수 없다. 적이 없으면 붕괴하는 나라이기 때문에 그들에게 평화는 축복이 아니라 위험이다.

북한의 국방지출을 보자. 북한은 지난 50년간 경제/재정 통계를 내지 않고 있지만 위성 관측을 포함한 전반적인 정보 소스로 추산해 볼 때, 그 GDP는 대략 370억 유로다. 유엔과 미 국무부는 북한의 군비 지출이 그 2배인 740억 유로나 된다고 하지만 실제를 보면 그 규모도 그다지 놀랄 만한 것은 아니다. 평양의 발표는 없지만 김정은이 늘 자랑하는 그 사진들을 보고 서방의 군사장비 가치와 비교해 보면 북한 군사장비의 규모와 질을 잘 알 수 있다. 북한은 적어도 2대의 GPS 유도 미사일 발사대와 4대의 부속 운반 차량을 보유하고 있는데, 1대의 발사대와 미사일 가격만 하더라도 미국 펜타곤의 GMLRS 프로젝트 예산과 비교 시 수송차량은 제외하고 31억 유로에 달한다. 북한에서의 개발 비용은 이것보다는 훨씬 비싸다. 그들은 잠수함 1대, 미사일 1기, 핵탄두 1기를 포함한 잠수한 미사일 발사시스템SLBM을 개발 중인데, 이 개발 비용이 얼마나 될까? 영국이 잠수함 4대의 미사일 발사 전력을 개발하는 데 핵탄두는 빼고 350억 유로가 소요되었다.

김정은은 지난 6년간 2번의 대륙간탄도탄 발사 시험을 했고 이제 3번째 시험을 예고하고 있다. 수 기의 중거리 미사일은 별도라 하더라도, 이것만도 북한의 실질 GDP의 2배다. 이 밖에도 지휘참모부와 포병의 무장에도 미국 펜타곤 시스템과 비교해 볼 때 수십억 유로가 들 것으로 예상된다. 북한 경제는 남한과 비교 시 거의 파산에 가깝지만 북한은 여기에다 해병 교두보를 건설하고, 지하에 벙커를 구축해서 요새화하고 있다. 북한 해커들의 정교한 사이버 공격만 보더라도 그들이 저급한 상품을 만들어 내는 것을 목표로 하고 있지 않음을 알 수 있다.

헨리 키신저가 1960년대 소련에서 우려했던 현상이 북한에서도 현실이 되고 있다고 했는데, 그것은 핵무장이 국가 지위의 상징으로 이해되는 것이다. 우선은 재정적, 경제적으로 그리고는 정치적으로 마지막으로는 심리적, 사회적인 것이다. 핵보유는 국가의 의미이자 존재다. 김의 선전 기계가 그것을 말해 준다. 그런 국가에, 그런 지도자에게 긴장 완화를 기대한다는 건 소용없는 일이다.

북한이 국내총생산의 2배를 훨씬 뛰어넘는 군비를 지출한다는 사실도 놀랍지만, 실제는 그 몇 배가 되는지 짐작조차 되지 않는다. 대륙간탄도탄ICBM의 1세트 비용만도 그럴진대 벌써 3번째 ICBM 발사를 예고하고 있는 북한의 군비 규모는 어느 정도이며 대체 이 돈은 어디서 나오는 걸까? 자신의 경제력을 훨씬 뛰어넘는 군비를 지출하는 나라에 적은 언제나 필요한 존재다. 적이 사라지면 북한도 더 이상 존재할 수 없는 구조다. 이렇듯 북한은 뼛속까지 군사국가다. 온 국민의 처절한 희생 위에 이루어진 핵보유긴 하지만 그 자체가 북한의 존재 의미이며 국가 위상이다. 그런 만큼 핵을 갖지 않은 우리를 내려다보는 동시에 적대시해야만 하는 그들의 심리와 국가 구조가 읽힌다. 그런데 감히 미국도 아닌 남한이 북한의 국가 존엄을 욕보이고 요사를 떨다니, 이젠 혼이 좀 나야겠다는 것이 아닐까? 없는 적이라도 만들어 내야 하는 그들이 기왕의 적과 화해하는 우를 결코 범할 수는 없을 것이다.

우리의 현실은 어떤가? 대한민국은 1948년 건국하여 한국전쟁의 도전을 극복하고 선진국 클럽인 OECD 회원국이 되었고 세계 경제대국 12위에 진입하여 G20 국가가 되었다. 프리드먼이 관찰한 제도나 사회경제적 요인을 기준으로 세세한 시대 구분을 하기는 어렵겠지만, 크게 보면 21세기 진입 전후인 김영삼, 김대중, 노무현 정권부터 좌파 세력이 소위 '민중민주'라는 허명을 업고 사회 전면에 등장하기 시작했고, 그동안의 경제적 성과를 허물기 시작했다. 문재인 정권이 들어선 3년 전부터는 좌우가 극단적으로 대립하는 가운데 정치, 경제, 사회 모든 면에서 급전직하 중이다. 세계 경제사에 찬란한 금자탑을 세웠던 대한민국이 추락하고 있다.

여기서 우리는 대한민국의 체제를 떠받쳐 온 반공, 승공 이념의 쇠퇴에 경각심을 갖지 않을 수 없다. 반공은 1948년 건국부터 1950년 한국전쟁을 거치면서 지금까지 북한 공산주의와 전쟁 상태로 맞서고 있는 우리의 사상적 토대이자 헌법상 자유민주적 기본 질서와 동전의 양면이다. 1956년 서독 연방헌법재판소는 역사상 가장 극적인 판결을 내렸다. 바로 공산당 해산 판결이다. 재판소는 공산주의자들이 민주주의 근본 원리를 거스르고 있으며, 따라서 정치에 참여할 권리를 상실했다고 판결했다. 방어적 민주주의에 그 이론적 근거를 두고 있다. 우리나라 국가보안법의 유지나 2014년 통합진보당의 해산 조치도 이런 연장선상에 있다.

《디벨트》는 2017년 10월 김대중 대통령의 노벨평화상 수상에 대하여 '잘못 준 5개 평화상' 중 하나로 지목한 데 이어서 작년 10월에도 이를 '실책'이라고 거듭 비판하였다. 노벨상 수상 후 한국의 정세가 평화와 안정은커녕 북한의 핵개발로 더욱 위험해졌다는 것이다. 당분간은 전쟁이 아니라면 완벽한 단절이라는 극단에 머물 수밖에 없다. 차라리 잘 됐다. 이제부터 북한과 담쌓고 살자. 철의 장막이 있었던 냉전시대에 세상은 편안하고 안전했다. 휴전선을 철통같이 방어하고 봉쇄하라. 남과 북, 극심한 부적합성 가운데 통일은 레토릭일 뿐이다. 그저 각자도생이 정답이다.

· 토르스텐 크라우엘Torsten Krauel,
《디 차이트Die Zeit》 기명기사 2020.6.17.

세기의 스캔들, 국군 포로 문제

어제 독일 언론 《타게스슈피겔》은 수천 명의 국군포로가 지난 수십 년간 북한 탄광에서 강제 노역에 동원되었으며, 북한은 탄광의 강제 노역 시스템을 활용한 석탄 생산과 수출로 벌어들인 외화로 핵무기를 개발하고 있다고 보도하였다. 아울러 영국의 《BBC》도 여사한 내용을 좀 더 상세히 보도했다. 이들 뉴스의 소스는 서울의 '북한인권시민연합'이었다. 그런데도 정작 우리 언론에서는 이 뉴스를 거의 취급하지 않았다. 의아할 뿐이다. 이 외신 보도들을 좀 더 부연해 보면, 북한의 광산은 국군포로들과 그 후손들 그리고 북한 사회에서 소위 성분이 불량한 사람들의 강제 노역으로 운영되고, 유엔의 석탄 수출 금지 조치에도 불구하고 일본의 야쿠자 같은 폭력조직을 통해서 수억 달러 규모로 해외로 밀수출되고 있다 한다. 《BBC》에서 인터뷰한 가명의 제보자는 탄광에 투입된 지 40년 만에 탈출한 사람인데, 자신과 함께 강제노역했던 작업반의 경우 23명 중 6명만이 살아남았다고 증언했다. 심지어는 7살짜리도 강제노역에 동원된다고도 했다.

휴전회담에서의 치명적 실수는 포로교환에도 일어났다. 조국으로 돌아가지 못하고 대부분 북한에 남겨졌던 국군포로 문제는 세기의 스캔들이다. 1994년 10월 조창호 소위의 탈북으로 세간의 조명을 받게 되었지만 그전에도, 그 후에도 우리 정부의 국군포로 송환을 위한 노력은 거의 전무하다시피 했다. 휴전회담 당시 북한이 유엔군에 통보한 국군을 포함한 연합군 포로는 92,070명이었다. 그중 연합군 포로 전부를 포함한 13,444명이 돌아왔으니, 국군포로는 무려 78,626명이 돌아오지 못했다. 믿기지 않을 정도의 숫자다. 송환협상 당시 반공포로의 북한 송환 거부로 자유의사에 따른 송환 원칙이 적용되자, 이를 빌미로 북한은 대부분의 국군포로를 돌려주지 않았다. 반공포로 석방은 대단한 쾌거였으나, 북한은 이를 역이용하여 우리 국군포로를 억류하고 이들은 물론, 현지 혼인으로 생긴 그 후손들까지도 자자손손 평생 강제노역에 몰아넣는 반인륜적 폭거를 자행했다. 미군 군종장교들은 단 한 명도 살아 돌아오지 못했다. 공산주의라는 세속 종교를 지지하는 공산주의자들은 군종 자교들에게 일말의 자비도 베풀지 않았다. 그들은 공산주의 외에는 어떤 종교도 두려워하고 증오했기 때문이다. 그러고 보면 6·25 전쟁 전, 덕원 수도원 성당에서 끌려갔던 독일 선교사들이 1954년 독일 본국으로 추방되어 풀려난 것은 기적 같은 일이었다.

결과만 놓고 본다면 당시 이승만 대통령의 패착이 아닐 수 없다는 생각마저 든다. 외교의 신▥이라던 이승만 대통령도 비열한 공산주의자들의 꼼수를 미리 내다보지 못했다. 전후 독일의 아데나워 수상이 1955년 소련과 국교 수립을 하면서 가장 역점을 둔 것이 시베리아에 억류된 독일군 포로들이었다. 1950년 이전에 이미 50만 명의 독일군 포로가 소련에서 석방되었던 터라 니키타 흐루쇼프 서기장은 생존 포로가 없다고 오리발을 내밀었다 한다. 그러나 배수

진을 치고 포로 송환을 요구하는 아데나워에 밀려 결국 잔여 포로 3천여 명을 송환하게 된다.

가슴 아픈 사실은 국군포로의 존재가 세상에 알려진 후에도 우리 정부가 아무런 송환 노력을 기울이지 않았다는 것이다. 도무지 이해할 수 없는 처사다. 나라를 위해 전쟁에 나갔던 군인들이 적의 포로가 되어 사지로 내몰렸는데도 손 놓고 있는 정부를 과연 정부라 할 수 있나. 특히 틈만 나면 북한과의 동포애와 평화공존을 외쳐 왔던 김대중 등 좌파정권의 국군포로에 대한 입장은 대체 무엇인지 묻고 싶다. 막대한 돈을 퍼다 주면서 노벨상 대신 국군포로들을 데려왔어야 하지 않았나.

물론 정부만의 책임은 아니다. 언론도 일반 시민들도 마찬가지다. 나 같은 민초에게도 이들의 회한스러운 삶이 눈에 밟히고 가슴에 묻힌다. 동토의 탄광에서 기아와 학대와 강제노역에 평생을 시달린 이들을 두고, 어떻게 우리는 그동안 편한 잠을 잘 수 있었단 말인가. 대한민국은 나라도 아니다.

2021.12.18.

엽기적인 북한, 인민들의 웃음을 금지하다

김정일 사망 10주기를 맞아 북한이 11일

간의 추모 기간 중 전 인민에게 웃음을 금지하는 명령을 내렸다 한다. 12월 17일《자유아시아방송》Radio Free Asia은 신의주 주민의 발언을 인용하여 추모 기간 중 알코올 섭취, 웃음, 그리고 여가활동을 금지한다고 보도하였다. 이건 인간의 기본권 중 가장 기본권인 신체의 자유를 구속하는 것이다. 특히 웃는 것조차 금지한다는 이 세기적 만행 소식에 웃어야 할지 울어야 할지 모를 지경이다. 패륜 정권이 아닐 수 없다.

그런데 이 세기적 만행에 대한 국내보도는 어디에도 찾아볼 수 없다. 김정은 사망 10주기를 맞아 중앙추모대회를 열었다는 소식을 몇 개 매체만이 전하고 있다. 김정일이 통치하던 1994~1998년 기간 중 백만여 명의 북한 주민이 기아로 사망한 소위 '고난의 행군'이 발생했다. 하지만 이후로도 김정은은 핵개발에 박차를 가하면서 외교적으로 고립되었고, 북한 주민들의 삶은 더욱더 최악의 상태로 내몰렸다.

유엔은 12월 16일 북한의 인권 침해를 규탄하는 '북한인권 결의안'을 2005년 이래 17년 연속하여 채택하였다. 국군포로와 그 후손들에 대한 인권침해를 처음으로 고발했고, 최고 책임자인 김정은에 대한 제재를 2014년 이래 8년 연속 결의안에 포함시켰다. 미, 영, 일 등 자유민주주의 58개 국가가 공동제안국으로 참여했지만, 우리나라는 최근 3년 연속 이에 불참했다. '사람이 먼저'라면서도 북한 동포들의 처참한 삶에 대하여는 침묵하는 지금 이 정권의 만행에서

점점 더 북한을 닮아 가는 듯한 모습이 보인다.

2022.1.11.

바이콧, 멸공!

새해부터 소동이 났다. 정용진 신세계 부회장이 멸공을 외쳤고 이것이 이마트 고객들의 불매와 구매 운동, '보이콧과 바이콧' 대결로 이어지고 있기 때문이다. 여기에 윤석열 대통령 후보가 이마트에서 멸치와 콩을 사면서 가세하였다. 오늘 정 부회장이 멸공 시리즈를 중단하겠다고 하고, 국힘당도 더 이상 논란이 확대되지 않기를 바라는 듯하지만 왜 멸공이 문제가 되는 것인지, 세상이 바뀐 것인지 어리둥절하기만 하다.

우선, 그가 재벌이기는 하지만 그 말 한마디로 사회 전체가 들썩일 정도로 소동이 벌어진 것은 인터넷의 파급력 때문이고, 또 서로 베껴 쓰는 언론의 동조화 현상 때문일 테다. 『왜 세계사의 시간은 거꾸로 흐르는가』의 저자 마르쿠스 가브리엘Markus Gabriel은 지금의 인터넷에는 법정도 없고 권력의 분립도 없기에 인터넷 내에서는 민주주의가 실현될 수 없으며 만약 "북한이 페이스북에 끼어든다면 그 대책을 강구하기가 쉽지 않다"며 인터넷의 불완전성을 지적하고 있다.

우리에게는 건국 전쟁이나 마찬가지였던 6·25 전쟁 당시 우리의 적은 북한과 중공이었고, 그 배후에 소련이 있었다. 소련은 어쨌든 멸망했고 그 후계자인 러시아는 더 이상 공산세력은 아니지만 전체주의 국가다. 명백한 적대 세력이었던 북한과 중국은 그때나 지금이나 전혀 변함없는 진성 공산 세력들이다. 과거 서독에서 공산당을 인정치 않는 방어적 민주주의의 기조가 지금 통일독일에서도 계속 이어지고 있음을 볼 때, 우리의 반공, 승공, 멸공 노선도 그대로 유지되어야 하는 게 맞을 것이다. 1964년 미국 대선 공화당 후보였으며『보수주의자의 양심』을 쓴 배리 골드워터_{Barry Goldwater}는 공산주의는 '승리'를 추구하지만 서방은 '해결'을 추구함에 그친다면서, 자유세계를 자유롭도록 지키는 것에 머물지 말고 공산주의 세계를 자유롭게 만들어야 한다고 갈파하였다. 서방의 전략 목표를 공산주의에 맞선 투쟁을 넘어서 그것을 이겨야 한다는 것에 두어야 한다는 주장이다.

프리드먼은 오랜 세월을 견디는 제국을 '사상과 영혼의 제국'이라고 표현했다. 대한민국의 사상과 영혼의 뿌리는 바로 반공 이념이기에 반공 이념의 복원과 유지는 변치 않는 시대적 사명이다. 사회변동이 혁명을 야기하고 혁명은 유토피아를 실행한다는 '필연의 정치학'이 허구임이 밝혀졌지만, "공산당이 싫어요"의 외침은 결코 구시대의 유물이 아니다. 적어도 한반도 현실에서는 말이다. 공산주의자들은 레닌이 말했듯이 늘 "2보 전진, 1보 후퇴"란 점진적인 전복 전략으로 기존 사회나 국가를 전복시킨다. 그러다 '환경'이 무르

익었다고 판단되면 일격을 가하여 그 나라를 쓰러뜨리고 공산 정권을 수립한다. 과거 베트남이 그런 사례이고, 우리나라도 마찬가지다. 공산주의자들은 해방 후 여·순 반란이나 4·3 폭동 등 국가전복 행위에 이어 6·25 무력도발로 신생 대한민국을 멸망시키려 했다.

반세기 이상이 지난 지금도 북한의 대남정책은 변한 게 없다. 오히려 핵이다, 미사일이다, 하는 대량살상무기의 개발에 박차를 가하면서 새해 들어서만도 벌써 2번이나 극초음속 미사일을 쏘았다. 중국도 더 이상 도광양회가 아니라 마오쩌둥 2.0, 시진핑이 공산독재 체제를 공고히 하면서 '조용한 정복' 전쟁을 지속해서 수행하고 있다. 이렇듯이 주변 환경은 변한 게 없고 오히려 악화되고 있다. 단지 우리가 이 상황을 제대로 인지하지 못하거나 외면하려 할 뿐이다.

정용진의 멸공을 철 지난 극우 색깔론으로 치부하는 쪽도 결국 이데올로기 싸움이란 걸 인정하는 셈이다. 소련 해체 후 베를린 장벽이 붕괴되었지만 마르쿠스 가브리엘이 지적하듯이 이것은 베를린 장벽이 수많은 전선 중 하나에 지나지 않았다는 사실을 간과한 것이다. 한국의 휴전선은 아직 그대로이며 냉전도 계속되고 있다. 후쿠야마도 자신의 실수를 인정했듯이 과거 미·소 간 대결이 미·중 간 대결로 바뀐 것뿐이다. 서방이 중국에 진지하게 대처하지 않은 건 최대의 실수였다. 량전凉戰으로도 표현하는 지금 전쟁의 대결 상대는 사람들의 생각보다 훨씬 더 강력하다. 그런데도 불쏘시개를 발견한 황색 언론들은, "북한은 더 이상 타도가 아닌 협력의 대상이다, 역사의식의 부재다, 오너 리스크다, 중국을 멀리해선 비즈니스를 할 수 없다"는 등의 감성적인 비난을 쏟아 내고 있다.

지하철에서 간첩을 신고하라는 방송 멘트가 흘러나오지만, 요즘처럼 이 멘트가 어색하고 공허하게 들린 적이 없다. 사실 간첩을 검거했다는 소식을 언젠가부터 듣지 못했다. 배가 침몰하고 있는 데도 자리를 지키라던 세월호 선내 방송이 생각나는 건 왜일까. 이 방송도 혹시 아직 간첩을 잡고 있으니 시민들은 안심하라는 위장된 멘트가 아닌지 되묻고 싶다.

· 마르쿠스 가브리엘Markus Gabriel 지음, 오노 가즈모토 편찬, 김윤경 옮김, 『왜 세계사의 시간은 거꾸로 흐르는가』
· 프랜시스 후쿠야마Francis Hukuyama 지음, 이수경 옮김, 『존중받지 못하는 자들을 위한 정치학Identity』
· 배리 골드워터Barry Goldwater, 『보수주의자의 양심The Conscience of a Conservative』

2022.1.20.

핵보유는 말이 아닌 핵구름으로 보여 주는 것이다

국내에서는 대선 공방과 정쟁으로 날을 새는 가운데, 한반도 정세는 북한의 연이은 도발로 급전직하하고 있다. 북한은 올해 들어 불과 두 주 동안에 4번이나 미사일을 쏘았다. 1984년 북한이 스커드 미사일을 시험한 이후 지금까지 도합 157번째다. 스커드로 시작하여 노동, 대포동, 광명성, 북극성을 거쳐 화성 미사일까지 이젠 개발 단계를 지나 실전 연습이라는 생각마저 든다. 전문가들도 북한이 방어에 필요한 억지력을 넘어서는 핵과 미사일 프로그램 개발에 올인하는 것은 단순한 협박용이 아니라 실제 전투수행 능력을 배양하기 위한 것으로 보고 있다.

지금 북한 미사일은 음속의 10배에 달하는 극초음속에다 다탄두를 장착하고 급속우회기동과 분리활공MaRV이 가능하다고 한다. 발사 형태도 잠수함이나 열차 발사가 가능하며, 연료 주입에 시간이 걸리는 액체연료가 아닌 고체연료도 개발했다. 미사일 방어체계로 요격할 수도 없고 그렇다고 예방적인 선제 타격도 용이하지 않다. 대체 어디서, 어디로 쏠 것인지 포착하기 어렵기 때문이다. 사실 이렇게 고도화된 미사일이 아니더라도 북한의 장사정포만 일제히 발사해도 그것을 다 막기는 어렵다. 그런데 이제는 우리의 방공망을 교란시킬 수 있는 미사일이 서울까지 날라오는 데 불과 1분이면 충분한 상황에까지 이르렀다. 그래서 미국에서는 이제 적의 지도부를 제거하는 것밖에 다른 방안이 없다는 주장이 나왔다. 발사 전 선제 타격도, 비행 중 요격도 어렵다면 그 공격을 명령하는 지휘부를 제거하는 수밖에 없지 않겠나.

북한의 이번 미사일 발사는 그 빈도나 타이밍으로 볼 때 이례적이다. 그 배경에 관심이 쏠리는 이유다. 우선 미국이 우크라이나 전선에 갇혀 있다. 핵무기든 미사일이든 실험한 만큼 더욱 정교해진다. 북한으로서는 미사일 완성의 적기다. 두 번째는 지금의 대북한 제재에 대한 반발을 강하게 드러내면서 정치적, 경제적 양보를 얻어내려는 의도다. 과거의 벼랑 끝 전술로 돌아간 셈이다. 이것은 뒤집어 말하면 북한이 군사적 자제를 해 봐야 어차피 바이든 행정부로부터 얻을 것이 없다고 판단한 것이다. 바이든 행정부의 '선 핵 포기, 후 제재 철회' 방침이 명확하기 때문이다. 세 번째는 북한이 미·중 대결의 틈새를 파고들었다. 중국은 3년여 전 안보리의 대북한 제재에 동참하였지만, 그동안 미국과의 대결 양상이 격화되면서 이번 북한의 미사일 도발에도 규탄은커녕 동조하고 있다. 지난 1월 16일에는 단절되었던 북·중 간 화물열차 운행도 재개하였다. 마지막 이유라면 군사국가로서 북한은 끊임없는 군사적 추동만이 대내 단결을 도모하고 정권을 유지하는 길이라는 점이다.

북한은 2006년 10월 9일 첫 핵실험을 했다. 당시 나는 베를린에서 정무 업무를 담당하고 있었는데, 그해 여름 북한은 베를린에 전문가들을 보내서 미국과 핵동결 협의를 진행하는 한편, 내부적으로는 대포동 미사일 실험을 진행하는 등 양면적인 기동을 하고 있었다. 내가 기민당 싱크탱크인 아데나워 재단의 안보 전문가인 칼-하인츠 캄프 Karl-Heinz Kamp 박사를 만났을 때, 그는 "핵보유는 말로 되는 게 아니고 핵구름으로 보여 주는 것"이라면서 북한이 반드시 핵실험을 할 것이라고 했다. 그리고 나서 18일 후 북한은 첫 핵실험을 하였다. 지하에서 실험했기 때문에 비록 핵구름은 보여 주지 못했으나 그 핵실험으로 인한 지진파는 지구 반대편인 독일 하노버와 프라이부르크의 지진데이터분석센터에서도 포착되었다.

당시 독일 언론들은 노무현 정부의 입지가 줄어들 것이라고 했고, 실제로 그해 7월, 북한이 미사일 실험을 단행하자 노무현 정부는 북한에 약속했던 50만 톤의 쌀과 10만 톤의 비료 제공을 거부했다. 비무장지대에서 북한이 한국 초소에 2발의 총격을 가했을 때는 6발의 대응 사격을 하기도 했다. 하지만 지금 문제인 정권은 당시보다 북한의 도발 강도가 몇십 배, 몇백 배로 커졌음에도 시종일관 종전선언만을 외치고 있다. 사이비 종교 신도들에게서나 볼 수 있는 편집광적 행태라 하지 않을 수 없다.

어제 열린 북한 노동당 중앙위원회 정치국 회의에서는 핵과 ICBM 실험을 재개할 수도 있다는 여지를 남겼고, 전문가들도 북한이 화성 16 ICBM이나 북극성4, 5의 SLBM 실험 가능성을 점치고 있다. 미국은 추가적인 단독제재에 들어갔고 유엔 안보리 제재 확대도 고려 중이다. 한반도 주변에는 미국 항공모함과 SLBM을 장착한 핵잠수함 그리고 이 잠수함의 핵 발사를 지휘, 통제할 수 있는 전략 비행기까지 배치된 상황이다. 언제 전쟁이 나도 이상하지 않을 정도로 긴장이 고조되고 있다. 실제로 전문가들은 지금 거대 격납고가 구축된 한반도에서는 위기 상황에서 선제공격을 하는 쪽이 승리할 수 있는 가능성으로 인한 리스크가 목까지 꽉 차올라 있는 상태라고 평가하고 있다. 그런데도 우리 정부는 침묵하고 있고, 국내 언론들도 시답잖은 대선 공방에 매몰되어 이런 뉴스는 단편적인 보도로만 흘려보내고 있다. 지금 우리는 신선놀음에 도낏자루 썩는 줄 모르고 있다.

북한 핵문제, 어떻게 대처할 것인가?

핵전쟁을 소재로 한 김진명 작가의 소설 『무궁화 꽃이 피었습니다』는 핵전쟁의 참혹성을 알리는 대신, 핵무기로 일본을 제압하는 망상만을 불러일으켰다. 그러나 세계 유수의 안보전략연구소들이나 유발 하라리, 재레드 다이아몬드 같은 많은 석학이 지구상의 핵전쟁 위험에 대해 경고하고 있고, 그 가상 후보지로는 한반도를 지목하고 있다. 실제로 북한핵은 결코 상상 속에만 머물러 있지 않으며, 언제라도 우리 머리 위에 떨어질 수 있다. 한국은 오랫동안 북핵문제의 해법을 찾지 못한 채 우왕좌왕하고 있다. 북핵의 위력은 히로시마에 떨어진 15kt급 원폭의 10배 정도로, 웬만한 대도시를 통째로 날릴 수 있는 정도다. 그동안 북한은 6차례나 핵실험을 하였고, 미사일과 잠수함을 통한 핵투발을 집중적으로 시험하면서 그 정교함을 더해 가고 있다.

그런데 우리는 이에 상응하는 경각심조차 갖고 있지 않다. 외국인들은 북한의 핵실험이나 미사일 시험 직후 서울 시민들이 보여 주는 평온함에 놀라곤 한다. 서방의 대부분 국가가 한국을 전쟁위험 지역으로 분류하여 서울 주재 대사관 직원에게 특수지 수당을 지급하고 있다. 핵이 머리 위에 떨어지는 순간 모든 것이 회복 불능 상태로 빠질 수 있는 그 무서운 위력을 생각한다면, 북핵에 대한 서울 시민들의 이러한 낭만적 반응이나 정부의 안이한 대처를 그저 대범한 처사로 보고 넘길 수는 없는 노릇이다.

북핵문제가 대두된 지 반세기가 넘었다. 북한의 영변 원자로는 1965년 가동을 시작했고, 1970년부터 핵프로그램이 시작되었다. 우리는 그동안 1, 2차 북핵위기를 거치면서 제네바합의를 통한 경수로 건설을 지원하고, IAEA 사찰단의 복귀를 추진하기도 했으며 현금 지원과 함께 햇볕정책이라는 당근도 주었다. 6자회담으로 남북한과 세계 최강국인 미, 일, 중, 러가 머리를 맞대고 그 해법을 찾고자 시도하기도 하였다. 하지만 이제 남아 있는 건 핵공포뿐이다. 지금 우리는 머리 위에 수십 발의 북한핵을 지고 있다. 북한은 태생적으로 군사정권이다. 군사로 일어났고, 전쟁으로 강해졌다. 이들에게 군사력, 특히 핵의 포기는 기대할 수 없다.

북핵문제에 오랫동안 천착해 왔고 『출구가 없다』No Exit를 쓴 브루킹스연구소의 조나던 폴락Jonathan Pollack은 지난 사반세기 동안 북한이 자국의 핵무장 시도를 저지하려는 국제사회의 노력을 거부, 방해, 지연 기만하여 왔다고 했다. 북한은 한 국가가 핵무기 제조를 결심하면 막기가 힘들다는 것을 보여 준 전형적 사례다. 그런데도 문재인 정권은 집권 기간 내내 국민을 기망해 왔다. '북한의 완전하고 검증 가능하며, 불가역적인 핵폐기'CVID 대신 '한반도의 완전한 비핵화'CD라는 교묘한 용어로 국제사회와 국민들을 속였다. 이제 우리에게 남은 유일한 해법은 북한의 의지와 관계없이 북한핵을 무위로 돌리는 것뿐이다.

북한의 핵지위는 국제적으로 인정되는 추세로, 대략 핵탄두 10~20기를 가지고 있다고 보고 있다. 지난 4월 김정은은 북한군 창군 기념 열병식에서 전쟁방지만이 아니라 북한의 근본 이익이 침탈될 경우에도 핵을 쓸 수 있다고 공언하였다. 이것은 우크라이나 전쟁에서 러시아의 핵전력을 비상대기 조치하여 명령에 따라 언제든 핵투발이 가능하게끔 한 푸틴의 '핵강제'nuclear coercion 수법으로 볼 수 있지만, 단순히 핵공포를 유발하여 목적하는 바를 이루려는 핵강제에만 그칠 것인지는 예단할 수 없다. 당연히 대책이 필요함에도 우리 군의 전시대응계획은 아직도 북한이 핵을 쓰지 않는다는 것을 전제로 한 재래식 전쟁계획에 머물고 있다. 북한도 결국 상호확증파괴MAD에 대한 두려움으로 핵을 쓰지 못할 것이라는데, 대체 이 막연한 믿음에 근거가 있기는 한 건가? 미국 이스트-웨스트센터의 데니 로이Denny Roy 선임연구원은 북한의 극도로 공격적이고 심지어는 자멸적인 정책을 예상하고 대비해야 한다면서 북한 정권의 본질적인 불확실성을 지적했다.

미국외교협회CFR의 회장을 지낸 리처드 하쓰Richard Haass는 인류의

백 세대에 걸친 평화 유지 노력에도 불구하고 천 번의 전쟁이 이러한 인류의 노력을 저버렸다면서 북한의 핵개발이 기존 NPT 체제의 한계를 드러냈다고 평가했다. NPT 체제는 합법적인 핵보유국인 미, 중, 러, 영, 불 이외의 핵무기 확산을 막기 위해 1970년 체결되었다. 하지만 이 조약에 서명하지 않거나 북한처럼 중도 탈퇴하는 것을 막을 현실적인 매뉴얼이나 컨센서스가 없기 때문에 그동안 이스라엘, 인도, 파키스탄, 북한이 핵무기를 갖게 되었다고 했다. 키신저는 북한의 핵무기가 그것이 지닌 군사적 효용성을 크게 능가하는 정치적 영향력을 갖는다고 했다. 아울러 적지 않은 전문가들이 만약 미국이 예방적, 선제적 군사조치를 취하고 여기에 북한이 대응할 경우 제2의 한국전쟁이 일어나서 아시아 지역 전체가 혼돈을 겪게 될 가능성에도 경고하고 있다.

그렇다면 북한의 핵을 무위로 돌리는 데는 어떤 방법이 있을까? 외교와 군비통제 방식으로는 가능성이 없기 때문에 남은 것은 실전에 대비한 방어 조치뿐이다. 여기에는 핵공격이 개시된 후 피해를 최소화하기 위한 소극적 방어뿐만 아니라 핵폭탄이 땅에 떨어지기 전에 요격하는 적극적 방어도 포함된다. 이런 방어 개념이 우리 군의 '3축 체계'에 대략적으로 반영되어 있지만, 나는 우선 손쉬운 핵방공호 파기부터 시작해야 한다고 생각한다. 북한이 핵미사일과 재래식 장사정포를 일거에 쏜다면, 방공망으로는 감당해 낼 수 없다. 북한은 핵공격의 효과를 최대한 높이기 위해 인구 밀집 지역인 서울을 포함한 대도시를 목표로 할 것이다. 우리는 전국적으로 1만 7천여 개의 국가비상대피소를 갖고 있지만, 이들 대부분이 북한핵은커녕 북한의 장사정포로부터도 시민의 안전을 보장하기 벅찬 '무늬만' 대피소다. 대피소 천장이 유리로 되어 있는가 하면, 입구가 차량의 통로로 뻥 뚫려 있기까지 하다. 핵투발 후 방사능 낙진까지 피하려면 대피소에서 최소 수일간 머물러야 하는데, 이들 대피소 내에는 비상식량 등 긴급구호물품도 비치되어 있지 않다. 또한 실제 공습경보 발령 시 수분 이내에 대피해야 하지만, 민방위 훈련도 형식적이어서 정작 주민들이 인근 지역 어떤 대피소로 대피해야 하는지조차 모르는 경우가 허다하다. 우왕좌왕하다가 폭탄 맞기 십상이다. 넓은 단독주택을 가진 일부 부유층은 집 마당에 핵벙커를 두고 있다는데, 유사시 이들만 살아남겠다는 건가?

여기에 더하여 적극적 방어조치로 당연히 정밀한 대공방어망이 필요하다. 우선 발사된 적의 미사일을 탐지하는 능력이 필요하다. 현재 우리 군은 그린파인더 지상 레이더와 이지스함의 해상 레이더를 운용하고 있다. 물론 미군의 정찰, 탐지 자산은 별도다. 적의 미사일을 탐지했다면 공중에서 무력화해야 한다. 북한이 이미 장거리 탄도미사일 능력을 갖추었기 때문에 우리도 탄도미사일방어_{BMD, Ballistic Missile Defense} 능력이 필요하다. 지대공 미사일인 패트리어트만으로는 안 되고 고고도 요격 탄도미사일인 사드_{Thaad}가 필수적인 이유다. 패트리어트 미사일의 요격 능력은 20% 정도며, 사드는 80% 정도라고 한다.

마지막은 자체 핵개발 옵션이다. 미국의 핵우산으로 상호확증파괴를 확보할 수 있다 하더라도 자체적으로 보유한 핵만큼 완전한 신뢰를 줄 수는 없다. 바로 NPT 제10조를 원용하여 자체 핵무장을 하는 옵션이다. 이것은 북한이 갔던 길이지만 우리도 이 길을 쫓아가야 할지 모른다. 절체절명의 순간이기에 우리가 북한핵을 바라보는 생각에 일대 발상의 전환을 꾀할 때다.

· 리처드 하스Richard Haass 지음, 김성훈 옮김,
『혼돈의 세계A World in Disarray』
· 앤드류 퍼터Andrew Futter 지음, 고봉준 옮김,
『핵무기의 정치The Politics of Nuclear Weapons』

Part 3

한국전쟁은
'잊혀진 전쟁'인가?

1950년 9월 15일 마운트 매킨리함에서 인천상륙작전을 지휘하는 맥아더 장군

사진 출처: Wikimedia Commons

지금 우리가 살고 있는 이 땅은 데스퍼레이트 그라운드다. 『손자병법』에서 말하는 아홉 가지의 전쟁터 지형 중 가장 고통스러운 지형인 사지(死地)란 말이다. 도망갈 수 없는 막다른 곳이다. 전투에서 끝까지 싸우거나 아니면 항복해서 죽을 수밖에 없는 곳이다.
_햄프턴 사이즈Hampton Sides

일본 없이 한국전쟁을 치른다는 것은 마치 미국이 영국 없이 D-Day에 노르망디에 상륙하는 것과 마찬가지일 것이다.
_T. R. 페렌바크Fehrenbach

한국전쟁은 '잊혀진 전쟁'인가?

2차 대전 후 1948년 6월 베를린 봉쇄로 부터 시작된 냉전은 1950년 한국전쟁으로 절정에 치달았다. 3년 1개월 동안 한민족의 10%가 생명을 잃고 전 국토가 초토화되다시피 하였다. 그런데 이 전쟁이 미국에서는 '잊혀진 전쟁'으로 불리기도 한다. 19년이나 지속된 베트남전쟁에 비해서, 2차 대전의 끝자락에 서 일어난 다소 지루한 전쟁으로 인식되었고 당시 TV 등 매체의 미보급으로 미국 시민들의 뇌리에 박히기엔 역부족이었기 때문이다.

핵시대에 첫 충돌로 기록된 이 전쟁에서 미국을 비롯한 유엔군의 참전이 이루어진 건 불행 중 다행이었다. 전쟁 발발 직후 6월 28일 안보리의 유엔군 파병 결의 시 상임이사국이었던 소련이 거부권을 행사해 파병을 방해할 수도 있었지만 웬일인지 당시 야콥 말리크 소련 대표는 불참했다. 이것은 미국을 극동에 붙들어 두어 동유럽 공산화를 완성하려는, 실수를 가장한 스탈린의 계략이었다.

당시 유엔 회원국 93개국 중 파병한 16개국, 물자지원을 한 40개국, 전후 복구지원을 한 6개국을 합하여 전체 회원국의 72%가 한국을 도왔다. 유엔 역사상 전무후무한 기록이다. 그리고 공식적인 기록에서는 빠졌지만, 일본도 사실상 참전했다. 인천상륙작전 시 동원된 상륙정LST의 반 이상을 일본인 선원이 운행했고, 원산항 등 주요 항구에 소련이 매설한 기뢰를 일본 소해대가 제거했다. 한반도의 상황이나 지리 정보에 밝은 일본이 미군에 정보 지원을 하고 후방의 병참기지 역할을 한 것은 물론이었다. 그러니 참전 16개국이 아니라, 일본을 포함한 참전 17개국이 맞다. 전시에 어느 한편에 서서 싸웠다면 그것은 이미 동맹이다.

이 전쟁에서 남북한은 사망, 실종자만 200만 명이 넘었고, 미군은 전사자만 약 3만 4천 명, 부상자는 9만 명에 달했다. 헬무트 슈미트 독일 총리는 1996년 12월 함부르크에서 열린 통일 세미나에서 한국 전쟁 희생자들의 규모가 베를린 장벽의 가시철조망에서 생긴 희생자 규모의 1,000배가 넘는다고 했고, 그만큼 한국과 독일 간 분단의 고통이 다르다고 했다. 소련의 지원을 등에 업고 북한이 일으킨 남침 전쟁임이 틀림없건만, 대한민국의 국방장관이라는 사람은 국회에서 이 명명백백한 사실을 인정하는 데 19초나 걸렸다. 이 전쟁은 결코 '잊혀진 전쟁'으로 남아선 안 된다. 적어도 이 땅에서는 말이다.

* 추기: 1993년 6월 발간된 『역사 앞에서: 한 사학자의 6·25 일기』(김성칠 지음)와 2022년 6월 전자책으로 발간된 『적 치하 90일』(안홍균 지음, 정선우 옮김) 같은 6·25 전쟁 기록물의 발굴과 출간은 매우 고무적이다.

6·25 동란인가, 조국해방전쟁인가?

　　　　　　　　　이 땅에서 전쟁이 일어난 지 71년째다. 정부도 공식 행사가 없는 듯하고, 주요 언론사도 오늘 이 전쟁에 대한 제대로 된 기사를 올린 곳을 거의 찾아볼 수 없다. 이 전쟁의 성격에 대하여는 의견이 분분하다. 우선 그 명칭부터 동란, 사변, 전쟁 등으로 혼란스럽다. 지금도 북한을 이적 단체로 간주하는 우리 헌법을 기준으로 본다면, 이적 단체 북한이 일으킨 전쟁은 반란 또는 내란이다. 그렇다면 동란이나 사변이란 용어가 더 적합할 것이다. 그러나 전쟁 전 이미 남북한에 각개의 정부가 수립되어 있었고, 소련과 중공, 그리고 유엔군이 개입한 상황 등을 볼 때 국제전으로 보는 것이 더 보편적일 것이다. 1991년 남북한 유엔 동시 가입에서 보듯이 우리도 북한을 국제법상 사실상의 국가로 인정하고 있다. 그런 맥락으로 본다면 전쟁이란 용어가 상대적이지만 더 적합해 보인다. 국제적으로도 Korean War로 불리는 관행과도 일치한다.

전쟁은 국가 간의 무력 투쟁이다. 근세 한때 전쟁을 합법화하는 정전론正戰論이 인정된 시기도 있었지만, 1929년 발효된 부전不戰조약 켈록-브리앙규약 이래 전쟁은 여하한 경우에도 그 합법성이 부인되면서 중차대한 범죄행위로 간주된다. 그래서 2차 대전 후 출범한 유엔은 침략 전쟁에 대한 강제조치를 인정하여 집단안전보장의 기능을 도입하였다. 한국전쟁은 바로 이러한 침략자에 대한 유엔의 집단안전보장 기능이 발동된 최초의 사례다. 트루먼 대통령은 한국전쟁을 '경찰 행위'police action 라고 했는데, 이는 경찰이 강도나 도둑을 잡는 행위라는 의미다.

한국전쟁을 계기로 세계적인 냉전 구조가 굳어졌고, 미국은 1948년 수립된 NSC-68을 실행하여 국방비 지출을 4배로 늘리는 기회로 삼았다. 이제 막 공산국가를 수립한 중국으로서도 반사회주의 초강대국인 미국에 맞설 수 있다는 자신감을 키우고 새로운 국가 정체성을 불어넣는 계기가 되었다. 그렇다면 한국에게는 어떤 의미가 있었을까. 한국전쟁은 곧 건국전쟁이었다. 독립한 지 불과 2년도 채 안 된 신생 독립국의 생존을 위한 사투였고, 결국 자유민주주의와 시장경제를 방어해 내었다는 의미에서 대한민국 건국의 주춧돌이 되었다. 어떤 나라든 무력 투쟁이나 전쟁은 독립에 수반되는 필수적 과정이다. 미국의 독립전쟁이나 독일, 이탈리아의 통일 전쟁이 바로 그것이다.

만일 김일성이 성급히 전쟁을 일으키지 않고 박헌영의 주도하에 잠복해 있던 남로당원 20만 명이 서서히 적화 통일 작전으로 갔다면, 미군이 철수한 상태에서 남한은 5년에서 10년 안에 내란으로 붕괴되어 북한에 흡수되었을 것이라고 보는 시각이 있다. 북한은 한국전쟁을 조국해방전쟁으로, 중국은 항미원조전쟁으로 부른다. 그들이 한국전쟁을 어떻게 부르든 침략자란 사실은 조금도 변하지 않는다.

유엔은 1951년 2월 1일 압도적인 총회 의결로 유엔사상 중국을 첫 침략국으로 낙인 찍었다. 중국은 신생 독립국의 생존을 위협한 건국의 적이자, 통일의 훼방꾼이었으며, 무고한 수백만 명의 인명을 앗아간 전쟁 범죄자였다. 그런데 국내 중국인들이 6·25를 맞아 국내에서 중공군의 항미원조전쟁을 축하하는 퍼포먼스를 했다고 한다. 문재인 대통령은《타임》지 인터뷰에서 김정은을 "매우 정직하고 열정적이며 강한 결단력을 가진 사람"이라고 치켜세웠다. 귀를 의심하지 않을 수 없는 이런 일들이 자유 대한민국에서 횡행하고 있다.

· 새뮤얼 킴Samuel Kim 지음, 김병로 옮김,
『한반도와 4대 강국The Two Koreas and the Great Powers』
· 심천보 지음, 『우리는 누구인가 우리는 어디로 가는가』

2021. 7. 26.

정보는 평가하지 않는다면 아무 소용이 없다

지금 대한민국은 전쟁 중이다. 6·25 전쟁이 종결되지 않고 휴전 중이기 때문에, 법적인 의미에서 전쟁 중이라는 것보다 실제로 전쟁을 하고 있다는 의미다. 국내 주사파들의 득세와 함께 중국 굴기를 실현하고자 하는 외세의 내정 개입이 본격화하면서 대한민국을 전복시키려는 조용한 침략이 전방위적으로 진행되고 있다. 이것은 다양한 분야에서 온라인과 오프라인으로 동시다발적으로 진행되는 하이브리드 전쟁이다. 아직까지는 일방적인 싸움으로 보인다. 한쪽이 작정하고 덤비는 데 반하여, 다른 한쪽은 아직 이런 싸움이 벌어지고 있다는 사실조차도 잘 모르기 때문이다. 6·25 전쟁도 선전포고 없이 시작하지 않았나.

6·25 전쟁 당시 트루먼Harry Truman 대통령과 미 합동참모본부는 중공과 소련의 개입 여부에 촉각을 곤두세웠다. 트루먼 대통령은 세계대전의 종전을 이끌었고, 마셜플랜으로 유럽의 재건을 돕고 나토를 창설하였다. 그는 베를린 공중 보급으로 소련의 공격을 저지했고, 그리스와 터키에서 공산주의의 부상을 막았다. 그런 그에게도 한국전쟁은 가장 어려운 도전이었다.

> "마치 제3차 대전이 시작된 것 같다. 그렇지 않기를 바라지만, 무슨 일이 일어나든 우리는 대처할 것이다."

트루먼 대통령의 말이다. 그는 유엔군이 삼팔선을 돌파하여 북진 중이던 10월 15일 서태평양의 웨이크 섬까지 날아가 맥아더 장군을 만났다. 그가 맥아더에게 물어본 것은 중국의 개입 여부였다. 맥아더는 개의치 않았다. 그리고 10월 말 중공군 포로가 잡히기 시작할 때까지도 그는 중공군의 대규모 개입을 부정하였다. 11월 24일 맥아더 장군은 청천강 제8군 사령부를 방문하여 장병들에게 "제군들이여 크리스마스까지는 집에 돌아갈 것이다"라며 조기 승리를 장담

했다. 그 자신이 도쿄로 돌아가는 길에 항로를 우회하여 압록강 상공 일대를 비행할 때도 중공군의 흔적을 볼 수 없었다. 그러나 이미 수십만 명의 중공군 대부대가 압록강을 넘어와 미군의 진격로 요소요소에 매복하고 있었고 11월 말이 되면서 이들은 청천강에서, 장진호에서 대규모 공세를 개시하였다. 당시 모택동 주도하의 중공군은 완벽한 군기를 갖춘, 소위 '그림자 없는 유령'이었다. 미군은 중공군에 대한 정보는 있었지만 그 평가에 실패한 것이다.

지금 시중에는 『전체주의 중국의 도전과 미국』이나 『보이지 않는 붉은 손』Hidden Hand 같은 중국의 은밀한 침략에 관한 책들이 나와 있다. 공산주의자들의 기만술은 한국전쟁에서나 지금이나 크게 변한 것이 없다. 특히 중국공산당은 손자의 조언을 따른다. 국내외 정보를 획득하기 위해 전 정부적이고 전 사회적인 방법을 사용하는 것이다. 그들은 은밀하고 점진적인 이익을 강조하면서 전략적 우위를 얻는 데 필요한 것이라면 모든 방식의 간계가 용인된다고 본다.

평시 건, 전시 건 정보는 중요하다. 많은 나라가 큰돈을 들여 정보기관을 운영하는 이유다. 그러나 더 중요한 것은 그 정보를 정당히 평가하고 대비하는 일이다. 한국전쟁 당시 중공군이 개입하리라는 징후는 여러 곳에서 포착되었지만 제대로 평가하지 못했다. 우선 중국이 공공연하게 한국전쟁 개입 가능성을 비췄다. 1950년 10월 1일 모택동은 "만약 제국주의자들이 이웃 영토를 오만방자하게 침공한다면 이를 좌시하지 않을 것이다"라고 했고, 10월 3일 저우언라이는 당시 중립국으로서 중공을 승인한 인도 대사를 불러 "만약 유엔군이 38선을 넘는다면, 중공은 북한을 지원하기 위해 파병할 것이다. 하지만 만약 한국군이 단독으로 38선을 넘는다면 파병을 하지 않겠다"고 통보했다. 사르다르 파니카 대사는 이것이 허언이 아님을 직감적으로 깨달았다. 저우언라이의 이 통보는 뉴델리를 통하여 유엔본부와 워싱턴에 전달되었다.

정보 판단 오류는 6·25 개전 직전에도 있었다. 미 정보기관은 북한의 공격 능력을 알았지만 위험이 임박한 곳으로 한국을 지목하지 않았다. 1949년 베를린 봉쇄 해제와 나토 창설 이후 미국은 느슨해져 있었다. 1949년 소련이 핵무기를 가지게 되었지만, 미국과는 경쟁 대상이 아니라고 생각했다. 그때만 해도 공산 진영의 야욕을 제대로 평가하는 분위기가 아니었다. 국군은 6월 24일 자정을 기해 비상경계령을 해제하고 농촌 모내기 일손을 돕기 위해 병사들에게 2주간 특별 휴가를 주었다. 간부들은 육군회관 낙성식 파티로 술에 취해 있었다.

싱하이밍 중국대사가 윤석열 대선후보의 "사드 배치는 주권적 영역이며…"라는 말을 반박하고 나섰다. 내가 보기엔 분명한 내정 간섭 발언이다. 왜냐하면 대선후보가 외교 영역에 관한 자신의 입장을 밝히는 것은 너무 당연한 일이기에 이것을 외교사절이 공개적으로 받아치는 사례는 지금껏 없었기 때문이다. 태평양 한가운데 콘크리트 인공섬을 만들어 놓고 영해를 선포하는 식의, 기존 국제법에 없는 새로운 '창조적 발상'이라면 몰라도 싱 대사의 이런 발언은 〈외교관계에 관한 빈 협약〉 제41조 상의 '외교관은 접수국의 내정에 간섭해서는 안 된다'는 규정을 정면으로 위반한 것이다. 아울러 싱 대사는 이 협약 제9조 상의 '불만족스러운 인물'Persona Non Grata에 완벽히 해당할 것이다.

재판에서 증거가 차고 넘치는데 판사가 이를 무시한다면 정당한 판결이 나올 수 없다. 국가 안보도 마찬가지다. 정보나 증거가 넘쳐도 평가가 이루어지지 않는다면 아무 의미가 없다. 이번 싱 대사의 내정 간섭 발언도 그렇고, 중국의 '조용한 침략'은 차이나게이트를 비롯하여 이미 가시적인 현상으로 드러나고 있다. 이것을 제대로 평가하고 대비하지 않는다면 우리는 싸움에서 이길 수 없다.

1885년부터 2년간, 많게는 전함 10척까지를 거문도에 전진 배치했던 영국이 다시 전함 2척을 아시아 해역에 상시 배치하고 있다. 한 세기 반 전의 영국은 지금과 달리 팍스 브리태니카 시대의 G1 국가다. 그러니까 그때와 비교해 그 국제적 위상이 한참이나 쪼그라든 영국이, 그럼에도 불구하고 전함 2척을 아시아에 상시 배치한다는 것은 거문도 사건 당시보다 훨씬 더 무거운 의미를 가진다. 여기에 더하여 일본은 유사시 대만 방어에 동참하겠다고 밝혔다. 쿼드 전선이 형성되고, 6·25 전쟁 시 유엔의 권능에 의해 설치된 유엔사령부가 다시 활성화되고 있다. 도대체 지금 동아시아에서 무슨 일이 일어나고 있는가?

우리 정부는 이러한 외교, 안보 측면에서의 정보를 어떻게 평가하고 있는가. 외교부, 국방부, 국정원은 아무 말이 없다. 그러니 국민은 알 길이 없다. 도대체 우리 외교, 안보 부서들이 어떤 정보 평가를 하고, 어떤 대비를 하고 있는지 말이다. 현대전은 국가 총력전이다. 북핵의 위협과 중국의 굴기로 폭풍 전야와도 같은 이 난국에 수집된 정보와 그 평가를 국민과 공유하여 전 국가적, 전 사회적 대비 체제를 수립하는 것이야말로 6·25 전쟁의 가장 중요한 교훈일 것이다.

· T. R. 페렌바크Fehrenbach 지음, 최필영, 윤상용 옮김, 황규만 감수,
『이런 전쟁This Kind of War』
· 햄프턴 사이즈Hampton Sides, 박희성 옮김,
『데스퍼레이트 그라운드On Desperate Ground』

2021.7.31.

"일본 없이 한국을 방어할 수 없다"

- 아시아판 나토

한국전쟁 시 미군의 개입이 없었다면 한국을 지켜 내지 못했을 것이다. 누구도 이것에 이의를 제기하지 못할 것이다. 6·25가 개전되면서 물밀듯 남하하는 소련제 탱크를 맨손으로 막아 낸 유재흥 장군 부대의 영웅적 저항으로 휴전선에서

불과 50km 거리인 수도 서울을 3일간이나 지켜 냈지만, 결국 서울이 인민군의 손에 떨어지고 국군은 여지없이 궤멸되었다. 6월 28일 육군본부는 9만 8천 명 장병 중 겨우 2만 2천 명이 생존하였음을 확인하였다. 단 3일 만에 7만 명 이상의 국군 장병들이 전사, 부상, 도주함으로써 군의 근간이 무너졌다. 오직 춘천의 6사단과 삼척의 8사단만이 건재할 뿐이었다. 이후 8월 초 낙동강에서 방어 전선을 형성할 때까지 7월 한 달 동안 북한군의 남하를 늦출 수 있었던 건 오직 미군 덕이었다.

여기서 나는 한 가지 의문을 제기해 본다. '만약 후방 기지로서 일본이 없었더라면, 미군의 한국 방어가 성공할 수 있었을까?'라는 것이다. 결론부터 말하자면 부정적이다. 트루먼 대통령의 한국전 개입 결단의 단초부터가 일본에 주둔하고 있는 미군의 존재였다. 그는 전후 몇 년 동안 미군의 군사력이 급격하게 축소되었음에도 불구하고 주일 미군을 투입하여 침략에 맞서겠다는 용기 있는 결정을 내렸다. 『이런 전쟁』의 저자 페렌바크는, "일본 없이 한국전쟁을 치른다는 것은 마치 미국이 영국 없이 D-Day에 노르망디에 상륙하는 것과 마찬가지일 것"이라고 말했다.

우리는 한국전쟁 시 일본의 전략적 가치를 인식하는 대신 일본의 전후 부흥이 한국전쟁 덕이라는 것을 강조하는 경향이 있다. 전쟁으로 고통받는 한국인, 그리고 그 고통을 딛고 돈을 번 일본인이라는 도식으로 반일 감정을 부풀리기 위해서일까. 전후 일본도, 그리고 지구 반대편의 서독도 한국전쟁으로 특수 효과를 누린 건 사실이지만 그들에게 전후 재건과 부흥은 결국 시간문제였을 뿐이었다.

6·25 전쟁 시 전선에서 필요한 거의 모든 군수물자는 미국에서 태평양을 건너오는 것보다 일본에서 생산, 조달하는 것이 훨씬 경제적이고 효율적이었다. 군인들도 태평양을 건너와 한국 전선에 투입되기 전 일본에서 휴식도 취하고 훈련도 받았다. 그리고 일본은 전쟁 내내 미 공군과 해군의 발진 기지가 되었다. 일본이란 섬이 마치 한국전쟁을 위해 참전한 거대 항공모함 같았다. 당시 미군부대에 많은 일본인 기술자가 고용되어 있었을 뿐 아니라 인천상륙작전 시 일본인 선원의 상륙정 운행이나 원산항 기뢰 제거 작전 참전도 공공연한 사실이다.

더욱이 일본이라는 국가 자체가 없었다면 미국이 한국전에 애써서 참전하지 않았을지도 모른다. 개전 당시 동맹도 아니었던 미군의 참전에는 맥아더 장군의 공산주의에 대한 선험적 판단이 결정적 요인이 되었지만, 전후 강력한 민주 우방국가로 새로 합류한 일본을 지키려는 목적이 더 컸을 것이다. 한국은 일본의 최전방 이익선이기도 하다. 1890년 일본의 제3대 총리인 야마가타 아리토모가 밝혔듯이 조선은 일본의 주권이 미치는 지역은 아니지만, 그 안위를 위한 방위선이란 의미다. 그렇다면 일본의 동맹국으로서 미국이 한국의 북방 전체주의 세력 편입을 좌시할 수는 없을 것이다. 1948년 8월 15일 한국정부 수립 기념식장에서 맥아더 장군이 "캘리포니아를 지키듯이 한국을 방위하겠다"고 했지만, 현실적으로 후방 기지 일본이 없었다면 미군의 한국 방어는 어려웠을 것이다. 6·25 전쟁의 고비마다 일본이 긴급 피난기지, 보급기지, 발진기지, 훈련기지, 정비기지의 역할을 해낸 것을 볼 때 그런 확신이 든다. 개전 후 열흘 만에 투입된 스미스 부대만 해도 일본에 주둔하고 있었기에 즉각적인 투입이 가능했다.

2022년 11월로 예정된 중국공산당대회 전에 시진핑이 제거되어 중국에서 공산당의 일당 독재체제가 끝나고 민주주의로 옮겨간다는 로저 가사이드Roger Garside의 『China Coup』라는 시나리오가 작동한다면 몰라도, 그렇지 않다면 이제 중국은 '백 년의 굴욕'을 설욕하였음을 보여 주려 할 것이다. 홍콩을 완전히 굴복시킨 것은 전초전에 불과하며, 첫 타깃은 타이완일 것이다. 시진핑은 이미 2019년에 타이완 문제를 당대에 해결하겠다고 공언하였다.

그러나 미국은 같은 해 〈타이완 보장법〉The Taiwan Assurance Act으로 타이완에 대한 개입을 기정사실화하면서 무기 판매와 타이완의 국제기구 진출을 지원하기로 하였고, F-16 Viper 전투기나 M1 Abrams 탱크 같은 최신예 무기 판매를 허가하였다. 이제 일본도 타이완 방어에 기꺼이 동참하겠다고 공언한 만큼, 타이완은 미국과 일본이라는 세계 최강국과 사실상 두 겹의 동맹을 구축한 셈이다. 이런 형세를 보면 중국의 타이완 침공은 언감생심, 물 건너간 듯하다. 타이완 문제는 역사적으로 한반도 문제와 묘한 연계성을 갖고 있다. 1873년

사이고 다카모리의 정한론이 꺾인 후 일본 정부는 이들 사쓰마 사무라이들을 달래기 위해 1874년 타이완 침공을 감행하였다. 6·25 전쟁에서는 트루먼 대통령이 전쟁 개입과 함께 타이완 해협에 제7함대를 파견하여 중공의 타이완 침략 가능성에 쐐기를 박았다. 중공도 당시 한국전 개입에 따라 중국 통일의 시기를 100년이나 늦추어야 했다. 이런 맥락에서 타이완이 실제로 미국과 일본이라는 두 겹의 동맹으로 보호된다면 상대적인 힘의 공백은 한반도에서 발생하게 된다.

중국의 대륙 굴기든 북핵이든 한반도 급변 사태가 발생한다면 일본 없이 주한미군만으로 대한민국을 지켜 내지는 못할 것이라는 게 나의 확신이다. 우리도 타이완처럼 한미동맹에 더하여 한일동맹을 추구해야 한다. 물론 〈한일군사정보보호협정〉의 난산 과정을 보거나 한국에 대한 신뢰가 낮은 일본의 입장을 보면 한·일 간 군사동맹의 조기 실현 가능성은 크지 않은 것이 사실이다. 그러나 미·일·한·타이완이라는 동북아의 자유민주주의 공간 세력에서 약한 고리인 한·일 관계를 보강한다면, 한·미·일 삼국동맹에 더하여 타이완을 사실상 제4의 동맹국으로 하는 것도 실현 가능할 것이다. 이것은 중국이 타이완에 대한 성공적 침공을 위하여 북한으로 하여금 동시다발적인 남침 또는 대규모 도발을 사주할 경우에 효과적으로 대처할 수 있는 아시아판 나토이며 향후 장기적으로는 유럽의 나토와 협력하는 자이언트 나토가 될 것이다.

· 헨리 키신저Henry Kissinger 지음, 이현주 옮김, 최형익 감수,
『헨리 키신저의 세계 질서World Order』
· T. R. 페렌바크Fehrenbach 지음, 최필영, 윤상용 옮김, 황규만 감수,
『이런 전쟁This Kind of War』
· Roger Garside 지음, 『China Coup』

2021.8.31.

"맥아더가 옳았다"
- 제한전의 비극

　　　　　　미군이 아프가니스탄을 완전히 떠났다. 2001년 9·11사태 이후 아프간에 들어간 지 20년 만이다. 그동안 수천 명의 미군이 희생되었고 2조 달러의 전비를 쓰고도, 결국은 쫓기듯 떠난 것이다. 9·11의 주범 알카에다와 오사마 빈 라덴을 응징하기 위한 대가치곤 너무 크다. 아프간을 민주 시민국가로 만들겠다던 시도도 실패했다. 이제 아프간은 이슬람 근본주의자들인 탈레반의 나라가 되었다. 무정부주의와 극단주의의 확산도 우려된다.

철수 작전 실패와 겹친 미국의 패전으로 바이든 대통령은 내외의 비판에 직면하고 있다. 적지 않은 전략 자산도 탈레반으로 넘어갔다. 특히 바그람 공군기지의 조기 폐쇄가 치명적이었다. 이 책임을 놓고 바이든 대통령과 마크 밀리Mark Milley 합참의장 간 진실게임의 양상도 나타났다. 바이든 대통령은 군부의 건의에 따랐다며, 작년 탈레반과 평화조약을 체결한 트럼프 대통령을 비난하였다. 이런 모

습에 한 현직 해병 대령은 "우리가 망쳤다는 걸 정직하게 인정해야한다"고 목소리를 높였다. 세계 제일의 패권국 미국의 모습이라기엔 참담할 정도다.

제2차 세계대전까지 미국은 패배를 모르던 나라였다. 하지만 한국전쟁을 필두로 지금까지 대략 5개의 큰 전쟁에서 미국의 온전한 승리라 볼 수 있는 전쟁은 1991년 사담 후세인의 쿠웨이트 침공을 미국의 주도로 물리친 걸프전뿐이다. 나머지 베트남전, 이라크전, 아프가니스탄전에서는 모두 패배했다. 세계 제일의 강대국 미국이 이들에게 이길 수 없었던 이유는 무엇일까? 걸프전을 뺀 나머지 4개 전쟁의 뚜렷한 첫 번째 공통점은 그 내전적 성격이다. 피아가 명확하게 구별되는 전통적 전쟁에서 백전백승했던 미국도, 피아 구분이 안 되는 내전에 휘말려 들어가면서 강력한 군사적 위력을 제대로 발휘할 수 없었다. 그나마 한국전쟁에서는 전선이 명확하게 형성되어 있었기 때문에 완전 패배는 면했다. 두 번째는 미군이 지원하는 군대의 전투 의지 또는 상대에 대한 적의敵意다. 한국군을 제외한 베트남군, 이라크군, 아프간군은 모두 전투 의지 또는 적의가 없거나 박약했다. 세 번째는 그 정부의 부패다. 이 세 나라 정부 모두 부패가 극에 달했다.

이러한 이유 말고도 미국이라는 나라의 기본적 성격이나 전통으로부터 오는 패전 원인을 생각해 볼 수 있다. 나는 헨리 키신저가 『헨리 키신저의 세계 질서』에서 설명하고 있는 미국의 전통에서 또 다른 패전 이유를 찾을 수 있었다. 그것은 바로 '전쟁의 목표가 단순히 적국을 응징하려는 것이 아니라 그 나라 사람들의 삶을 개선하는 것이며, 지배가 아니라 자유의 결실을 나누기 위해 승리를 추구해 온 국가에는 특수한 기질이 있다'는 설명에서다. 즉 미국은 이상주의적 전통을 갖고 있으며 이것을 결코 포기하지 않으려는 것인데, 이러한 이상주의적 명분이 현실에 의해 뒷받침되지 않았을 때 미국은 전쟁에서 졌다.

한국전쟁 시 거제도 포로수용소에서도 미국의 이상주의적 전통의 편린을 볼 수 있다. 당시 거제도에 설치된 포로수용소 철조망 내에서는 별도의 질서가 자리 잡고 있었다. 미군이 포로들에게 과도한 자율권을 준 탓이었다. 공산군 포로 간 폭력이 난무하고 그들은 구호를 외치며 현수막을 흔들고 인공기까지 내걸었다. 도대체 누가 수용소를 통제하는지 모를 정도였다. 급기야 포로들은 탈출과 거제도 안에서 대대적인 폭동도 계획했다. 그러던 중 1952년 5월에는 수용소장인 프랜시스 도드_{Francis Dodd} 준장이 포로들과 면담하러 수용소 내로 들어갔다가 그들에 의해 사흘이나 감금되는 사태가 벌어졌다. 진성 공산 포로들이 수용소장을 납치한 희대의 사건이 벌어진 것이다. 미군은 도드 준장을 구출하는 대가로 "유엔군이 포로들을 더 이상 때리지 않는다"는 사실도 아닌 입장을 공개적으로 표명해야 했다. 이것은 물론 공산주의자들의 선전전에 이용되었고, 모스크바의 《프라우다》지는 거제도를 나치의 강제수용소 마이다넥_{Majdanek}과 비교했다. 이 거제 수용소에서의 해프닝은 미국이라는 나라와 그들이 대결하고 있는 공산국가와의 현격한 성격 차이를 드러낸다.

또 다른 사례라면, 공산군에 의하여 포로가 된 미군들의 지휘체계가 바로 무너졌다는 것이다. 포로 중에는 장교가 있고 사병이 있을 것이지만, 수용소 내 미군 간에는 이 계급 체계가 작동하지 않았다. 한국전쟁 시 미군 포로는 반 이상이 수용소에서 죽었다. 미군 포로가 많이 죽은 것은 미군의 약한 군기 탓이었다. 미군은 선거로 수용소 내 자신들의 지휘관을 뽑을 정도였다. 약한 군기는 약한 응집력을 가져왔고, 이것으로는 수용소 내에서의 충격을 이겨 낼 수 없었다. 그 반대가 터키군이었다. 압록강 변 벽동 포로수용소에서 터키군은 한 명도 죽지 않았다. 그들은 완전히 동질 집단이었고 그 지휘체계는 수용소 안에서도 무너지지 않았다. 당시 터키에서 자유나 민주주의 개념은 다소 생소한 것이었다. 전쟁을 하면서도 자유나 민주주의를 도외시하지 않는 미국이 전쟁에서 진다는 것을 역설적으로 보여 주는 사례다. 전쟁에서는 자유와 민주주의가 거꾸로 작동한다. 이상주의와 현실주의, 두 가지 방식에 입각한 조화로운 전략을 주장하는 조지 슐츠George Schultz 국무장관은 이렇게 말한다.

> "도덕적인 미국인들은 자국의 외교정책이 자신들이 신봉하는 가치를 반영하기를 원한다. 그러나 동시에 현실적인 미국인들은 자국의 외교정책이 효과적이기를 원한다."

내가 생각하는 마지막이자 가장 중요한 미국의 패전 이유는 바로 미국이 전면전이 아닌 제한전을 치렀다는 것이다. 그러니 전략적인 측면에서는 꼭 패전이라고 할 수도 없다. 한국전쟁은 미국이 승리가 목적이 아니라고 분명히 밝힌 첫 전쟁으로서 미의회의 파병 동의의 유일한 목적이 북한군을 38선 이북으로 격퇴하여 전쟁 이전의 상태status quo ante bellum를 회복하는 것이었다. 한국전쟁이나 베트남전쟁은 봉쇄 전략이란 틀에서 움직인 제한 전쟁이었다. 이라크와 아프가니스탄에서는 피아가 엉겨 붙어 제한전으로 갈 수밖에 없었다. 핵무기 사용은 엄두도 내지 못했다. 평화조약을 맺고 철수했지만, 상대편은 이 평화조약을 지키지 않았다. 무슬림과 같이 공산주의자들도 적과 싸울 수 있는 능력이 생기면 곧바로 조약을 없앤다. 우리가 북한과 평화조약을 맺어서는 안 되는 이유다.

1951년 3월 맥아더 장군이 워싱턴과 협의도 없이 도쿄에서 확전을 주장하자 트루먼 대통령은 그를 태평양군 사령관직에서 해임하는 강수를 두었다. 그해 5월 제2차 대전 중 독일군과 싸웠던 오마 브래들리Omar Bradley 합참의장은 미 상원에서 한국전쟁을 "잘못된 곳에서, 잘못된 시기에, 잘못된 적과 싸우는 전쟁"이라고 증언했다. 이렇게 해서 그해 7월 시작된 휴전회담은 2년을 더 끌었고, 전쟁이 길어지자 병사들은 삼삼오오 "맥아더가 옳았어!"라고 소리쳤다. '전쟁의 목적은 승리'라고 믿었던 맥아더 장군의 주장이 관철되었다면 전쟁은 더 일찍 끝나고, 희생자도 더 줄일 수 있었다. 중국은 결코 잘못된 적이 아니었다. 한국전쟁의 제한전화는 미국이 그 후 맞닥뜨린 베트남, 이라크전쟁 그리고 어제 비로소 막을 내린 아프간전쟁의 상서롭지 못한 전조가 되었다. 한승주 장관은 그의 저서 『한국에 외교가 있는가』에서 1950년 가을 유엔군의 북진 시 평양, 원산을 잇는 39도선 정도에서 진격을 멈추었더라면 중공군의 개입도 없었을 것이고 결국 협소한 산악지대만을 차지한 김일성 정권은 고사했을 거라는 추론을 제기하고 있다. 맥아더의 주장대로 만주를 폭격하고 중국과 전면전을 벌였더라면 그 결과가 바람직하지 않았을 거란 의견도 언급하고 있다. '과연 유엔군이 38선이 아닌 39선에서 멈춘다고 중국이 개입하지 않았을까?'라는 의문이 들지만, 그럼에도 여전히 흥미롭고 유익한 분석이다.

· 헨리 키신저Henry Kissinger 지음, 이현주 옮김, 최형익 감수,
『헨리 키신저의 세계 질서World Order』
· T. R. 페렌바크Fehrenbach 지음, 최필영, 윤상용 옮김, 황규만 감수,
『이런 전쟁This Kind of War』
· Michael Walzer 지음, 『Just and Unjust Wars』
· 한승주 지음, 『한국에 외교가 있는가』

2021.9.8.

한국전쟁의 첫 교훈과 그 마지막 교훈

'데스퍼레이트 그라운드'는 『손자병법』에서 말하는 9가지 전쟁터 지형 중 마지막이자 가장 고통스러운 지형

인 사지死地를 말한다. 이곳은 도망갈 수 없는 막다른 곳이다. 전투에서 끝까지 싸우거나 아니면 항복해서 죽을 수밖에 없는 곳이다. 『데스퍼레이트 그라운드』의 저자는 이곳을 장진호 전투가 벌어진 곳으로 설정했지만, 나는 지금 우리가 살고 있는 남한 땅이 바로 '데스퍼레이트 그라운드'라는 생각을 해 본다. 북한과 중국이라는 세계 최강의 공산 집단과 대치해 있고, 밀리면 부산 앞바다에 수장될 수밖에 없기 때문이다.

6·25 전쟁 당시 한국인의 사망률은 20명당 1명을 넘었다. 투하된 폭탄은 2차 대전에 투하된 전체 폭탄 양을 훨씬 능가했고, 네이팜탄이 본격적으로 사용되었다. 북한도 남한도 거의 초토화되었다. 문제는 앞으로도 이런 비극이 반복될 가능성이 크다는 것이다. 『이런 전쟁』의 마지막 챕터 '교훈'에서는 이런 말이 나온다.

> "사람들이 역사의 교훈에 대하여 대수롭지 않은 듯 말하는 것은 그 교훈을 무시하기 때문이다. 한국전쟁의 교훈은 이 전쟁이 실제로 일어났다는 것이다."

지금 한반도는 휴전 중이다. 이 말은 곧 전쟁 중이라는 말이다. 휴전회담은 전쟁 발발 후 1년이 지나 공산군이 수세에 몰리던 1951년 6월 유엔에서 야콥 말리크Yakob Malik 소련 대표의 제안으로 시작되었다. 공산주의의 전술 중 통일전선전술은 가장 전형적인 것으로, 힘이 약해지면 적과도 동침한다는 것이다. 공산주의자가 휴전을 제의

하면 힘이 약해진 것이다. 미국은 이 제안을 받아들였고 찰스 터너 조이Charles Turnur Joy 해군 중장이 유엔군 대표가 되어 1951년 7월 10일 첫 정전회담이 개성에서 열렸다. 미국은 일부분 지나치게 순진했고 아시아의 공산주의를 제대로 이해하지 못한 채 성급히 정전회담에 나섰다.

유엔군이 공세를 멈춘 30일 동안 공산군은 운명적인 시간을 벌었다. 휴전협정은 본 회담이 무려 159번이나 열리고 나서야 가까스로 타결되었다. 그동안 전쟁은 교착상태에 빠지면서도 2년도 넘게 지속되어 개전 후 첫해 동안 발생한 사상자 수의 절반이 또다시 희생되어야 했다. 조이 제독은 1955년에 『공산주의자는 어떻게 협상하는가?』How Communists negotiate를 출간했는데, 이 책에는 그가 정전협상에 참가하면서 깨달은 공산주의식 협상법의 실체와 교훈이 담겨 있다.

미국이 휴전회담을 순순히 받아들인 것 자체가 원초적인 잘못이었다. 참전했던 미군도 1951년에 공산군에 대한 압박을 거둔 것이 실수였다는 것을 인정한다. 키신저는 휴전협상에서 미국과 중국의 다른 접근법을 지적한다. 미국은 협상이 시작되면 무력 사용은 중단하고 외교가 주도한다. 회담 중에는 방어적인 조치만을 취한다. 중국은 정반대다. 그들에게 전쟁과 평화는 동전의 양면이며, 협상은 전쟁터의 연장선이다.

당초 휴전회담 장소를 개성으로 정한 것도 문제였다. 한국 전선을 책임졌던 매튜 리지웨이_{Matthew Ridgway} 장군은 회담이 해상에서 열리기를 희망했다. 하지만 공산 측 요구대로 전쟁 전 이남 땅이었던 개성에서 회담을 연 것은 치명적인 패착이었다. 이것은 특히 서부전선에서 유엔군이 개성 이북으로 진격하는 것을 방해했다. 개성 이북은 수도 서울의 안전을 위해서 우리가 꼭 확보했어야 하는 지역이다. 그때 개성이 아니라 리지웨이의 당초 생각대로 해상, 즉 군함에서 휴전회담이 열렸더라면 서부 전선도 최소한 지금의 동부 전선과 비슷한 선에서 결정되었을 거라는 추측을 해 본다.

키신저는 아랍인들의 세계 질서관에 대한 재미있는 설명을 한다. 무슬림의 궁극적인 목적은 전 세계를 이슬람화하여 팍스 이슬라미카의 세계를 성취하는 것이다. 그전까지는 이슬람 세계, 즉 '다르 알 이슬람'_{dar al-Islam}이 비이슬람 세계인 '다르 알 하르브'_{dar al-harb}와 전쟁을 치르는 상태다. 이 전쟁 수행 전략은 바로 지하드_{Jihad}다. 무슬림은 '마음으로, 말로, 손으로, 칼로' 지하드를 이행해야 한다. 이러한 세계 질서에 대한 이분법적 개념은 지금도 이란의 공식적인 국가 교리로 헌법에 남아 있다. 초기 이슬람 세계에서는 비이슬람 사회와의 불가침조약을 허용하였는데, 이것은 이슬람 측이 위협으로부터 스스로를 보호하면서 힘과 결속력을 다질 수 있도록 하기 위한 것이었다. 그러나 적과의 휴전은 최대 10년까지다. 그들은 '조약은 영원할 수 없다. 적과 싸울 수 있는 능력이 생기면 곧바로 조약을 없애야 한다'고 믿기 때문이다. 마치 공산주의자들의 통일전선전술을 보는 듯하다.

2020년 2월 트럼프 대통령 당시 미국은 탈레반과 평화협정을 맺었다. 미군은 14개월 내 철수하고, 탈레반은 무력행위를 중단한다는 내용이었다. 하지만 미군이 철수하는 동안에도 탈레반은 무력행위를 멈추지 않았다. 1973년 1월 파리에서 베트남 평화협정을 맺었을 때도 미군이 철수하자 1975년 4월 월맹군의 대공세로 베트남은 멸망하였다. 이렇게 평화협정이 작동하지 않은 현대전 사례는 "싸움이 시작되면 이겨야 한다"는 진리를 다시 말해 주고 있다. 즉, 승패가 결정되지 않은 상태에서의 휴전이나 평화조약은 영구한 안정과 진정한 평화를 가져다주지 못한다는 사실이다. 역사적으로도 진정한 평화협정은 싸움의 승패가 결정되었을 때 맺어졌다. 나폴레옹을 격퇴한 워털루 전투 이후 1815년 맺어진 파리평화조약이나 제1차 세계대전 후 1919년 맺어진 베르사유평화조약, 제2차 세계대전에서 일본의 패전 후 1952년 맺어진 샌프란시스코 평화조약이 그 대표적 사례다.

이처럼 평화협정은 적대적 세력 간 전쟁행위를 공식적으로 끝내며 맺는 것으로 국경 설정, 향후 분쟁 처리절차, 피난민의 처리, 보상 문제 등을 다룬다. 반면 내전의 경우 보통 평화협정을 맺지 않는다. 유엔헌장 제7장에 의한 집단안전보장 조치가 적용된 전쟁에도 평화조약을 맺지 않는데, 이것은 유엔이 개입한 전쟁은 국제법상 '전쟁'이 아니라 '국제무장분쟁'으로 보기 때문이다. 2003년 이라크전쟁 후에도 안보리 결의가 평화협정을 대신하였다.

이런 관점에서 본다면 한반도에서 평화협정이란 용어를 사용하는 자체가 적절하지 않다. 우리가 통상적으로 6·25전쟁 또는 한국전쟁이라고 부르지만, 유엔은 전쟁이 아니라 국제무장분쟁으로 판단했기 때문이다. 한국전쟁 발발 직후 나온 안보리 결의만 보더라도 전쟁이란 용어 대신 적대 행위나 무장공격 같은 용어를 사용하고 있다. 1953년 7월의 정전협정에서도 한국분쟁이란 용어를 쓰고 있으며, 따라서 이것의 최종적인 해결은 평화협정이 아니라 유엔 안보리의 결의 같은 형식으로 규율되어야 할 것이다. 이런 맥락에서 2018년 4월 판문점 선언 당시 정전협정을 평화협정으로 전환한다는 목표 설정은 용어 선택부터 잘못된 것이었다. 승패가 분명치 않은 지금 평화협정은 가식과 위장일 뿐이다. 우선은 싸움에서 이겨야 한다. 역사는 결코 무승부를 내버려 두지 않는다.

· 햄프턴 사이즈Hampton Sides, 박희성 옮김,
『데스퍼레이트 그라운드On Desperate Ground』
· 헨리 키신저Henry Kissinger 지음, 이현주 옮김, 최형익 감수,
『헨리 키신저의 세계 질서World Order』
· T. R. 페렌바크Fehrenbach 지음, 최필영, 윤상용 옮김, 황규만 감수,
『이런 전쟁This Kind of War』

2021.5.20.

다시 써야 할 『징비록』

　　　　　　　『징비록』은 임진왜란 당시 영의정을 지 냈던 류성룡이 1600년 이후 낙향하여 쓴 책이다. 전란 중 일어난 각 개의 전투 기록이 좀 두루뭉술하여 기대보다 설득력이 떨어졌다. 아마도 류성룡이 전투 현장에서 직접 보고 겪었던 이야기라기보다 는 후방에서 채집한 것이기 때문이리라. 그럼에도 당시 국제정치적 상황과 함께 조선군의 지리멸렬함, 전쟁 중 백성들의 민심 이반 그 리고 그들에게 들이닥친 그 깊은 도탄의 정도를 가늠하는 데는 부 족함이 없다. 일본에서는 임진왜란을 분로쿠文祿の의 역役, 정유재란 을 게이초慶長の의 역役으로 부르며 개전 명분을 여몽연합군의 일본 침략에 대한 복수에서 찾았다. 이 책은 일본에서 1695년에 일찌감 치 『조선 징비록』으로 번역되어 베스트셀러가 될 정도였지만, 우리 나라에서는 1633년 첫 편찬 이후 수백 년 동안 잊힌 책이었다니 놀 라지 않을 수 없다. 일본이 번역과 독서의 나라임을 다시 한번 느낀 다.

　『징비록』에는 무엇보다 당시 조선과 중국의 관계가 현실적으로 묘 사되어 있다. 류성룡은 징비록 첫머리에서 "성상께서 명나라를 섬 기는 정성이 황극皇極, 중국 황제의 존칭을 감동시켜 명나라의 구원병이 여 러 번 도와주었기 때문에 전란을 극복할 수 있었다"고 설명하고 있 다. 임진왜란이 일어난 다음 해에도 전쟁이 그칠 기미가 보이지 않고 조선이 전란을 극복할 힘이 없다고 판단한 명나라의 위학증이 자신의 황제에게 "도요토미 히데요시의 요구대로 조선의 남쪽 4개 도를 일본에 내어 주고 조선의 왕을 교체해야 한다"는 상서를 올리자, 피난지 의주몽진에서 환궁한 선조가 한때 양위를 결심한 것에서 보듯이, 조선은 당시 명나라에 완전히 예속되어 있었다. 명 황제의 '은총'이 없다면 왕의 자리도 보전할 수 없을 정도였다.

조선에 파견된 명나라 장수 이여송이 영의정이었던 류성룡을 붙들어 와 곤장 40대를 치라고 명령하였다거나 류성룡이 명나라 황제의 기패旗牌를 참배하지 않자, 이여송에게 불려 가 사과하고 자초지종을 설명하여야 했던 에피소드에서도 두 나라의 관계가 극명하게 드러난다. 알고 보면 2017년 시진핑이 트럼프를 만나서 "한국이 사실상 중국의 일부였다"고 떠벌린 것도 무리는 아니다.

조선통신사가 조선과 일본의 조공 관계에 따른 것이었다는 일본의 주장과 관련하여서는, 임진왜란 이후 조선과 일본 간 국력의 격차가 드러나게 되어 조선으로서는 일본이 요구하는 사절의 파견을 계속 거부하기가 어려웠을 것이라는 점을 생각해 보면 어느 정도 수긍이 된다. 실제 선조는 전쟁 동안 자신이 왜군으로부터 욕을 본 당사자임에도 그의 치세 중이었던 1607년에 일본에 사절단을 보냈다. 일본은 이 조선 사절단을 1636년부터 조선통신사라 불렀는데, 이를 사실상의 조공사절단으로 인식하였던 듯하다. 이런 정황은 후일 조선통신사가 도쿠가와 이에야스의 사당이 있는 닛코日光까지 가서 참배했다는 사실에서도 짐작할 수 있다. 내가 만난 오스트리아의 일본 전문가 제프 린하트Sepp Linhart 교수에 따르면 당시 일본이 중국에도 사절 파견을 요청했지만 중국이 거부하였고, 일본은 주민에게 과시할 목적으로 제철 재료를 조선에 보내서 종을 주조하여 일본에 바치게 했다고 한다. 이것이 바로 닛코에 있는 조선종이다. 메이지 유신이 시작되고 왕정복고로 천황의 친정이 이루어지자 일본은 조선과의 관계도 과거 바쿠후 시대처럼 대등한 관계가 아니라는 입장이었지만, 조선이 이에 수긍치 않음으로 양국 관계의 위상에 관한 기본적인 인식 차를 다시 한번 드러내었고, 이것 또한 정한론이 일어난 불씨가 되었다.

'호생오사'好生惡死와 '낙사오생'樂死惡生이라는 말은 정유재란 때 포로가 되어 일본에서 3년여 억류 생활을 했던 강항姜沆으로부터 나온 말이다. 조선 선비가 일본 무사에게서 느낀 이질감을 드러낸 상징적 표현으로, 조선 문인과는 달리 일본 무사는 죽음을 두려워 않는 생명관을 가졌다는 것이다. 임진왜란의 승패는 이런 마음가짐으로부터 갈렸다 해도 과언은 아닐 것이다.

왜군이 4월 13일 부산포에 상륙하면서 전쟁이 시작하였는데, 5월 3일에 벌써 한양 도성에 들이닥친다. 4월 30일 새벽에 선조가 피난길에 올랐을 때는 한양 도성을 방어하는 군인들조차도 도망가 버려 8명만이 왕의 몽진을 수행하였다. 성문을 닫을 수도, 도망가는 백성들을 막을 수도 없었고 심지어 등불을 켤 수 없어 충주전투의 패전을 보고한 장계도 읽을 수 없었다. 5월 3일 왜군이 한양 도성에 들이닥쳤을 때 성안에는 백성들도 모두 다 달아나 버려 텅 비어 있었고 궁궐과 노비문서가 불탔다. 궁궐에 불을 지른 것이 왜군의 소행인지 왜군의 입성 전 백성들에 의한 것인지는 명확하지 않다. 6월 11일에는 선조가 평양을 떠나 의주로 향했고 며칠 후 평양성도 왜군의 손에 들어갔다. 이때도 민심이 떠나서 성을 빠져나가려던 관리들을 백성들이 막아서자 신주가 땅에 떨어지기도 했다. 그들은 이렇게 항변하였다.

> "성을 버리고 가시려면 무슨 까닭으로 우리를 속여서 성안으로 들어오게 했소? 우리만 적의 손에 넘겨 어육을 만들려는 속셈이 아니고 무엇이오?"

『징비록』은 명나라의 교섭 사절 심유경의 글로 끝을 맺는데, 그가 '조선이 일본에 무슨 잘못이 있기에 군사를 일으켜 난리를 피우는가?'라는 글을 왜군에 보내자, 고니시 유키나가小西行長가 '직접 만나서 일을 의논하자'는 회답을 보냈다. 이후 심유경은 평양에서부터 왜군의 진중에 드나들면서 휴전을 교섭하였다. 전쟁에서 군사력 못지않게 외교 교섭도 중요하다는 것을 심유경의 사례가 보여 주었다.

류성룡은 『징비록』에서 조선의 전략 부족으로 왜군의 뱀처럼 길게 늘어진 전선을 끊어 그 허리를 잘라 놓지 못했고, 그들을 모두 살려서 돌려보낸 것을 통탄하였다. 임진왜란 직전 조선의 사신으로 일본에 갔던 황윤길과 김성일이 대마도주 소 요시토시와 함께 돌아오면서 소 요시토시가 공작 두 마리와 조총을 선조에게 진상하였지만, 선조는 조총을 군기시에 넣어 두고 만다. 일본은 그보다 50여 년 전 포르투갈의 상인으로부터 조총을 전해 받아 유럽보다 더 낫고 더 많은 조총을 보유하고 있었다. 북방 개척에 공을 세운 신립 장군의 기마부대가 충주에서 왜군의 조총 삼단연사술에 전멸하지 않았나. 선조에게 조총은 나라를 살릴 무기가 아니라, 자신을 해칠지도 모를 위험한 물건일 뿐이었다.

키신저는 6·25 전쟁 시 중공군의 참전을 두고, 이것이 모택동이 임진왜란 당시 명나라가 도요토미 히데요시의 일본군에 맞서서 추진한 전략을 반복한 것이라 했다. 그리고 500년 전에 그랬던 것처럼 전쟁이 시작된 38선 근처에서 전선이 고착화되기 시작했다고 보았다. 역사를 꿰뚫어 보는 흥미로운 관찰이 아닐 수 없다. 1592년 임진왜란 발발 전까지 조선은 1392년 태조 이성계의 건국으로부터 정확히 200년 동안 태평무상의 세월을 보냈던 선비 사회였고, 일본은 1192년 미나모토 요리토모源賴朝가 정이대장군에 임명되면서 가마쿠라 막부가 들어선 이래 400년간을 무사들이 통치한 사회였다. 이런 두 나라의 근본적 차이는 설령 류성룡 같은 선각자가 백 명이 있더라도 결코 극복할 수 없는 장벽이었을 것이다. 북한의 핵과 맞서고 있는 우리가 이제 『징비록』을 다시 써야 할 때다.

· 류성룡 지음, 장윤철 옮김, 『징비록』
· 박상휘 지음, 『선비, 사무라이 사회를 관찰하다』
· 헨리 키신저Henry Kissinger 지음, 이현주 옮김, 최형익 감수,
『헨리 키신저의 세계 질서World Order』

Part 4

'차이나게이트'는
국권 침탈의 전주곡

2015년 3월 중국 제12차 전인대
사진 출처: Wikimedia Commons

중국 황제의 권한 범위는 중국이라는 영토가 아니라 '하늘 아래 모든 것'이었다. 중국에게 베스트팔렌 이념은 처음부터 없었다.

_헨리 키신저Henry Kissinger

빵을 주면서 자유를 뺏어 간다면 그래도 정녕 자유보다 빵을 택할 것인가? 2014년 3월 타이완 입법원을 점거한 타이완의 대학생들은 중국과 타이완의 서비스무역협정에 반대했다. "타이완의 민주주의가 짓밟히는 형태로 진행되는 중국과의 교류협정을 인정할 수 없다. 그런 짓을 하면 타이완은 끝이다."

_가토 요시카즈加藤嘉

중국몽과 시진핑의 야망

　　　　　중국은 과거 수천 년 동안 여러 왕조가 번성하고 쇠락했지만, 일반적인 연속성의 느낌은 있었다. 그러던 것이 1842년 1차 아편전쟁부터 1949년 중화인민공화국 수립까지 100년이 넘는 '굴욕의 세기'를 지나며, 그 우월성과 중심성의 개념이 뿌리부터 흔들리게 되었다. 중국의 자신감이 붕괴한 주된 이유는 유럽 강대국들에 연이어 일본이 중국보다 훨씬 빠른 속도로 현대화하였기 때문이다.

'굴욕의 세기' 동안 중국에서는 2가지 현대화운동이 일어났는데, 첫 번째는 국민당 또는 민족주의 운동이며 두 번째는 중국 공산당이었다. 아이러니하게도 둘 다 소련의 도움을 받았다. 1937년 일본이 공격해 오자 당시 우위에 있던 국민당은 공산군 토벌 대신 국공합작으로 대일 총력전을 펼쳐야 했다. 그러는 동안 국민당 군대는 점점 부패해져 갔고, 공산당은 계속해서 농촌지역으로 세력을 넓혀 갔다. 2차 대전이 끝난 지 4년 만에 중국공산당은 중화인민공화국을 선포하고 다시 한번 중국을 통일하였다.

> "마오 밑에서 중국인은 일어섰고, 덩 밑에서 중국인은 부자가 되었고, 시 밑에서 중국인은 강해졌다."

중국에서 흔히 하는 말이라 한다. 시진핑 밑에서 중국이 영향력 있는 강대국으로 재부상하는 비전은 '중국몽'으로 브랜딩되었다. 2010년 중국인민해방군 출신 류밍푸劉明福가 『중국몽』을 출간하면서 "미국을 뛰어넘는 세계 제일의 부강한 국가"를 언급하였고, 2013년 전인대에서 시진핑이 이를 9차례나 반복해서 강조했다. 2017년에 그는 "중국몽은 역사, 현재, 미래에 대한 꿈"이라고 말했다.

중국몽의 핵심 요소는 2개의 100주년 목표를 달성하는 것이다. 첫 번째는 공산당 창립 100주년인 2021년까지 중국을 '소강小康사회moderately prosperous society'로 전환하고 두 번째는 중화인민공화국 창립 100주년인 2049년까지 중국을 완전한 선진국으로 만드는 것이다. 중국 당국은 이 중국몽의 공식적인 번역을 중국인의 꿈이라는 뜻으로 'Chinese Dream'으로 했지만 'China Dream'으로 번역되는 게 맞을 것이다. 중국몽은 인민에서 출발한 것이 아니라 당이 조율한 꿈이기 때문이다.

중화민족의 위대한 부흥을 꿈꾸는 중국몽을 구성하는 요소 중 첫 번째는 경제적, 정치적, 외교적, 과학적, 군사적으로 '강한 중국'이다. 다음으로 문명화된 중국, 조화로운 중국, 아름다운 중국이 따라오지만, 중국몽은 한마디로 강한 나라를 만들겠다는 의미다. 시진핑은 해양 강국의 꿈, 우주 강국의 꿈, 항공 강국의 꿈, 과학기술 강국의 꿈, 그리고 2030년까지 AI 분야에서 세계를 리드할 것을 목표로 제시하였다. 중국의 이러한 목표는 AI에 의한 군사혁명 등 군사력 강화와 연계되어 있다. 그는 2017년 '인민해방군 3단계 발전전략'을 발표하며 2020년까지 군의 기계화 및 정보화 실현, 2035년까지 군의 현대화 실현, 2050년까지 총합 국력에 있어 세계 선두에 서는 사회주의 현대화 강국의 실현을 내세웠다.

중국인의 이러한 강대국 추구 근저에는 역사에 대한 집착이 있다. 과거 원나라, 청나라에서 겪었던 타민족 지배 역사를 극복하고, 근대에 들어와서 서방의 침략에 당한 굴욕을 설욕하여, 잃어버린 한족 중심 대국의 지위를 되찾겠다는 것이다. 미래에 대한 낙관적인 확신은 중국인에게 존재하는 독특한 점이기도 하다. 쑨원, 마오쩌둥, 덩샤오핑은 현실주의자이지만, 이상주의자이며 낙천가이기도 하다. 부강한 중국은 시진핑의 전매특허가 아니라 이미 쑨원에서 시작되는 중국 혁명가들의 꿈이었다.

과연 이런 혁명가들의 꿈과 시진핑의 야망은 어느 정도 실현되고 있을까? 2016년 여름, 내가 베를린에서 만나 3시간 가까이 격정 토론을 벌였던 독일 언론인 하랄트 슈만Harald Schumann은 유럽에서 다섯 세대에 걸쳐 일어난 일이 중국에서는 한 세대 만에 실현되었다며 중국에 대한 경탄을 금치 못한다. 그는 우리말로 번역되어 1997년과 2009년 각각 출간된『세계화의 덫』과『글로벌 카운트다운』의 공동 저자다. 그의 말이다.

> "중국은 산업정책에 관한 한 정말 엄청난 전략가들이다. 상해의 푸동에서 일어났던 일은 세계의 어느 나라도 해내지 못한 것이었

다. 인류 역사 중 중국처럼 짧은 기간 내에 극한 빈곤에서 탈출한 나라는 어디에도 없었다. 한국의 발전도 인상적이지만, 사실 중국의 발전에는 못 미친다. 성과의 정도나 범위, 속도 같은 것을 들여다볼 때 말이다.

나의 처남이 중국에 살고 있다. 그곳에서 16세에 학교를 그만둔 젊은이들을 만났다. 그들의 부모는 3헥타르 상당의 땅을 관리하고, 농가에 화장실도 있다. 정당 관영 방송을 볼 수 있는 작은 흑백 TV는 이 가족의 부를 상징한다. 28세의 딸은 유창한 영어를 구사할 줄 알며, 나의 처남의 공장을 운영한다. 그녀는 차도 있고, 외국 여행도 한다. 한 세대에 거쳐 일어난 일이다. 유럽은 이 단계에 도달하기 위해 다섯 세대를 거쳤다. 정말 존경스럽다! 덩샤오핑의 개혁 정책은 1980년에야 시작되었다. 이렇게 늦었다고는 상상도 할 수 없을 것이다. 중국 발전의 속도는 손에 땀을 쥐게 할 정도다. 그렇다. 수십억 인구의 사회를 이렇게 성장하게 만든 능력에 대해 중국의 공산당원들에게 경의를 표한다. 물론 공산주의와는 관계가 없고 그냥 전략일 뿐이기는 하지만 말이다. 매우 인상적이다. 하지만 그들이 지금 진행하는 것들은 단기적인 안목이며 무계획적이다. 현재 중국의 지도자 시진핑과 그의 동료들을 전임자들과 비교하자면, 난쟁이다. 그들은 우리 정치인들처럼 생각이 짧다."

이렇게 멈추지 않을 것처럼 보이던 중국의 상승은 이미 끝을 보이고 있다. 시진핑은 2050년까지 축구에서 세계 정상에 오를 것을 명령했다. 중국은 그때끼지 월드컵 주최뿐만 아니라 승리도 거머쥐어야 한다. 중간 단계로 2023년 아시아대회를 10개 도시에서 주최하는 걸 계획했지만, 물거품이 되었다. 중국은 어려운 시기를 맞고 있다. 2022년 6월 Xifan Yang은《디차이트》지의 기명기사에서 이렇게 말했다.

> "전국적으로 9천만 명분 주택이 비어 있고, 고속철도나 공항도 적자 투성이다. 가계 자산의 70%가 거품 낀 부동산에 몰려 있다. 애플을 선두로 외국 투자자들도 떠나고 있다. 파산기업과 실업이 늘고 있다. 가치를 만들어 내지 못하는 성장은 '환상'일 뿐이다. 경제적 효율성의 바로미터인 생산성은 거꾸로 가고 있다. 올해 2022년 성장 목표율인 5.5% 달성은 현실적이지 않다. 아마도 1976년 이래 처음으로 미국보다 성장률이 떨어지는 한 해가 될 것이다. 중국의 붐boom이 끝났다. 세계공장의 성공모델도 소진되었다. 지금까지의 상승은 중국이 역사의 종언을 수용하는 것을 거부했다. 즉 철의 장막이 무너진 후에 민주주의가 관철되었다는 생각 말이다. 그러나 그 반대의 서사가 그치지 않는 중국 독재의 반대적 서사가 제거되어야 할 시기가 왔다. 중국의 좋은 시절은 지났다."

중국몽으로 표출된 시진핑의 야망도 그 자체가 나쁜 것은 아닐 것이다. 강력하고 문명화되었으며 조화롭고, 아름다운 중국은 중국인과 세계 모두에 유익할 것이다. 하랄트 슈만의 평가대로 천재 박정희가 이룩한 신화를 넘어선 중국의 눈부신 발전이 부럽기도 했다. 하지만 문제는 레닌주의자들이 이러한 목표 달성을 위해 일하는 방식일 것이다.

· 뉴트 깅리치Newt Gingrich 지음, 주준희 옮김,
『전체주의 중국의 도전과 미국Trump vs. China』
· 미야모토 유지宮本 雄二 지음, 이용빈 옮김,
『강경한 외교를 반성하는 중국』
· 가토 요시카즈加藤嘉 지음, 정승욱 옮김,
『붉은 황제의 민주주의中國民主化研究』
· Xifan Yang의《디차이트Die Zeit》기명기사,「중국의 몰락」, 2022.6.16.

2019.6.18.

미·중 무역전쟁과 한국

트럼프 대통령의 등장은 브렉시트와 함께 반세계화로의 반전을 가져왔다. 트럼프 대통령은 2016년 6월 대통령 후보자 시절부터 중국과의 불공정 무역에 대한 문제점을 지적해 왔으며, 2017년 1월 취임하면서 트럼프 무역 독트린을 발동하였다. 범대서양무역투자동반자협정TTIP 협상을 중단하고 환태평양경제동반자협정TPP도 탈퇴했다. 이후 TPP는 사실상 좌초하였다. 그해 다보스 포럼에서는 미국이 아니라 중국의 시진핑이 세계 자유무

역의 수호자로 조명받았다. 시진핑은 세계화가 경제성장을 가져왔다며 세계화를 옹호한 반면, 트럼프는 "우리 제품을 복제하고, 우리 기술을 훔치고, 우리 일자리를 파괴하는 나라들로부터 우리의 국경을 보호해야 한다"며 사실상 세계화를 거부했다. 2001년 늦깎이로 세계무역기구WTO에 가입한 중국이 세계화를 옹호하고, 세계화의 거인 미국이 세계화를 거부하는 듯한 진풍경이 연출된 것이다.

중국이 스스로를 세계 자유무역의 수호자라고 주장하는 모습에는 어떤 실체를 갖고 있을까? 중국은 경제 개방성을 평가하는 OECD 조사에서 59개 조사 대상국 중 59위로 가장 폐쇄적인 산업국가로 분류되고 있다. 그리고 중국 내부의 사회적, 경제적 통제 등을 감안해 볼 때 자신의 안방은 꽉 닫아걸고 남들에게만 개방하라고 외치는 격이다. 아니 남의 기술을 훔치고 있다는 게 미국의 주장이다. 2018년 4월 트럼프 대통령은 5,000억 불에 달하는 대중국 무역적자 외에도 중국이 매년 3,000억 불 상당의 지적재산권을 침해하고 있다고 언급했다. 케이스 알렉산더 국가안보국장은 중국의 산업 스파이 행위로 세계 역사에서 가장 큰 규모의 '부의 이전'이 일어났다고 했고 로버트 라이트하이저 무역대표부 대표는 중국의 불공정 거래 관행으로 미국이 매년 2,250~6,000억 불 규모의 손실을 보고 있다고 평가했다. 우리나라에서도 중국은 우리 기업을 인수해 놓고 기술만 빼 가는 행태를 보였다. 중국에 기술을 빼 넘기다가 적발되어 실형을 받은 기업 임직원도 있었다. 이제 중국이 우리 자동차나 반도체, 디스플레이, 스마트폰 기술을 가져다 자국 제품 개발에 썼다는 건 공지의 사실이 되었다.

중국의 산업스파이 활동은 독일에서도 문제가 되었다. 독일연방헌법보호청은 독일 내 중국 유학생, 연구원, 교수가 산업기밀 수집 활동을 하고 있다며 그 배후에 중국 정보기관이 있다고 지적했다. 중국은 전 세계적으로 인수, 합병 대상 기업 목록을 만들어 본격적인 외국기업 사냥에 뛰어들었다. 중국 기업들이 더 이상 임금 경쟁력으로 버틸 수 없다고 보고 물밑에서 행해지는 산업 스파이 활동에 병행하여 국가가 전면에 나서서 보다 공식적인 방법으로 외국 기술을 가져가고 있다. 그동안 미국이 중국의 기업 인수, 합병을 견제함에 따라 독일의 가족기업, 특히 유동성 위기를 겪고 있고 가족 내 승계자를 찾지 못한 기업들을 타깃으로 했다. 심지어 약 1천여 개의 독일 히든챔피언 기업들을 인수, 합병 목표로 한다고도 했다. 2016년 독일에서는 로봇 분야 선도 기업인 쿠카Kuka의 중국 인수를 둘러싸고 엄청난 사회적 논쟁이 벌어지기도 했다.

국제적 리더십은 단순히 희망한다고 주어지는 것이 아니다. 중국식 발전모델의 한계를 볼 때, 중국식 세계화는 결코 진정한 세계화가 될 수 없을 것이다. 내가 만난 함부르크 유명 로펌의 한 파트너 변호사도 중국의 행보에 매우 부정적인 입장이다. 그는 이렇게 말했다.

"중국은 무력이 아닌 경제력과 인력으로 세계를 정복해 나가고 있다. 특히 그들이 아프리카에서 벌이고 있는 일을 보자면 식민지 경영이나 다름없다. 어족 자원을 싹쓸이하고 식량 자원을 빼앗고 있다. 전쟁 없이 교묘한 방식으로 말이다.”

2015년 6월 자그디시 바그와티Jagdish Bhagwati 교수는 독일 함부르크에서 〈오늘날의 무역 이슈〉란 주제로 강연했다. 그는 여기서 다자간 세계무역협정인 도하라운드를 외면하고 있는 미국을 비판하고, 환태평양경제동반자협정이 합의에 의한 무역 규범이 아니라 미국이 강요하는 규범에 다름없다는 비판적 견해를 표명했다. 미국의 WTO 체제에 대한 비선호는 트럼프 정부에 와서 급작스레 생겨난 것은 아니다. 미국은 WTO 규범이 수출국에만 유리하다는 인식을 가지고 있다. 실제로 중국은 WTO 규범의 최대 수혜자다. 중국은 그동안 WTO 체제에 들어와 개도국 지위를 활용하여 일방적인 수혜만을 누려왔는데, 트럼프는 이것을 깨뜨려야 한다는 생각이다.

이제 미·중 무역전쟁의 결말은 어떻게 될까? 스탠퍼드 대학에서 40년을 가르친 중국계 경제학자인 로렌스 라우Lawrence Lau 교수는 올해 1월 그의 저서 『The China- U.S. Trade War and Future Economic Relations』에서 미·중 무역전쟁의 파장은 미미하여, 미국은 물론 중국도 이를 충분히 감내할 수 있다는 매우 낙관적 전망을 내놓았다.

그의 주장은 첫째, 수출 이익은 오직 국내에서 이루어지는 생산과 고용을 통한 부가가치만을 계상하여야 하며, 그래서 예를 들면

2017년 미·중 무역에서 발생한 미국의 적자는 통상적으로 알려진 GNP 기준의 3,760억 불이 아닌 (원자재 수입분 가치를 상계한) GDP 기준으로 1,110억 불이며, 둘째, 이 기준에 따라서, 중국 상품의 절반이 미국의 신규 관세 적용을 받는다는 가정하에 2018년 미·중 무역전쟁으로 인한 중국의 실질적 손실이 중국 GDP의 1.12%에 불과할 것이라 했다. 그리고 이것은 연평균 6.5% 성장을 보이는 중국 경제가 충분히 감내할 수준이며, 미국의 손실은 중국보다 더 작은 미국 GDP의 0.3%에 불과할 것이라 했다. 아울러 중국의 주식시장과 환율에 부정적인 심리적 파급효과가 있겠지만 이것도 일시적일 것으로 전망하였다. 과연 그럴까?

중국은 미국의 상대가 되기에는 여러모로 역부족이다. 화웨이 사태에서 보듯이 미국의 소프트웨어나 하드웨어가 없이는 중국은 컴퓨터나 휴대전화를 제대로 생산할 수 없다. 더욱이 미국은 그들의 세계 금융시장 지배력으로 일본이나 유럽연합과 연합하여 중국을 압박하고 있다. 중국 제품은 대체 가능하지만 미국 제품은 대체 가능하지 않다. 문제는 무역전쟁만이 아니다. 중국은 벌써 대만, 홍콩 문제로 수세에 몰려 있다. 경제보다 상위에 있는 것이 정치다. 덩샤오핑은 1978년 중국의 경제 발전을 위한 개혁, 개방을 시작하면서 경제적으로는 '흑묘백묘'를, 외교적으로는 '도광양회'를 구사했다. 내밀히 실력을 쌓으면서 기회가 오기를 기다리자는 것이다. 그런데 시진핑은 2012년 총서기 선출 직후부터 중화민족의 부흥을 위한 '중국몽'을 주창하기 시작했다. '중국몽'이란 공공연한 중화패권주의에 다름없다.

우리의 사드 배치를 기화로 2017년 중국이 취한 공공연한 횡포를 보더라도 이제 중국이 덩샤오핑의 도광양회 전략을 버렸음을 알 수 있다. 중국이 진정한 세계무역의 수호자라는 주장이 무색할 따름이다. 롯데가 미국에 투자하기 시작하자 트럼프 대통령이 신동빈 회장을 백악관으로 부른 것도 불공정 거래를 자행하는 중국 대신 미국을 택한 데 대한 '인지' 행위라 볼 수 있다. 시진핑의 중국 굴기와 중국몽이 덩샤오핑 이래 40년간 쌓아 온 공든 탑을 무너뜨릴 것이란 전망이 팽배하다. 중국판 마셜 정책으로 주변국들에 대한 중국의 영향력 확대를 목적으로 한 일대일로 정책도 마찬가지다. 프란시스 후쿠야마는 2016년 1월 독일 경제지《한델스블라트》Handelsblatt에 일대일로 정책에 관한 부정적 전망을 내놓았고 3년이 지난 지금 그의 예언대로 많은 문제점이 가시화되고 있음을 볼 수 있다.

내가 만난 함부르크 대학의 아르민 하트예Armin Hatje 교수는 바로 중국의 억압적인 국가 시스템을 지목하고 있다. 그의 평가다.

"분명 세계화는 우리 모두에게 도전과제다! 한국은 흥미로운 모델이며 독일도 그 모델에서 배울 점이 있다. 한국이 이뤄 낸 경제 기적은 예나 지금이나 놀라울 따름이다. 독일은 한때 일본을 주시했지만 일본 경제는 오늘날 더 이상 모델로 보기 어렵다. 유연성이 없고 국가부채가 너무 높다. 반면 한국은 모델로서 전적으로

적합하다. 민주주의로의 정치적 전환도 중국에 모범사례가 될 수 있을 것이다. 한국이 민주주의를 택했다는 사실이 매우 중요하다.

내 경험에 의하면 중국의 최대 약점은 실수를 용납하지 않는 시스템이다. 모든 인간은 실수를 하며, 이는 아주 자연스러운 일이다. 정치에서는 실수를 드러내어 고칠 수 있게 하는 것이 중요하다! 그런데 이것이 중국의 정치적 환경에서는 불가능하다. 대단히 위험한 일이다. 중국은 정체되어 있고, 비판적 견해는 억압받는다. 억제하에 있는 시스템은 더 큰 실패 위험에 빠지게 마련이다."

지난 6월 9일 '범죄인 인도법안'을 반대하는 홍콩인들의 시위가 일어났다. 이 법안은 홍콩의 중국 본토화를 초래할 어두운 그림자를 드리우고 있다. 그래서인지 전체 홍콩인의 1/7에 달하는 백만 명이 시위에 참가했다. 하지만 중국의 인터넷 통제로 중국 본토에서는 이 뉴스를 전혀 접할 수 없었다. 하트예 교수의 '억압적 시스템'이 빈말이 아님을 재삼 실감하게 된다. 중국은 56개 민족으로 구성된 다민족 국가다. 대만 문제, 티베트 문제, 위구르족 문제 등이 봇물처럼 터진다면 지금처럼 한족과 공산당 중심의 국가체제를 언제까지 유지할 수 있을지 의구심이 든다.

이제 미·중 무역전쟁의 와중에 서 있는 우리를 돌아보자. 미국은 미국대로, 중국은 중국대로 우리에게 그들의 편에 설 것을 요구하고 있다. 우리의 선택은 어느 쪽일까? '전략적 모호성'을 취한다? 세상에 꿩 먹고 알 먹고는 없다. 전후 독일의 아데나워 총리도 미국과 소련에 양다리 걸치는 소위 '그네swing 전략'을 포기하고 오직 서방과의 관계 강화에만 힘을 쏟는 '서방정책'을 바탕으로 탄탄한 안보와 경제 기적이라는 두 마리의 토끼를 잡을 수 있었다. 브란트의 '동방정책'도 아데나워의 서방정책에 기반을 둔 제2의 서방정책에 다름없다.

무역과 투자 등 경제적 관계에 따른 이익에도 불구하고 전쟁은 발발한다. 즉 세력균형이나 경제적 상호의존이 갈등이나 무질서 예방을 보증해 줄 수 없다는 것이 제1차 세계대전의 교훈이다. 최근 수년간 대한민국은 북핵 문제, 그리고 미·중 대립의 와중에서 설 자리를 찾지 못하고 있는 느낌이다. 더 늦기 전에 우리의 입장을 확고히 정할 때다.『미중전쟁』을 쓴 김진명 작가는 이렇게 말했다.

> "정말 두려운 건 북핵도, 트럼프의 불가측성도, 중국의 경제 보복도 아니다. 문제는 우리가 분명한 시각이나 태도를 취하지 않고 그저 눈치만 본다는 사실이다…… 이렇듯 물속에 몸을 숨긴 채 잠망경만 내놓고 눈치를 보다가는 우리가 설 자리를 스스로 잃어버리고 만다."

> · 로렌스 라우Lawrence J. Lau,
> 『The China-U.S. Trade War and Future Economic Relations』

・ 리처드 하스Richard Haass 지음, 김성훈 옮김,
『혼돈의 세계A World in Disarray』
・ 김진명 지음,『미중전쟁』

2020.3.4.

'차이나게이트'는 국권 침탈의 전주곡

　　　　　　　　일제에 대항하여 독립을 쟁취하고자 온 국민이 분연히 일어났던 3·1 독립운동이 벌써 1백 년 하고도 1년을 맞았다. 그런데 이번 삼일절 날 우리 국민의 관심은 일본이 아니라 중국에 쏠렸다. 우한 폐렴 때문만은 아니었다. 주요 포털 실시간 검색어에 '차이나게이트'가 1위에 올랐고, 지난달 28일에는 청와대 국민청원으로 중국의 조직적 여론 조작 및 국권침탈 행위를 엄중하게 수사해 달라는 청원이 올라왔다. 무엇이 '차이나게이트'인지는 좀 더 살펴봐야겠지만 인터넷상에서 중국인이나 조선족이 문재인 정부에 유리한 여론을 조작하고 있다는 주장이다. 미국과 대만에서도 불거졌던 중국의 인터넷 여론 조작이 한국에서도 이루어지고 있다는 것이다. 작년 9월에 이미《워싱턴 포스트》지는 중국의 인터넷 여론 조작이 러시아의 인터넷 여론 조작 조직인 '러시아 트롤'보다 훨씬 전에 시작되었다고 보도했다.

과거 광우병, 사드 전자파나 우한 폐렴에 이르기까지 우리나라의 사회적 갈등의 배경에는 중국이 있었다. 2017년 1월 25일《동아일

보》저널로그에서 이정훈 기자는 "중국이 한국 내 6만 중국 유학생들을 박근혜 대통령 탄핵 시위에 몰래 참여시켰다"고 폭로했다. 이제 김겨출이라는 거대 트위터리안의 폭로로 수면 위로 드러났다. 모든 국가는 스파이 행위를 엄단한다. 그런데 스파이 행위를 넘어서서 타국의 국내 정치에 직접 뛰어들어 여론을 왜곡하고 데모 집회를 위장 주도했다면 문제는 더욱 심각하다.

이번 우한 폐렴 사태에서 나타난 우리 정부의 입장은 '중국 바라기' 행태로 비판받고 있다. 사태 초기에, 중국으로부터 입국을 막지 않아 바이러스의 급속한 확산을 불러왔고 마스크, 방호복 등 필수 물품들을 계속 중국으로 보내면서 정작 우리 국민은 곤경을 겪었다. 지금 중국에 대한 국내 인식은 급전직하 매우 부정적이다. 현 정권에 대하여도 종북정권이란 비판이 친중 더 나아가 맹중, 숭중 정권 논란으로까지 번져 나가고 있다. '중국 대통령은 하야하라'는 시위 피켓도 등장했다. 야당이 '차이나게이트 방지법'을 발의하겠다고 했지만 우선 검찰의 조속한 수사가 필요해 보인다. 외국의 개입이란 측면에서 드루킹사건보다 위중하다.

작년 11월 우리가 주목할 만한 중국 스파이 왕리창 사건이 터졌다. 그는 자신이 대만과 홍콩에서 여론조작과 선거개입, 반체제 인사 감시 등 공작을 벌여 왔다고 폭로하면서 호주에 망명했다. 특히 금년 1월 대만 총통선거에 개입해서 여론조작을 벌여 '하나의 중국' 정책을 반대하는 민진당의 차이잉원 후보 낙선 운동을 지원했다는 것이다. 그는 중국군 총참모부의 지휘를 받는 홍콩 국적 기업 중국 창신투자 직원으로 위장해 공작 활동을 벌였고 위조하기 어렵다는 한국 여권을 사용하기도 했다. 왕리창은 홍콩에서 대학 학생회와 학생 자치 조직에 침투를 시도했고, 인터넷상의 사이버 공격도 시도했다. 대만에서는 차이잉원 총통을 음해하고 친중 대권주자인 한궈위 가오슝 시장을 지원하기 위해 20만 개의 인터넷 계정으로 민진당을 공격하고 50여 개 인터넷 회사 및 매체를 매수해 언론을 장악하며 선동 활동을 벌여 왔으며, 2018년 대만 지방선거 때는 한궈위에게 2,000만 위안의 선거 자금을 제공했다. 이 사건을 보노라면 중국이 우리나라에서 진행하고 있는 공작의 실태가 좀 더 구체적으로 짐작된다.

'차이나게이트'의 본질은 중국이 한국에 대하여 경제, 통상의 상호 이익 추구를 넘어서 정치적 영향력의 확대를 시도한다는 것이다. 제국주의는 필연적으로 정치적 지배를 포함한다. 이런 의미에서 한국에 대한 영토적 야심이나 정치적 지배를 목표로 하지 않는 미국은 우리에게 제국이 아니다. 그러나 중국은 다르다. 그들은 북한에 이어 한국에 정치적 영향력이나 지배력을 갖게 될 때 중화 패권주의 목표에 한층 더 쉽게 접근할 수 있다는 판단을 하고 있다. 우리의 대선이나 지방선거에 개입하고 있다는 것은 바로 그러한 야심을 드러내는 것이다. 일본의 중국 전문가 가토 요시카즈의 말대로 중국은 지금도 붉은 황제가 지배하는 나라로 그들은 한국을 수 세기 전의 조공 국가로 만들려고 한다. 1896년 서재필이 중국으로부터 독립을 부르짖으며 서대문에 영은문을 헐고 독립문을 세웠던 그 당시의 독립정신을 상기해 본다.

미국은 신화사 등 4개 중국 언론사의 주재원들과 대학에 침투한 공자학원을 추방하는가 하면 상원은 화웨이와 ZTE의 통신장비를 제거하기 위하여 10억 불이 투입되는 'rip and replace 법안'을 승인했다. 지금 우리나라에서도 중국의 경제 침투에 이상 신호가 울리고 있다. 자동차, 디스플레이, 반도체, 스마트폰의 기술이 중국으로 넘어갔고 이제 원전 기술이 넘어갈 것이다. 미·중 무역전쟁으로 철강 제품의 미국 수출 길이 막히자 한국을 경유해서 우회 수출하였고, 중국 청산 강철의 부산 공장 설립이나 밍타이 그룹의 광양 알루미늄 공장 건설도 추진 중이다. 작년 환경단체들의 고발로 우리 제철소의 유례없는 조업 정지 처분이 내려지기도 했는데 중국 철강기업이 그 배후에 있다는 의구심을 자아내고 있다. 검찰은 '차이나게이트'를 신속히 그리고 엄중히 수사하기 바란다. 독립으로 가는 첫걸음이다.

2020.6.17.

세계 질서를 바꾸려는 중국 공산당의 '조용한 정복' 시도

머라이케 올베르크 Mareike Ohlberg 는 독일의 중국 전문가다. 그는 독일 최대의 중국 싱크탱크인 메르카토르 중국연구소에서 일했고 최근 베를린 소재 마샬펀드 선임연구원으로 자리를 옮겼다. 그의 전공은 중국의 미디어/디지털 정책과 영향력 확대 문제다. 그는 지난 5월 발간된 자신의 공저 『조용한 정복』Die Lautlose Eroberung(영문판 『보이지 않는 붉은 손Hidden Hand』)에서 중국이 어떻게 서구 민주주의를 훼손하고 세계질서를 새롭게 재편하려는지를 파헤쳤다. 깊은 통찰력이 엿보인다. 지난 6월 경제 포탈 《Capital》에 게재된 그의 인터뷰다.

"중국은 서구 민주주의를 자신들의 이해관계에 따라 새로운 프레임으로 짜 맞추기 위한 전면적인 캠페인을 가동 중이다. 말이 좋아 캠페인이지 서구 민주주의를 훼손하고 기존의 세계질서를 전복시키려는 불법적 선전전이며 결국 공격이자 침략이다. 큰돈이 들어갈 뿐만 아니라 충돌도 예상된다. 중국이 왜 이렇게 할까 하는 의문이 생긴다.

지금 중국이 서방세계에서 하고 있는 전방위적인 공격은 냉전시대 소련도 하지 않았던 것이다. 이것은 바로 중국 공산당의 생존전략이다. 1970년대 말 덩샤오핑의 흑묘백묘론으로 경제를 개방하면서 국운의 상승을 이루어 냈지만, 상부 권력은 여전히 중국 공산당이 차지하고 있다. 개방 경제로 국민소득이 올라가면서 이들은 세계 각국을 여행하고 서방 세계의 많은 것을 보고 듣는다. 인터넷으로 인한 소통도 만만찮게 진행되고 있다. 이제 중국 공산당은 두렵다. 민주화를 향한 여정이 시작되었고 언젠가는 그들의 권력도 붕괴될 것이다. 이것을 막아야 하는데 국내 검열과 탄압만으로론 충분치 않다. 이건 일시적 방편일 뿐이다. 여기서 국제적인 '담론의 힘'power of discourse에 대한 필요가 생겼다. 중국이 위험하다는 국제적 여론을 걷어 내거나 적어도 덜 노출시키고 중국의 정치 모델을 국제적으로 더욱 인정받음으로써, 첫째로 국내적으로는 중국 공산당에 대한 비판 여론을 잠재우고 둘째로 국제적으로는 중국의 이익을 관철시키기가 용이해진다. 이것이 그들의 장기 목표다.

우리는 이렇게 영향력을 확대하려는 중국의 동기를 엄정하게 인식해야 한다. 그들의 불순한 동기를 인식하지 못하는 순진함이나 불이익을 회피하려는 이기심에 자리 잡은 가장된 순진함은 중국 공산당의 은밀한 목적 달성과 민주주의의 훼손을 방조한다. 중국이 경제적으로 개방하면 정치적으로도 개방할 것이고 종국적으로 민주화될 것이란 기대가 한때 있었다. 하지만 변화는 실망스럽다. 미국 등 서방세계가 추구하여 온 세계화와 자유무역 정책이 알게 모르게 중국 공산당의 무기가 되었고, 중국의 민주화는커녕 오히려 서구 사회가 중국의 눈치를 보며 자신들의 언론의 자유를 잠식당하고 있다. 중국은 서방세계의 언론의 자유에 대한 일정한 영향력을 이미 갖고 있다. 중요한 경제 통상 파트너인 중국을 화나게 하지 않으려는 자기 검열이 횡행하기 때문이다. 중국에 비판적인 특정 인사를 패널에서 제외하거나 특정 예술작품을 전시하지 못하게 한다면 이미 민주주의가 아니다. 유럽은 개입을 통하여 어떻게든 중국을 변화시킬 수 있다고 생각한다. 하지만 우리는 중국 공산당이 원치 않는 무언가를 할 수 있도록 하는 것이 매우 어려운 일이라는 것을 아직 깨닫지 못하고 있다. 그들과 어떤 약속을 할 수는 있지만, 그들이 그 약속을 지키도록 할 수는 없다.

중국 공산당의 정당 외교를 주목해야 한다. 당 대 당 외교로서 이데올로기에 연연치 않는다. 모든 정당에 접근한다. 중국에 도움을 줄 수 있는 확신적인 젊은 정치가도 타깃이다. 물론 정치계만은 아니다. 미디어든 비즈니스든 시민단체든 이들의 접근은 전방위적이며 파상적이다. 유럽에서는 특히 그리스와 영국이 눈에 띈다. 영국의 엘리트들은 '48그룹클럽'을 통하여 돌아올 수 없는 강을 건넜다고 본다. 독일에서도 'China Bridge'가 정치, 경제, 과학계를 망라한 엘리트들에 대한 네트워크 구축을 시도하고 있다. 화웨이 논쟁도 마찬가지다. 냉전시대에도 소련이 서방의 통신 네트워크에 접근한다는 건 상상할 수 없는 일이었다. 하드웨어와 소프트웨어가 구분조차 되지 않는 5G 시대에 화웨이에 통신 인프라 접근을 허용한다면 이것은 우리의 데이터를 몽땅 넘겨주는 일이다.

그들의 공격은 특정 국가에만 한정되진 않는다. 국제기구도 그 대상이다. 코로나 바이러스의 팬데믹 확산을 계기로 세계보건기구 WHO의 중국과의 관계가 도마 위에 올랐다. 트럼프 대통령은 지원 중단을 선언했다. 중국의 WHO 지원액은 크지 않으나 WHO로서는 바이러스 근원지인 우한에 대한 접근 확보를 위하여 중국의 협조가 필요했다. 아무튼 중국의 목소리가 WHO를 통하여 커졌고 이것은 국제적으로 긍정적인 평가를 받지 못했다. NATO의 회원국인 터키가 상하이협력기구 파트너가 되었다. 중국은 비정치적 기구라 주장한다. 하지만 새로운 동맹은 옛 동맹의 희생 위에 이루어진다. 터키의 상하이협력기구 편입은 NATO의 이익을 훼손한다는 말이다.

중국은 포위되어 있다. 세계 도처에 동맹을 가지고 있는 미국에 비하여 확연한 열세다. 그렇기에 자신들의 생존 전략으로 점진적이고 장기적인 동맹의 변화와 전복을 시도하지만 이것이 현실적인 접근은 아닐 것이다. 중국에 대한 의존도를 높여서 자신들의 편으로 만들려는 시도는 적어도 지금까지는 전혀 작동치 않고 있다. 코로나 사태로 세계는 선의가 고갈되고 있다. 생명과 경제에 치명적 손실을 가져 온 바이러스가 중국으로부터 왔다는 건 부인할 수 없는 사실이다. 중국이 코로나 보호장비 제공을 내세우며 거들먹거렸지만 먹혀들지 않았다. 중국은 팬데믹의 승자가 아니다. 세계의 중국 의존도는 생각보다 훨씬 작다. 아직 유럽은 중국을 어떻게 다루어야 하는지에 대한 계획이 없지만 그럴수록 협력과 결집이 필요하다. 보다 큰 단결을 발휘하자. 나는 이 보이지 않는 중국의 공격에 대하여 더욱 많은 사람이 정확한 인식을 하게 되어 기쁘다. 종국적으로 좀 더 나은 전략으로 대처하기 바란다.”

이상 올베르크의 이 인터뷰 기사는 많은 것을 깨닫게 했다. 독일과 유럽이 중국 공산당의 공세를 이 정도로 인식하고 있다면 과연 이들의 우리나라에 대한 공세는 어느 정도일까? 미·중 전쟁에서 미군이 주둔하고 있는 한국은 북경을 가까이서 위협할 수 있는 최대 위협처다. 그만큼 한국에서의 승부는 치명적이다. '차이나게이트'나 호주에 망명한 왕리창의 폭로에서 보듯이 심리전만은 아니다. 주요 인사나 기관, 단체들에 대한 전방위적인 매수와 협박이 따라온다. 문제는 중국의 이러한 책략에 말려든 우리 사회의 애국노愛國奴, 애국자로 포장한 매국노가 한둘이 아니라는 것이다. 아, 그랬구나. 지금 이 정부의 친중을 넘어선 종중 정책이 오랫동안 중국 공산당이 공들여 온 산물이란 걸 이제야 깨닫는다.

· 머라이케 올베르크Mareike Ohlberg, 경제 포탈《Capital》 2020년 6월 인터뷰 기사

2021.4.15.

세계의 신(神)이 되려는 중국 공산당

초임 사무관이었던 1983년 5월 5일 어린이날이었다. 휴일이라서 집에서 쉬고 있는데 비상연락망으로 연락이 왔다. 비상이 걸렸으니 빨리 사무실로 나오라는 것이었다. 중국 민항기 불시착 사건이었다. 그때 바로 중국에서 대표단이 날아와 신라호텔에서 민항기 송환 교섭 회담이 열렸는데, 그 당시로는

중국과 접촉을 한다는 것 자체가 한마디로 얼떨떨한 것이었다. 한국전쟁 시 우리와 사투를 벌였던 중공군의 모습과 이미 핑퐁외교로 미국과 국교를 튼 중국의 달라진 이미지가 오버랩되었다. 아무튼 이 접촉을 계기로 한·중 간 교류와 접촉의 물꼬가 트였고, 1992년 양국은 국교를 수립하게 된다.

주중 일본대사였던 미야모토 유지宮本 雄二 대사는 중국의 외교가 2009년부터 2016년까지 강경한 자세를 취하였다고 평가한다. 외교는 내치의 연장이다. 그렇다면 이 기간 중국엔 어떤 일이 일어났을까. 2009년은 리먼 쇼크로 미국의 GDP가 감소한 반면 중국은 여전히 9~10% 고성장을 지속한 해였다. 금융위기가 신자유주의 경제 모델을 막다른 골목으로 내몰았지만, 중국은 중국 특색인 사회주의 제도의 우월성으로 위기에 대처하는 능력을 증명했다는 생각에 온 나라가 크게 고무되어 있던 때였다. 자신들이 세계를 지탱하고 있다는 사실에 자신감을 심화시켰고, 머지않아 중국의 시대가 온다는 생각까지 하게 되었다. 이런 자기도취적 생각은 한국에 와 있는 조선족에게서도 느낄 수 있다. 조선족들은 '작은 산' 한국보다는 세계의 중심 대국인 '큰 산' 중국의 신민이라는 생각에 훨씬 더 가깝게 접근해 있다. 그래서인지 지금은 돈이 없어 한국에서 일하고 있지만 마음만은 늘 중국인이라는 자부심으로 무장해 있는 듯하다.

2012년 시진핑이 중국몽을 제시한 이후 중국인의 자부심이 하늘을 찌르기 시작했다. 그러다가 2016년, 상설중재재판소가 유엔 해양법

조약에 기초한 필리핀의 제소에 대한 판결에서 중국이 주장하는 소위 '구단선'九段線을 부정함으로써 중국에 패배를 안겨 주었는데, 미야모토 대사의 관찰에 따르면 이것이 중국의 반성을 불러왔고, 그대외 자세가 전환되는 계기가 되었다는 것이다. 하지만 미야모토 대사가 관찰한 중국은 2017년까지였다. 그 후 홍콩 사태에서 보인 중국의 강경 자세는 그 이전의 것보다 훨씬 경화된 것이라 할 수 있으니, 미야모토 대사의 예상은 어긋났다.

중국이 2009년부터 2016년까지 강경한 대외 자세를 보였다는 관찰은, 일천하지만 내가 외교 일선에서 느낀 바와 일치한다. 캐나다 몬트리올에 있는 우리 총영사관은 국제민간항공기구ICAO 업무를 겸무한다. 2002년 당시 중국의 ICAO 대표는 나와 성이 같은 장張 대표였다. 중국 외교부가 아닌 민항총국에서 파견된 사람이었는데, 맘씨 좋은 시골 아저씨같이 푸근한 사람이었다. 그리고 2006년 베를린에서 만난 중국대사관의 이李 정무참사관도 가끔 접촉했지만, 편안한 사람이었다. 그런데 2009년 카타르에서 만난 사史 대사는 상당히 거드름 피운다는 인상을 주었다. 심지어 우리의 태극기가 주역의 음양사상으로부터 나온 것이라며 조롱 조로 이야기하기도 했다. 그 후 2014년 함부르크에서는 나보다 늦게 부임한 중국 총영사가 선임인 나를 예방해 오지 않았을뿐더러 행사장에서 만나도 데면데면하였다. 중국이 대국이라는 거였다. 아무튼 중국 외교관들의 태도는 내가 보기에도 2009년을 기점으로 달라졌다. 내가 무섭게 느낀 것은 이들의 태도가 '중앙의 방침'에 따라 표정까지 바뀌면서 일

사불란하게 움직인다는 사실이다. 마치 북한 외교관들처럼 말이다.

시진핑은 중국공산당 총서기, 중앙군사위원회 주석, 중화인민공화국 국가주석이라는 세 개의 직책을 갖고 있는데, 중국의 권력 구조도 이 순서대로다. 즉 중국공산당이 군대를 통솔하고, 국가를 이끈다는 것이다. 그래서 우리가 시진핑을 국가주석president으로 부르는 것은 중국에 대한 착시 현상을 불러일으킨다는 비판이 있다. 즉 중국공산당이 최상위에 있는 중국의 국가 구조를 본다면 시진핑을 총서기general secretary로 불러야 한다는 것이다. 스탈린이 총서기로 불렸듯이 말이다. 지금 중국에서 일어나고 있는 모든 국가적 과제는 중국공산당의 미래를 확보하는 것을 목표로 한다. 모든 무역협상, 정책 및 투자도 중국공산당의 권력을 보장하고 강화하려는 의도로 이루어진다. 내가 중국 외교관들의 태도에서 느꼈던 '중앙의 방침'이란 것도 곧 중국공산당의 방침이다.

이런 중국이 시진핑의 등장 이후 세계 지배에 나섰다. 중국의 전략은 연구-사고-계획 구조에 입각한다. 중국 지도부는 이론이 아니라 실용주의가 지배한다. 지도자들은 체계적으로 사고하며 의도적인 목적으로 오랜 시간에 걸쳐 용의주도하게 집행한다. 미국이 상황을 제대로 이해하지 못하고 수동적으로 앉아 있는 동안, 중국공산당은 분야마다 동일한 패턴을 구현하며 조용한 침략을 수행 중이다. 무역 싸움의 핵심은 중국공산당이 지적재산권 IP를 훔치는 데 전념하는 것이다. 세계의 기술과 IP를 표적으로 한 중국의 행동, 정책 및 경제 침략 관행은 미국 경제뿐만 아니라 글로벌 혁신 시스템 전체를 위협하고 있다.

남중국해에서 소위 '구단선'에 대한 영유권 주장도 수천 년 전 하夏 왕조와 한漢 왕조의 역사적 기록에 근거할 뿐이다. 중국은 이 일대 산호초들에 콘크리트를 쏟아부어 인공 섬을 만들고 비행장과 항만을 건설하여 군사기지화하였다. 환경을 훼손하고 국제법을 침해하고 있다. 특정 산업을 지배하려고 중국 기업에 대해 보조금을 제공하여 외국 경쟁업체를 고사시킨다. 화웨이가 전 세계적으로 5G 구축 시장을 장악하고 중국이 정의하는 차세대 인터넷을 만들 가능성이 커지고 있다. 중국공산당은 비대칭 군사 능력, 최첨단 세계적 기술 개발, 일대일로 구상의 군사적 가치라는 세 가지 주요 전략을 통해 세계적 전력 투사 및 전투 능력을 개발하고 있다.

뉴트 깅리치Newt Gingrich는 중국의 도전을 미국이 243년 역사에서 마주친, 미국의 생존을 위협하는 5번째 도전 중 가장 심각한 도전으로 보았다. 그리고 이 도전을 극복하기 위해 중국의 전 세계적 활동을 상세히 보여 주는 공개적인 웹사이트를 구축하여 미국 국민을 교육해야 한다며 경각심을 일깨우고 있다. 미국이 중국으로부터 이런 절체절명의 위협을 느끼고 있다는 사실에 모골이 송연하다. 미국이 이럴진대, 우리는 어떻게 해야 할까. 지적재산권 도용, 광범위한 인권 침해, 불법적인 영토 주장, 외국 감시 및 스파이 활동, 인터넷 여론 조작 등으로 중국공산당이 그들의 생존을 위해 남들의 생존을 위협하고 있다. 우리가 중국 인민의 신만이 아니라 세계의 신이 되고자 하는 중국공산당의 실체를 직시해야 하는 이유다.

· 뉴트 깅리치Newt Gingrich 지음, 주준희 옮김,
『전체주의 중국의 도전과 미국Trump vs. China』
· 미야모토 유지宮本 雄二 지음, 이용빈 옮김,
『강경한 외교를 반성하는 중국』
· 가토 요시카즈加藤嘉 지음, 정승욱 옮김,
『붉은 황제의 민주주의中國民主化硏究』

2021.4.16.

지옥으로 가는 '일대일로'

강원도가 춘천, 홍천 일대에서 1조 원 규모의 사업비를 들여 '중국복합문화타운'의 조성을 추진하고 있다. 최문순 강원지사는 이 사업을 '문화의 일대일로'라면서 중국인들이 이곳에 와서 막국수와 닭갈비를 먹고 가도록 하겠다고 한다. 그는 또 중국에서도 론칭 행사를 벌이고는 "중국문화를 한군데 모아서 세계에 자랑할 수 있는 최초의 사례가 되겠다"라는 말을 하기도 했다. 그가 2018년 12월 이 문화타운 론칭 행사 시 중국에서 찍었다는 《중앙일보》 사진을 보면, 태극기는 보이지 않고 오성기만 두 개 세워져 있다. 최 지사가 중앙정부 대표는 아니지만, 개인으로서가 아니라 강원지사 자격으로 찍은 사진이라면 태극기도 함께 그 자리에 있어야 함은 불문가지다. 이쯤 되면 그가 한국이 아니라 중국의 공

직자가 아닌지 의구심이 든다.

2012년 취임한 시진핑은 그다음 해 일대일로 사업 구상을 밝혔다. 지금 이 사업은 중국 헌법에 기록될 정도로 시진핑의 브랜드 사업이 되었다. 중국 한대漢代의 동서 교역로였던 비단길에서 영감을 받았다는 이 '새 비단길' 사업은 2019년까지 1조 달러를 투입하는, 유라시아와 인도-태평양 지역을 연결하는 대규모 인프라 개발 사업이다. 지금은 아프리카, 중남미, 북극 및 우주까지 그 대상 지역을 확장하여, 철도, 항만, 에너지 파이프라인, 고속도로, 디지털 인프라 등의 프로젝트를 추진하고 있다. 일대일로 홈페이지에 들어가 보니 대상 국가가 한국을 포함하여 143개국으로 나온다. 여기에 거명된 나라는 일대일로 협력협정 서명국이거나 일대일로 주변국이라는 설명이 나오는데, 우리나라는 아마도 후자에 속하는 것으로 보이지만, 적어도 한국이 중국의 일대일로 사업의 타깃 국가임은 틀림없어 보인다.

시진핑은 2018년 일대일로 구상 5주년을 맞이하여 이 구상이 "인류 공동의 미래를 가진 공동체를 건설할 수 있는 해결책"이라 했는데, 미중경제안보심의위원회uscc는 이 '인류의 미래 공동체'라는 문구가, 중국 지도자들이 중국 주도의 세계질서에 대한 암호로 사용하는 것이라고 미 의회에 보고하였다. 그런데 놀랍게도 문재인 대통령이 이 표현을 사용하였다. 2019년 12월 중국을 방문한 그는 시진핑과의 정상회담 자리에서 "한국과 중국은 공동운명체라는 생각을 다시 한번 느끼게 된다"라며 중국몽도 함께 추켜세웠다. 문 대통령이나 정세균 총리는 명절이 되면 인민망을 통하여 중국 인민에게 인사를 전하는 중국바라기였고, 박원순 시장은 "파리가 말에 붙어 가듯 우리는 중국에 붙어야"란 악명 높은 말을 남겼다.

일대일로 사업이 올해로 9년 차에 접어들었다. 이 사업의 실체나 성과에 대한 어느 정도 평가가 가능한 시점인데, 여기저기서 비판이 터져 나오고 있다. 우선 수혜 기업 대부분이 중국 기업이다. 특히 운송 인프라 프로젝트의 89%가 중국 계약자라 한다. 외국기업은 조연 역할 수행만 가능할 뿐이다. 2013년 이후 시행된 1,814개의 중국 인프라 프로젝트 중 약 66개국, 270개 프로젝트에 문제가 발생하였는데, 특히 대출받은 국가의 급증하는 부채와 금융위기는 중국의 부채함정 외교와 일대일로 구상의 위험성을 보여 준다. 미중경제안보심의위원회USCC의 2018년 의회 보고서는 일대일로 구상에 대한 중국의 목표를 명확하게 설명하고 있다. 즉 이것은 중국 군사력의 범위를 확장하고, 중국의 지정학적 영향력을 확대한다는 데 그 의도가 있다. 결국 새로운 버전의 식민주의다.

일대일로 사업에 투입되는 중국의 재정 지원은 통상적인 ODA 유상원조 조건보다 열악하다. 2000~2014년간 중국의 개발 원조의 1/5만이 OECD 개발원조위원회의 기준을 충족하고 있을 정도다. 주권 정부에 대한 대출금융 조건을 공개하는 국제적인 관행에 반하여 중국은 대출 조건을 공개치 않음으로써 해당 정부와의 결탁을 통한 부조리를 양산하고 있다. 일대일로 참여국 중 23개국이 부채 위기에 빠졌다. 파키스탄, 스리랑카, 에티오피아 등이 대표적인 사례다. 중국은 이런 나라의 정부들이 채무함정에 빠져 독자적인 국가 운영 능력이 약화되어, 중국공산당의 영향력에 더욱 의존하도록 유도한다. 지금 우리나라에서 벌어지는 문제인 정권의 나랏빚 늘리기가 정치적으로 매우 위험한 이유다. 특히 스리랑카 함반토타 항구 프로젝트 사례가 최악의 경우인데, 스리랑카는 대출금 변제 능력이 고갈되어 결국 함반토타 항구 일대 1만 5,000에이커에 대한 관리권을 중국에 99년간 넘겼다. 중국의 홍콩인 셈이다. 여기서 3억 7,800만 달러 대출에 대한 조건이 6.3% 고정 이율인데, 이 정도라면 통상 2~3%의 이자율인 국제관행에 크게 어긋나서, 모종의 부조리가 개입되었다는 의심이 드는 상황이다. 2016년 1월 프란시스 후쿠야마가 독일 언론에서 일대일로 사업의 전망을 회의적으로 본 것도 바로 스리랑카와 같은 사업 대상국들의 부패 거버넌스에 기인한 문제 때문이었다.

중국의 일대일로 홈페이지를 보면, 중국은 한국의 제1위 무역 상대국이자 투자국이며, 한국은 중국의 제3위 무역 상대국이자 투자국이다. 매주 한·중 간 800편 이상의 항공기가 운항되고 있고, 각각 153개 도시 간에 자매도시 협정이 맺어져 있다고 한다. 그리고 외국인의 중국어 능력시험 합격자의 반수 이상이 한국인이며 유학생도 쌍방 간 각각 6만 명이 넘는다고 한다. 우리의 중국 쏠림 현상이 이럴진대, 중국공산당의 '조용한 침략'을 막아 내기가 현실적으로 쉽지 않을 것 같다.

· 뉴트 깅리치Newt Gingrich 지음, 주준희 옮김,
『전체주의 중국의 도전과 미국Trump vs. China』

중국의 민주화는 가능한가?

오늘날 동유럽에서 나고 자란 젊은이들은 과거 공산주의 사회의 삶을 겪어 보지 못했기에 자신이 누리는 자유를 당연한 것으로 생각한다. 우리나라의 젊은이들도 마찬가지다. 그래서 그들은 민주주의나 자유와 같은 정치적 주제보다는 부동산, 주식, 코인 등 현실적인 것에 더 관심을 가진다. 이런 관찰은 중국에도 적용될 수 있다. 태어날 때부터 공산당 일당 독재정치에 익숙한 그들에겐 그것이 당연하게 여겨지지 않을까?

여기에 고대 중국으로부터 전승되어 온 중화사상이 보태어지면서 결국 공산당이 지배하는 세계중심국가라는 답이 나온다. 중국이라는 말은 원래 '중앙 국가'라는 번역이 더 정확하다. 1793년 조지 매카트니George Macartney 경의 영국사절단이 무역 특권을 요청하자, 중국 황제는 조지 3세 앞 거절 서한에서 무역 대신 조공을 거론하였다. 중국은 진정으로 세계의 중심에 위치한 중심 왕국이었으며, 천명을 통해 궁극적인 통치권을 가졌다. 다른 국가들이 중국의 우월성을 인정하는 것은 합당한 것이었다. 실제로 1949년 중화인민공화국의

수립은 새로운 중국이 아닌 기존 중국의 '새로운 시대'가 시작된 것이었다.

마오쩌둥과 그 이후 모든 공산주의 중국 지도자들은 중국을 다시 중심 왕국middle kingdom으로 만드는 것을 핵심 목표로 했다. 구소련 등 과거 공산체제의 나라들이 대부분 피의 숙청을 통해 정권 교체를 한 것과는 달리, 공산당이 지배하는 거대국가 중국은 평화적으로 정치지도자 교체를 이루어 냈다. 아무런 저항 없이 제도권에서 정치 지도자를 교체하는 과정을 민주주의라고 보고, 여기에 중국의 탁월한 경제적 성과를 고려한다면 중국식 민주주의를 현대 정치학계에서 연구 대상으로 삼는 것은 무리가 아니다. 실제로도 서방의 시각에서는 중국 일당 독재가 과거 루마니아의 차우셰스쿠 김일성, 김정은의 독재와는 사뭇 다르게 인식되었고, 그 결과 중국의 WTO 가입이나 서방 시장에의 접근이 허락되고 오늘날의 번영으로까지 이어졌다. 하지만 지금껏 당 서기장의 2연임까지만 허락하였던 전통은 후진타오까지가 마지막이었다. 이번 가을에 개최된 제20차 전인대에서 시진핑의 3연임이 관철되었기 때문이다.

가토 요시카즈가 쓴 『붉은 황제의 민주주의』의 원제는 『중국 민주화 연구』다. 그는 "중화 민주화 연구란 중국공산당 연구"라고 했다. 아래로부터의 민주화가 일어나지 않는 한, 결국 중국의 민주화란 중국공산당에 의한 하향식 민주화이기 때문이다. 그는 조지프 슘페터Joseph Schumpeter와 로퍼트 달Robert Dahl의 민주주의에 대한 정의를 적용하여 중국이 역사상 단 한 번도 민주화를 실현한 적이 없다고 단언한다. 민주주의를 정의할 때 기존 제도에 집착하는 것은 신중해야 하지만 그럼에도 최소한의 기준은 충족되어야 한다는 필리프 슈미터Philippe Schmitter 교수와 테리 린 칼Terry Lynn Karl 교수의 논문을 인용하여 공정한 선거, 사법의 독립, 그리고 언론·보도의 자유 이 3가지를 하한선으로 규정하였다. 그리고 중국은 이 기준을 한 번도 충족한 적이 없음을 언급하였다.

물론 그의 집필 의도는 중국의 민주화에 대한 기대로부터 비롯되었다. 중국은 서방의 민주주의만이 전부가 아니라며, 당의 영도, 의법치국, 인민민주주의 삼자를 아우르는 중국의 민주정치를 주장한다. 이제는 개도국을 중심으로 '차이나 모델'로 일컫는 중국의 개발독재적이며 국가자본주의적인 발전 형태의 현실적 의미를 찾아내고 거기에 매력을 느껴 추종하는 듯한 현상이 나타나기에 이르렀다. 가토 요시카즈는 덩샤오핑에 의한 '민주주의의 거절'을 중국문명이나 중화민족에 면면히 이어져 온 정치문화로 해석하면서도 타이완의 민주화로 "중국인과 민주화는 물과 기름"이라는 문화인류학적 언설은 설득력을 잃었다고 했다. '인류사회의 진보를 위한 최적의 정치체제가 무엇인가'라는 대국적인 주제를 생각할 때 중국이 주요 행위자 중의 하나임은 틀림없는 듯하다.

중국이 경제적으로 개방하면 정치적으로도 개방할 것이고, 종국적으로는 민주화될 것이란 기대가 한때 있었다. 하지만 지금까지의 변화는 실망스럽고 중국 청년들을 볼 때 이러한 실망은 다음 세대에 가서도 바뀌리란 보장은 없는 듯하다. 가토 요시카즈는 민주화의 관점에서 양측의 대학생들과 소통하면서, 타이완의 대학생들에게는 신념을, 중국의 대학생들에게는 체념을 느꼈다고 했다. 타이완 대학생들은 "타이완의 민주주의가 짓밟히는 형태로 진행되는 중국과의 교류협정을 인정할 수 없다. 그런 짓을 하면 타이완은 끝이다"라고 주장하면서 2014년 '학운學運'을 일으켰다. 그러나 중국 학생들은 현재 중국의 발전을 배경으로 중국의 체제나 발전모델에 자신감을 높이고 있다. 20년 전 미국으로 유학을 떠난 중국 학생들은 미국의 제도나 가치관, 자유민주주의를 신봉하고 빠져들었지만, 이제 시대는 변했다.

탈냉전 시대 미국은 중국과 평화적인 관계 유지를 위한 열쇠는 봉쇄보다는 포용이라고 생각했다. 이에 중국을 민주화시키고 미국이 주도하는 경제질서에 통합시킴으로, 국제체제에 책임 있는 당사국이 되게 한다면 중국도 다른 나라와 평화로운 관계를 유지하려는 강력한 동기를 가질 거라 예상했다. 하지만 중국에 대한 포용정책은 실패로 돌아갔다. 중국은 현상 타파를 추구하는 나라다. 중국에 대한 포용정책은 중국의 경제성장을 지원함으로써 중국이 강대국이 되는 것을 도왔으며 이는 그들이 막강한 군사력을 구축해 동아시아의 현상 변경을 추구할 수 있게 했을 뿐이다.

· 가토 요시카즈加藤嘉 지음, 정승욱 옮김,
『붉은 황제의 민주주의中國民主化硏究』
· 존 J. 미어샤이머John J. Mearsheimer 지음, 이춘근 옮김,
『미국 외교의 거대한 환상The Great Delusion』

2021.5.16.

기자조선과 소중화

터키의 국부 아타튀르크는 과거의 지혜를 과감하게 포기하자고 외쳤고, 메이지 시대 일본의 국민교사 후쿠자와 유키치福澤諭吉는 현세에 살면서도 옛 성현의 지배를 받고, 그 지배를 또한 물려주어 현세를 지배하고 널리 인간관계를 정체시킨 유학儒學의 죄를 고발하였다. 터키나 일본은 이런 선각자들의 외침에 따라 나라를 일으켜 세계로 나갔으나, 같은 시기 조선은 여전히 유학의 혹닉에 빠져 미몽迷夢에 머물고 있었다.

당시 미몽 속의 조선에서 청년 이승만은 그의 저서 『독립정신』을 통해 백성이 깨어나야 한다며 동양의 고서 공부에 전력하지 말고 모두 새 학문의 책을 위주로 공부해야 한다고 외쳤다. 옛것을 숭상해서는 우리 자신도 나라도 부지할 수 없다고 했다. 나는 몇 해 전부터 더 이상 제사를 지내지 않는다. 그동안 해외에서도 꼬박꼬박 챙겼던 제사를 과감하게 버렸다. 경조사도 당연히 가족 중심으로 치르는 게 맞다. 관습적으로 중국의 고전을 인용하는 관례도 마땅

찮다. 사실 우리는 '지배자를 위한 철학'이라는 유교의 폐습으로부터 진작에 해방되었어야 했다. 150년 전 이미 후쿠자와는 유교가 지난 수천 년간 인간사의 발전에 기여한 바가 없음을 강조하며 그 내재적 한계를 간파하였다.

> "공맹의 본의는 수심윤상修心倫常의 도이다. 필경 형체가 없는 인의와 도덕을 논한 것이다. 지금 내부에 존재하는 형체가 없는 그 무엇을 가지고 외부에 드러나는 유형의 정치에 시행하고, 옛날의 도로써 현세의 세상사를 처리하고, 정실로써 백성을 억압하고자 하는 것은 심각한 혹닉惑溺이라고 할 수 있다."

이영훈 교수는 『호수는 어디에: 호서와 호남은 없다』에서 이렇게 말한다.

> 정도전은 신라, 고구려, 백제, 고려 등 역대 왕조의 정통성을 부인하고 조선 개국의 정통성을 기자조선에서 찾았다. 기자조선은 중국의 성인이 우리 동방으로 건너와 밝은 문명을 일으켰다는 근거 없는 설화였지만, 그에게 나라다운 나라는 오직 중국 천자의 봉함을 받은 기자조선이었으며 조선의 왕이 누린 권력의 정당성은 중국의 황제가 그를 왕으로 책봉하는 국제질서로부터 주어졌다. 급기야 조선의 왕과 양반들은 대보단과 만동묘라는 명의 황제를 받드는 제단을 만들어, 명이 멸망한 이후에도 중화사상의 정통 후계자로서 소중화小中華를 자처하였다.

임진왜란 때 명의 도움으로 나라를 보전한 조선은 이후 재조再造의 은혜를 입었다 하였다. 왕조의 창업을 승인하고 국호를 내려준 것이 첫 번째 대조大造의 은혜요, 군대를 보내 왜적을 물리쳐 준 것이 두 번째 재조의 은혜란 의미다.

동정호와 주변 소상팔경은 그 자연의 아름답고 풍요로움에서만이 아니라 절세의 열녀와 충신이 순절한 고장이라는 그 도덕성에서 조선의 이상향이었다. 조선 사람들의 소중화 사상은 사대부만이 아니라 평민들에서도 나타났으니, 〈춘향전〉이나 〈심청전〉에서도 동정호를 무대로 한 소상팔경이 그들의 고단한 일생을 달래는 종교적 이상향으로 노래 되었다. 조선의 수도 한성을 그린 〈성시전도〉는 실제 한성의 모습이 아니라 당나라의 낙양이나 송나라의 변경 혹은 명나라의 남경을 상상하여 그린 것이었다. 조선인들에게는 백두산도 중국 천하제일의 전설의 산이라는 곤륜산의 적장자일 뿐이었다. 즉 중화의 질서라는 동굴 속에 갇혀 오랜 세월을 지내는 사이, 조선인은 알게 모르게 그의 산천에 대한 감각마저 중국적으로 바꾸어 온 것이다.

한 번도 외국에 굴한 적이 없다는 일본의 예까지는 아니더라도 중국과 줄곧 대등한 관계를 표방해 온 타이나 베트남과 비교하여서도 조선의 중국에 대한 사대 굴종의 정신세계는 그 유사한 사례를 찾아보기 힘들다. 지금도 베트남 역사에서 영웅은 중국과 싸워 이긴 장수들이다. 이 오랜 굴종의 역사에서의 전환점은 1894년 일청전쟁이었다. 일본은 시모노세키에서 청의 이홍장을 불러 놓고 강화하면서 조선이 독립국임을 최우선적으로 인정하게 했다. 서울에서도 영은문을 헐고 독립문을 세웠다. 수백 년간의 사대 굴종의 종속 관계가 비로소 외세에 의하여 깨졌다. 당시 일본의 의도가 청나라나 러시아로부터 독립하여 일본의 이익선을 지킬 수 있는 조선의 자치인지 아니면 조선 합병인지의 여부는 섣불리 판단할 수 없으나 일청전쟁 후 고종의 아관파천으로 급격히 러시아로 기우는 일이 없었다면 자체적인 개화 세력에 의한 독립 유지가 전혀 불가능하진 않았으리라.

조선은 바로 소중국이었다. 세계에서 우리가 중국 다음이라는 것이다. 일제 시대 창씨개명에 많은 사람이 반대했다지만, 알고 보면 중국식 성과 이름을 지키기 위한 것에 지나지 않았다. 당시 우리나라의 성은 물론 이름까지 중국식이 대부분이었기 때문이다. 지금 우리나라에서 역대 정권 간 적폐청산 노름이나 정쟁을 보노라면 조선 시대 예송논쟁이나 사화의 연장을 보는 듯하다. 실체적인 옳고 그름에 의해서가 아니라 단순한 편 가름에 따라 서로 죽고 죽이는 일을 반복하고 있다. 오래된 전통이든 새로운 사상이든, 자유와 인간다움, 합리적 비판의 기준에 맞는 것이라면 보존하고 발전시켜야 하지만, 단지 전통적이라는 이유만으로 힘을 갖는 절대적 권위는 거부하는 게 맞다. 우리의 정신을 권위와 편견의 감독에서 해방시켜야 할 것이다.

17세기 이래 조선의 시간은 정지하였다. 호남이나 호서 같은 지역 별칭은 우리의 역사와 자연을 중국적으로 감각하고 해석해 온 실로 오래된 병적인 정신사와 궤를 같이하는 현상으로, 그 역사는 청산되어야 한다. 이영훈 교수는 비장한 각오를 드러내고 있다. 우리 모두 주목해야 할 말이다.

> "공산체제의 중국이 추구하는 국제질서는 우리가 북한 동포를 해방하고 국토를 통일하려는 염원의 실현에서도 최대의 장벽이다. 이를 돌파할 지성과 용기가 이 나라 국민 하나하나의 정신문화로 성숙하지 않는다면 이 나라의 장래는 없다고 생각한다. 우리나라가 자유민주주의 국가체제를 지향하는 한 공산체제 중국과의 일대 충돌은 불가피하다. 상이한 이념과 체제의 두 이웃 국가가 언제까지고 평화롭게 공존할 수는 없다. 그것이 세계사다. 여간한 용기로는 맞서기 힘든 위협일 수 있다. 다 죽고 한 사람만 살아남아도 좋다는 기개가 없이는 이길 수 없는 전쟁일 터이다."

이것은 청년 이승만이 『독립정신』에서 부르짖은 외침과 일맥상통하는 것이다.

> "목숨은 버릴지언정 대한제국의 자유독립 권리는 나 혼자서라도 지켜서 우리 이천만 동포 중에 1,999만 9,999명이 다 머리를 숙이거나 다 죽어 없어진 후에라도 나 하나는 태극 국기를 받들어 머리를 높이 들고 앞으로 나아가 한 걸음도 뒤로 물러가지 않기를

각각 마음속에 맹세하고, 다시 맹세하고, 천만 번 맹세합시다."

· 이영훈 지음,『호수는 어디에: 호서와 호남은 없다』
· 후쿠자와 유키치福澤諭吉 지음, 임종원 옮김,『문명론의 개략』
· 이승만 지음, 박기봉 교정,『독립정신』

Part 5

한·일 분쟁, '헤드라인 싸움'에서 벗어나야 한다

대한민국역사박물관에 전시된 한일기본조약

사진 출처: Wikimedia Commons

국가 간 합의는 어떤 형식의 합의라도 국내 정권이 바뀌었다고 해서 이를 변경하거나 취소할 수 없다. 조약 체결은 주권의 반향이다. 국가 주권은 지고의 권리지만 그 주권을 걸고 자유로이 합의한 조약은 주권의 이름으로 준수해야 한다.

_본문 중에서

한·일 간 지금과 같은 최악의 관계를 일거에 해소할 수는 없겠으나 그런 가운데서도 무엇이 불만인지를 표현하는 대화를 이어 나가야 한다. 다만, 이 대화는 서로 솔직하되 존경을 담는 것이어야 하고, 혐오나 "일본(한국) 사람은 원래 그래"라든가 "그 사람은 친일파(친한파)야, 토착 왜구야"와 같은 '본질주의'적 표현은 삼가야 한다.

_홋카이도 대학 엔도 켄 원장, 〈2019년 한일 간 시민사회와 언론인 심포지엄〉

대마도는 우리 땅이 아니다

　　　　　　　　친구들과 1박 2일간 대마도를 다녀왔다. 서울에서 아침 6시 KTX를 타고 부산에 도착, 11시 대마도행 배에 승선, 2시간 만에 대마도의 수도인 이즈하라(嚴原)항에 도착하였다. 다음날 대마도의 남북섬을 연결하는 만관교를 건너 북섬으로 넘어와 아소만의 절경과 와타즈미 신사를 보고 부산항이 보이는 한국 전망대와 미우다 해수욕장을 거쳐 히타가쓰로 와서 오후 4시에 대마도를 떠났다.

길거리 보도블록을 보아도 한 치 어긋남 없이 촘촘하게 잘 깔려 있고, 시내 박물관 공사장에는 건축 허가증이 38장이나 붙어 있다. 건축 규제가 까다로운 만큼 길거리 구조물이나 건물들은 안전할 것이다. 도심에 흐르는 하천은 맑고 깨끗하여 물고기들이 훤히 들여다보인다. 삼나무, 편백 숲에서 나는 피스타치오 향기가 우리 일행들을 상쾌하게 한다. 자동차는 대부분 트렁크가 없는 해치백 형태의 소형차인데, 일본 사람들은 차에 딱히 신경 쓰지 않는다 한다. 외딴섬이지만 역시 일본이구나, 하는 생각이 들었다. 대마도는 제주도의 4할 정도 되는 땅에 해안선의 길이는 제주도의 2배 정도 된다. 그만큼 해안선이 길고 복잡한 리아시스식 해안이다. 인구는 과거 10만 명에서 이제는 3만 명 정도다. 제주도가 60만 명이니 대마도 인구보다 무려 20배나 많다.

이번 대마도 방문으로 2명의 역사상 인물을 알게 되었다. 대마도 조대 번주였던 소 요시토시宗 義智와 아버지를 따라 부산으로 와서 소년 시절부터 조선과 인연을 맺고 『춘향전』을 최초로 외국어(일어)로 번역한 나카라이 토스이半井 桃水에 관한 이야기다. 물론 토스이의 이야기에 그의 영원한 정인情人이었던 히구치 이치요樋口 一葉의 이야기를 빠뜨릴 순 없다.

이즈하라 시내 중심 주택가인 나카무라지구 초입에는 대마도를 5백 년간 다스려 온 소씨 집안의 소 요시토시의 동상이 서 있다. 그는 대마도의 19대 도주이자 초대 번주로서 도요토미 히데요시의 회유정책으로 그의 휘하에 있었던 고니시 유키나가小西 行長의 사위가 되었다. 고니시는 임진왜란 시 동대문으로 서울에 무혈입성한 인물이자 아우구스티노란 세례명을 가진 천주교도다. 소 요시토시의 동상 하단에 있는 동판의 설명이다.

> 그는 조선과의 우호통상에 봉사한 삶을 살았다. 임진왜란 이후 도쿠가와 이에야스로부터 조선과의 관계 회복을 명받고 10년에 걸쳐 노력한 끝에, 1607년 조선 통신사의 초빙에 성공했고 1609년 기유약조를 맺어 임진왜란 이후 끊어진 조선과의 교류를 재개하는 데 앞장섰고 도쿠가와로부터 그 공로를 인정받아 독립적으로 조선과 교역할 수 있는 허가를 받았다.

하지만 그는 임진왜란이 일어나자 고니시와 함께 일진으로 휘하 5

천 명의 군사를 데리고 침공에 앞장섰다. 후일 그의 소씨 집안 9대 손인 소 다케유키宗 武志가 고종의 막내딸 덕혜옹주와 정략결혼한다. 대체 대마도가 조선을 치기 위한 전초기지였는지, 조선과의 화평에 앞장섰던 선린이었는지 혼란스럽다. 덕혜옹주는 소 다케유키와 결혼한 후 시가인 대마도에 들러 시가 식구들에게 인사를 하고 일본으로 갔고, 이즈하라에는 지금도 이들의 결혼을 기념하는 '이왕가종가백작어결혼봉축기념비'라는 긴 이름의 기념비석이 세워져 있다. 일제 시대 이왕가로 격하된 조선 왕가와 대마도의 소씨 백작 집안 간의 결혼을 축하하는 기념비라는 뜻이다. 주위에서 봄에 붉은 잎이 돋아나는 홍가시나무들을 볼 수 있었다.

이즈하라의 나카무라 지구에는 여기에서 태어난 메이지, 다이쇼 시대 인기 작가였던 나카라이 토스이의 기념관이 있다. 그의 집안은 번주인 소씨의 주치의 집안이었다. 토스이는 어릴 때 부친을 따라 부산의 왜관에 살면서 한국과 인연을 맺었고, 한국어를 익혀 1882년 『춘향전』을 일어로 번역하였다. 『계림정화 춘향전』鷄林情話 春香傳이란 제목의 일어 『춘향전』은 최초의 외국어 번역 『춘향전』이다. 1875년 16세부터 도쿄의 영어학교를 다녔고 《아사히신문》의 촉탁으로 서울에 와 있다가 1882년 때마침 일어난 임오군란을 현지 취재하였고, 이를 계기로 1884년 《아사히신문》에 들어가게 된다. 이때부터 소설을 쓰기 시작하여 1885년 『오시츤보』啞聾子를 발표하는 등 유려한 문체로 독자들을 매료시켰다. 1891년 《아사히신문》에 연재되었던 그의 소설 『조선에 부는 모래바람』은 한국어로도 번역되었다.

한편 토스이로부터 문학 지도를 받았던 히구치 이치요1872~1896와의 이루지 못한 사랑 이야기는 이치요가 25세로 요절한 후 발굴된 그녀의 일기를 통해 세상에 알려지게 되었다. 일본 근대 최고 여성 작가라는 이치요는 도쿄의 유곽 동네를 배경으로 한 성장 소설『키 재기』로 일본의 국민 소설가 명성을 얻었고, 게이샤 등 주로 일본 하층민 여성을 소재로 한 22편의 소설을 발표하였다. 이치요는 25세의 나이로 짧은 생을 마감하였지만, 그녀의 문학 스승이자 마음속의 정인이었던 토스이를 향한 연민은 지금도 이어지고 있는 듯하다. 2004년 발행된 5천엔 권 지폐에는 이치요의 초상이 담겨 있다.

대마도 여행 첫날 이즈하라항 입국장에서 몇 안 되는 입국 심사원들이 거의 무표정하거나 인상을 찌푸린 채로 긴 줄을 늘어선 한국 방문객들을 대하고 있었다. 양 손가락을 기계에 대고 얼굴 사진을 찍는 과정에서 말 대신 손짓으로 지시하는 듯한 모습도 연출되고 있었다. 말이 안 통하니 그러려니 했지만 전체 입국장 모습은 다소 살풍경해 보였다. 작금의 손상된 한·일 관계 때문일까? 평소 일본에 대한 호감이 싹 가시는 듯했다. 두 손가락과 얼굴의 생체 정보까지 요구하는 일본의 입국심사는 예전부터 철저했다. 세계 여러 곳을 다니면서 이제는 생체 정보를 요구하는 곳이 점차 늘어나고 있음을 본다. 기술의 발전과 함께 불쾌감도 커짐을 느낀다.

대마도는 일본보다 한국에 더 가까이 위치하고 있지만 분명 일본 땅이다. 이를 아쉽게 여기거나 조상들의 무능함으로 일본에 빼앗겼다고 하는 사람들도 있지만, 맞지 않은 말이다. 괜한 트러블을 만드는 일은 피하는 게 좋겠다. 요즘 긴장관계에 있는 일본이라서 더욱 그렇다. 지리적으로 가까운 섬들이 더 멀리 떨어져 있는 나라에 속하는 경우는 많이 있다. 해양 영토를 결정하는 기준은 물리적인 거리가 아니다. 누가 더 해양 진취적인가에 달려 있을 것이다. 터키의 소아시아 반도에 바짝 붙어 있는 많은 섬도 터키가 아닌 그리스 섬들이다.

1951년 맺어진 연합국과 일본 간 샌프란시스코 강화조약에서 패전 후 일본이 돌려주어야 할 영토에 독도가 빠지면서 독도 영유권이 불명확하게 되는 사태가 일어났다. 정병준 교수는 『독도 1947』에서 1947년 3월 미국의 초안에 포함되었던 독도가, 대마도와 파랑도를 우리 땅으로 주장하면서 미국의 불신을 야기하여 최종적으로 반환 대상에서 빠지게 되었다고 설명한다. 우리의 대마도 요구는 다분히 정치적인 것이었고 파랑도 요구는 그 좌표조차 확인하지 못한 채 이루어졌다. 당시 주미 대사관의 한표욱 서기관은 독도와 파랑도가 울릉도 근해에 위치하는 것으로 미 국무부에 설명했다고 한다. 물론 본부 훈령에서 섬의 좌표에 대한 정보가 없었을 것이다. 당시 한국은 전쟁 중이었다. 그런 연유로 한국 정부의 주장은 신뢰를 잃게 되었고 지금까지 독도 영유권을 둘러싼 한·일 간의 분쟁이 이어지고 있다. 아쉬운 대목이다.

한·일 분쟁, '법률적 분쟁'으로 풀어야 한다

2018년 10월 한국 대법원의 강제징용 판결로 촉발된 한·일 간 대립이 점차 격화되면서 국제 분쟁화되고 있는 모양새다. 국제분쟁은 국제법상의 법률관계 또는 국제 정치상의 이해관계에 관한 국가 간의 의견 충돌이라 할 수 있는데, 한·일 분쟁은 기본적으로 전자의 유형에 속해 있다고 보인다. 금번 분쟁의 핵심에 1965년 한·일 간 청구권 협정에 대한 위반 문제가 자리 잡고 있기 때문이다. 따라서 그 해법도 국제법 규범에 따른 법률적 접근이 바람직해 보인다.

청구권 협정상 보상은 소진되었지만, 배상은 남아 있다는 한국 사법부 판단의 당부를 떠나 이번 사태는 한·일 간 기본관계와 전후 동북아 국제질서를 근간부터 뒤흔들 수 있는 심각한 결과를 가져올 수 있어 우리 정부의 신속하고도 올바른 대처가 요망된다. 그런데 대통령이 "이순신 장군의 배 12척"을 거론하고 대통령의 법률 참모인 민정수석이 〈죽창가〉를 올린 것은 문제의 핵심을 비켜나간 것이며 자칫하면 국제분쟁의 평화적 해결이라는 국제법 규범에 정면으로 도전하는 듯한 모습으로 비칠 수 있어 매우 우려스럽다. 국제무역기구WTO에 가져가는 것도 문제의 본질적 해결에는 도움이 되지 않는다. 분쟁의 핵심은 징용 판결로 촉발된 청구권 협정 위반 문제지 수출 규제가 아니기 때문이다.

아울러 박근혜 정부 당시 한·일 간 합의된 〈위안부 합의〉를 현 정부가 사실상의 파탄 상태로 몰고 간 것도 추가적인 분쟁의 소지가 되고 있다. 문재인 정부 외교부의 한 현직 차관이 지난 정부에서 맺어진 위안부 합의를 "대단히 잘못된 것"이라고 공개적으로 '정죄'한 대목에선 할 말을 잃는다. 국가 간 합의는 어떤 형식의 합의라도 국내 정권이 바뀌었다고 해서 이를 변경하거나 취소할 수 없다. 그럴 경우 상대방은 더 이상 그 약속을 지킬 의무로부터 면제되는 것은 물론 여기서 협정을 위반한 국가의 국가책임 문제가 발생한다. 조약 체결은 주권의 반향이다. 국가 주권은 지고의 권리지만 그 주권을 걸고 자유로이 합의한 조약은 주권의 이름으로 준수해야 한다.

한국은 해외 의존도가 높고 어떤 나라보다도 세계 자유무역을 신봉하는 무역 우등생이다. 그런데 이제 수출에 사활이 걸린 핵심 소재 상품에 거래상 제한을 받게 되었다. 향후 경제 전반에 대한 타격이나, 대외 신용도의 하락도 예상된다. 사실상의 경제제재다. 우리 언론에서 '경제 보복'이라는 두루뭉술한 표현을 쓰는 데 반하여 외국 언론은 제재나 제한이란 법적 용어를 사용하고 있다. 세계적으로 경제 제재를 받는 나라는 러시아, 이란, 북한 정도다. 일본의 이번 자발적 제재가 물론 유엔 제재 같은 범 국제사회의 합의에 바탕을 둔 조치는 아니지만, 미국이 유엔과 별도로 발동하는 자발적 제재 조치와 같은 성격의 것으로 일본이 서방세계에 미치는 영향력과 미국의 동조 가능성 등을 볼 때 그 의미가 결코 가볍지 않다.

이번 사태에 대한 일본의 조치는 일응 국제법석 관섬을 견시하고 있는 것으로 보인다. 한국 대법원의 판결과 이에 따른 일본 기업에 대한 강제집행 조치를 청구권 협정 위반으로 판단하고, 우리에게 협의와 중재위 구성을 요청하는 한편, 자국 상품의 수출 제한 조치를 취하였다. 전자는 청구권 협정에 그 해석과 실시에 관한 분쟁 해결 방안으로 명시되어 있고, 후자는 국제법상 위법행위가 발생하여 이것의 중지와 구제를 위해 발동하는 평시 복구reprisal에 해당하는 조치로 볼 수 있다. 국가가 어떤 형태로든 개입하여 민간의 상품 공급 거부를 조장하는 일종의 제한적인 경제 단교 조치다. 화이트 리스트 제외도 마찬가지다. 최혜국대우 이상의 대우를 최혜국대우로 환원하겠다는 것으로 일응 위법성은 없어 보이지만 상대국에 실질적으로 타격을 줄 수 있는 조치다. 일본의 대응이 국제법상 복구復仇의 제반 조건 중 하나인 '비례의 원칙'을 충족하는지는 현재로서는 불명하고 또 그 속내가 어떤 것인지 명확하지는 않지만, 기본적으로 이번 사태를 국제법상의 분쟁 차원에서 접근하고 있는 것으로 볼 수 있다. 그러기에 우리도 정치적 대응을 자제하고 철저히 법률적 관점에서 대응해야 명분과 실리를 살리면서 분쟁의 실질적 해결에 접근할 수 있을 것이다.

한국과 일본은 국교 정상화를 위하여 1951년 10월 예비회담을 필두로 정권을 초월하여 무려 13년 8개월간 마라톤협상을 했고 그 결과로 1965년 6월 〈한일기본조약〉과 국교정상화와 함께 시급히 해결되어야 할 청구권 문제를 포함한 4개 협정(이하 한일협정)을 동시에 서명하였다. 그리고 일본은 청구권과 경제협력을 묶어서 유무상 5억 불과 수억 불에 달하는 민간신용을 공여하였다. 이 규모는 당시 일본 외화 보유고의 1/4 정도라 한다. 만약 일본이 한국 대법원의 판결대로 배상 청구권이 남아 있다고 생각했다면 그 큰돈을 내놓지 않았을 것은 자명하다. 사실 당시 협상에 임한 양측 중 그 어느 쪽도 배상 청구권을 남겨 둔다고 생각하지 않았다. 이에 대한 몇 가지 근거를 제시해 보고자 한다.

첫 번째는 〈조약법에 관한 빈 협약〉상 '조약은 조약문의 문맥 및 조약의 대상과 목적으로 보아 그 조약의 문면에 부여되는 통상적인 의미에 따라 성실하게 해석되어야 한다'고 규정하고 있는데, 우선 청구권 협정상 문안을 보면, 제2조에서 '양국은 양국 및 그 국민(법인을 포함함)의 재산, 권리 및 이익과… 청구권에 관한 문제가… 완전히 그리고 최종적으로 해결된 것을… 확인한다'고 되어 있어 배상 청구권을 별도로 행사할 수 있다는 문면적 해석의 여지는 없어 보인다. 아울러 목적론적인 측면에서도 불행한 과거사를 청산하고 미래로 나가자는 한일협정의 거시적인 체결 의의를 볼 때, 한·일 양측이 국가, 개인 간 일체의 청구권을 완전하고 최종적으로 포기한 것으로 해석할 수 있는 충분한 근거를 제공한다.

두 번째는 한일협정 교섭 과정에서부터 지금까지 반세기가 넘게 취해 온 한국 정부의 입장이다. 우리 정부는 한일협정 서명 직후 발간한 해설집『대한민국과 일본국 간의 조약 및 협정 해설』에서 상당히 주목할 만한 서술을 하고 있는데, 즉 〈한일협정〉을 평화조약 또는 강화조약에 준하는 조약으로 평가한 것이다. 이것은 우리가 경협자금을 사실상의 배상금으로 간주했다는 의미로, 이런 입장은 한일회담 전반에 걸쳐서 한국이 강제징용 피해자들에 대한 보상금(내용상으로는 배상)을 협상 초기부터 일관되게 주장(1961년 교섭에서 이 보상금 364백만 불을 실제로 계상, 요구함)했고 한일협정의 국회 비준 과정에서도 경제기획원 장관이 무상 3억 불은 실질적으로 배상적인 성격의 것이라고 발언한 데서도 드러난다. 이후 2005년 민관 공동위의 의견도 이런 맥락에서 일관성을 유지하였다. 사실 대일 청구권의 당초 출발도 독립 직후 1949년 작성된 '대일배상요구조서'로부터 시작했는데, 한국이 샌프란시스코 강화조약상의 전승국 지위를 얻지 못함에 따라 공식적인 배상 요구는 명문화되지 않았지만, 산출 근거도 불명한 무상 3억 불의 경협자금은 그 명칭 여하에 불구하고 배상금적 성격을 가지는 일괄적인 청산이 아니고서는 이를 달리 설명할 길이 없다.

다만, 일본은 한반도 지배의 불법성을 인정치 않았고 이런 입장을 한일협정 교섭 전반에 걸쳐 유지하였다. 이런 연장선에서 경협자금의 배상적 성격을 부인하였고, 한·일 양국은 〈한일기본조약〉 제2조상 〈한일합방조약〉 등에 대한 '이미 무효'already null and void의 해석에 대하여도 '의도적인 모호성'으로 타협한 것은 주지의 사실이다. 그래서 1910년 8월 22일 〈한일합방조약〉과 그 이전에 맺어졌던 조약들이 원천 무효라는 우리 주장과 〈한일기본조약〉으로 비로소 무효화되었다는 일본 주장이 지금까지 평행선을 달리고 있다. 그러나 서울대학교 이근관 교수가 2012년 5월 대법원 첫 판결에 대한 논문에서 주장한 대로, 일본이 식민 지배의 불법성에 관한 한국의 입장에 동의하지 않았더라도 청구권 협정에서 양국과 양 국민 간에 '재산, 권리 및 이익과 청구권 문제'를 최종적이고도 완전한 해결에 합의한 사실을 방해하지 않는다 할 것이다.

1965년 한일협정이 서명될 당시 미국과 영국 등은 2차 대전 후 독·불 간의 강화조약 같은 어려운 합의를 이루어 냈다며, 장차 아시아의 안전에 기여할 것이라 환영한 반면, 소련과 중공은 한·미·일의 군사동맹 창설 음모라 하는 등 극력 비판하였다. 북한이 〈한일기본조약〉의 즉각적인 철회와 무효화를 외친 것은 물론이다. 이것은 한일협정이 당시 냉전의 한가운데서 미국을 중심으로 한 동맹 질서의 한 축을 확립한 중요한 정치적 의미가 있음을 보여 준다. 한일회담이 〈샌프란시스코 강화조약〉에서 한국이 배제된 직후 시작되었다는 점도 이런 정황을 설명해 준다. 그래서 한일협정의 전제였던 청구권 문제 해결을 부정하는 것은 결과적으로 한·일 관계는 물론 동북아 안보질서까지 허무는 단초가 될 가능성이 없지 않다. 어쩌면 이것이 배상 문제보다 더 엄중하게 여겨 봐야 할 대목일지도 모른다.

박근혜 정부 당시 '위안부 합의'가 누구에게나 만족스러운 것은 아닐 것이다. 하지만 기금의 규모보다는 일본이 위안부 문제에 공적인 책임을 인정했다는 데 분명 의미가 있다. 이것은 국가 간 합의로서 지켜야 한다. 결국 위안부 합의와 청구권 협정으로부터 사달이 났으니 위안부 합의를 원상복구 하고 징용 배상을 국내적으로 처리하는 것이 맞을 것이다. 그것이 아니라면 청구권 협정에 명시된 대로 중재로 가되 국제사법재판소에 가는 것도 고려해 봄 직하다. 국제법상의 다툼은 기본적으로 민사에 관한 것이다. 결과를 예단할 수는 없지만 분명한 것은 민사재판에 승복한다고 해서 명예까지 해치지는 않는다. 국민적인 고통을 줄이고 국제적 위상 하락을 피할 수 있는 유일한 길은 이번 한·일 분쟁의 정치적 함의에도 불구하고 이를 '법률적 분쟁'으로 끝내는 것이다.

· 대한민국 정부 발간, 『대한민국과 일본국 간의 조약 및 협정 해설』, 1965.7.5.

2019.8.7.
한·일 분쟁, '헤드라인 싸움'에서 벗어나야 한다

세계관이 상이하고 시각이 대립할수록 차분하고 합리적인 소통이 중요해진다. 특히 대외정책에서 우리는 다른 이들을 이해할 준비가 되어 있어야 하고, 이것은 곧 타협을 위한 전제조건이다. 재독 동포사회에는 독일인과 결혼한 한·독 가정이 많다. 나는 그들로부터 대화와 소통에 관한 재미있는 이야기를 들을 수 있었다. 한국 며느리와 독일 며느리를 두고 있는 분인데, 결론부터 말하자면 그는 독일 며느리가 더 친밀하게 느껴진다고 했다. 한국 며느리는 무슨 생각을 하는지 잘 모를 때가 많지만, 독일 며느리는 좋든 나쁘든 그럴 일이 별로 없기 때문이라 했다. 시어머니 생일에 같이 외식을 하고 돈은 각자 치르는 독일 며느리가 야박하기도 하지만 대신 시부모로부터 바라는 것도 없고 무엇보다 소통이 담백, 원활해서 좋다는 것이다. 충분히 공감할 수 있는 이야기였다.

그렇다면 우리 한국인들의 대화와 소통 문화에는 어떤 문제가 있을까? 세 가지 정도를 제기해 보고자 한다. 첫 번째는 상대방이 무엇을 말하건 자신의 생각이나 주장만을 동문서답식 또는 막무가내식으로 늘어놓는다. 두 번째는 첫 번째와 대조적으로 상대방의 말만 듣고 자신의 생각과 말을 닫아 버리는 경우다. 두 경우 모두 신뢰가 없는 가운데 일어나는 불균형적인 대화 태도로서 후자는 아마도 상대의 의중을 떠보려는 의도에서 시작된 대화일 것이다. 전자는 주로 어린아이들이 싸울 때 많이 볼 수 있지만, 어른들도 길거리에서 차 사고라도 나게 되면 언성을 높이며 자신의 일방적 주장에만 열을 올리는 것에서 볼 수 있다. 세 번째는 '대화에 감정이 많이 묻어난다'는 것이다.

주고받는 대화만 그런 게 아니다. 한국에서는 강연장을 가도 유사한 현상을 볼 수 있다. 강연 후 질의응답을 형식적으로 한다든가 아예 그런 기회를 주지 않는 경우도 많다. 일방적일 수밖에 없다. 독일에서 유명 정치인들은 수시로 일반 대중 앞에서 연설이나 강연을 한다. 연설 말미에는 상당히 긴 질문 기회를 주는 경우가 많은데, 강연자의 메시지는 물론이고 청중들의 피드백도 분명하다. 그래서인지 독일 정치인들의 강연장은 늘 청중으로 꽉 찬다. 정보화 시대에 사람들은 많은 정보를 접한다. 상대의 주장이나 객관적인 비교, 평가가 없으면 사람들은 의구심을 가진다.

최근 불거진 한·일 분쟁에서 우리 측 인사들의 발언을 보며 우리의 대화 문화에 관한 생각을 떠올릴 수 있었다. 2018년 10월 말 징용 배상에 관한 대법원의 확정 판결이 나자, 일본은 고노 외무상 명의의 성명을 발표하여, 이 판결이 1965년 이후 유지되어 온 한·일 간 우호 협력관계의 법적 기반을 송두리째 뒤엎는 것이라며 한국 정부가 이 국제법 위반에 대한 구제 조치를 취해 줄 것을 요청하였다. 하지만 우리 측의 대응은 해를 넘겼다. 2019년 7월 중 특사 성격의 고위 인사를 두 번 보내서 이 문제에 대한 우리 입장을 제안했다는데, 우리 측 대응에는 동문서답식과 감정이 많이 묻어나는 우리의 대화법이 그대로 드러났다.

7월 12일 문재인 대통령은 전남 도청 방문 시 "전남 주민은 이순신 장군과 함께 12척의 배로 나라를 지켰다"고 언급하고, 다음 날에는 대통령의 법률 참모라는 조국 민정수석이 SNS에서 〈죽창가〉를 올렸다. 이후 WTO에서 돌아온 외교관 출신인 산자부 실장은 "칼을 갈고 있겠다"는 말을 언론에 대놓고 해서 많은 사람을 놀라게 했다. 8월 초 일본이 한국을 백색국가에서 제외하자 대통령이 나서서 가해자 일본이 적반하장으로 큰소리치는 상황을 좌시하지 않겠다며 다시는 일본에 지지 않을 것이라 했고, 김현종 안보실 제2차장은 우리가 임오군란부터 을사늑약, 한일강제병합 등 어려운 상황들을 극복해 왔다며 "싸워 본 나라는 다시 일어나도, 싸우지도 않고 항복한 나라는 다시 일어나지 못한다"는 처칠 수상의 말을 인용하기도 했다. 외교전이 치열한 것도 사실이지만, 이런 무데뽀식 접근은 그다지 현명해 보이지는 않는다.

결국 우리 측 인사 발언 어디에도 일본이 제기한 국제법 위반 문제에 대한 답은 없다. 특히 문 대통령의 적반하장 발언은 급기야 일본의 대응을 낳았는데, 아베 총리가 그간의 침묵을 깨고 8월 6일 "한국이 청구권 협정을 위반하고 국제조약을 깼다"는 입장을 직접 밝혔다.

지금까지의 한·일 간 설전을 볼 때, 일본은 국제법 위반에 대한 답을 달라는 것이며 그 수사가 상대적으로 차분한 데 비하여 우리의 반응은 여기에 대한 답이라기보다는 두루뭉술하고 과거 회귀적이며 심지어는 매우 전투적인 것으로 보인다. 일본이라는 상대를 두고 하는 대외적인 입장 표명이라기보다는 오히려 국내 언론의 헤드라인을 차지하기 위한 것이 아닌가, 하는 의구심이 든다. 더욱이 우리 측의 수사가 현대 국제법이 요구하는 국제분쟁의 평화적 해결이라는 규범에 정면 도전하는 것으로 비칠 수 있다는 점에서 우려스럽다. 해외 언론에서는 한·일 해군 함정 간 우발적인 충돌 가능성에 대한 보도도 나오고 있는 상황이다.

프랑크-발터 슈타인마이어Frank-Walter Steinmeier 독일 대통령이 2016년 6월 외교장관이었을 당시 함부르크 세계지역문제연구소GIGA에 와서 행한 연설 〈단절과 연결– 독일 대외정책〉의 일부를 소개해 본다.

지루한 유엔총회가 끝난 어느 날 저녁, 숙소 앞에서 한 비유럽 우호국의 외교장관을 만났습니다. 그 장관은 나에게 이렇게 말했습니다. "사실 우리는 독일을 좋아한다. 축구, 자동차, 맥주, 모든 것이 좋다. 하지만 이해할 수 없는 것이 있어 항상 당신에게 물어보고 싶었다. 독일 사람들은 자동차가 전혀 다니지 않는 곳에서도 빨간불에는 길을 건너지 않는다. 나는 아마 절대 우리 국민이 그렇게 행동하도록 만들 수 없을 것이다. 그런데 꼭 그럴 필요가 있는지도 의문이다." 이것은 진부한 일화에 불과할 수도 있지만, 그 이면에 숨겨진 문제는 진부하지 않습니다. 그 이면의 문제란 질서, 규정, 제도, 그리고 그것들의 정당성이나 그에 대한 동의는 어디에서 오는 것인가 하는 것입니다.

얼마 전 카메룬의 저명한 정치학자 한 분이 독일을 방문했습니다. 많은 분이 잘 알고 계시는 아쉴레 음벰베Achille Mbembe 입니다. 그는 질서를 주제로 개최된 베를린의 한 학술행사에서 이에 대해 상당히 격한 어조로 표현했습니다. 그는 "당신들의 질서는 우리에게 있어 무질서다"라고 말했습니다. 이는 질서 개념의 상반된 가치를 보여 주는 것으로, 우리가 다른 이들의 견해를 열린 마음으로 대해야 한다는 것을 의미한다고 생각합니다. 대외정책에서 우리는 다른 이들을 이해할 준비가 되어 있어야 하고, 이를 타협을 위한 전제조건으로 보아야 합니다 … 무엇이 정당하고, 무엇이 정당하지 않은지에 대한 문제를 구체적으로 논의하고, 이를 통해 이해와 타협에 가까워지기 위해서는 헤드라인 싸움에서 벗어나야 한다고 생각합니다.

일본의 질서가 우리에게는 무질서인가 아니면 우리의 질서가 일본에 무질서인가? 문제는 늘 복잡하다. 안중근 장군은 우리에게는 영웅이지만 일본에게는 테러리스트다. 이토 히로부미는 일본에는 근대화를 이끈 위인이지만 우리에게는 침략의 원흉일 뿐이다. 이렇게 세계관이 상이하고 시각이 대립할수록 차분하고 합리적인 소통이 중요하지 않겠나. 최근 한·일 간 분쟁의 소용돌이가 급격히 커지고 있음을 보면서, 특히 대외정책에서 우리는 다른 이들을 이해할 준비가 되어 있어야 하고, 이것이 타협을 위한 전제조건이라는 슈타인마이어 대통령의 언급이 새삼 상기된다.

무역 분쟁의 승자는 없다

한·일 간의 무역 분쟁이 점입가경이다. 애초 청구권협정 위반 시비로부터 시작된 일본의 수출 규제는 이제 양국 간 본격적인 무역분쟁으로 비화하고 있다. 한국에서는 일본 상품 불매에다 일본 여행 자제 움직임까지 일어나고 있다. 앞으로 일본의 화이트리스트 제외 조치가 현실화되고 상품과 여행 등 서비스 교역 시장에서 본격적인 애로가 발생하게 되면 가히 무역 전쟁이라 할 만한 지경까지 이를 것이다. 일본은 100가지 보복 아이템을 갖고 있다고 한다. 양쪽의 주장이 어떻든, 이것이 자연스러운 자유무역의 흐름을 방해하는 인위적인 무역 장벽이란 점은 자명하다. 그리고 이것은 특히 우리에게는 단순한 무역 차원의 분쟁이 아니다. 우리 경제는 물론 외교, 안보상의 국익 전반에 치명상을 입힐 수 있다는 점에서 문제는 심각하다.

국제무역은 비교우위에 기초를 둔 자유무역을 통해 더 효율적인 자원 배분과 더 높은 수준의 후생을 누릴 수 있다는 믿음에서 출발한다. 지금 우리는 통신과 운송의 발달로 제품의 각 생산 단계가 각기 다른 나라에서 이루어지는 초국제화 시대에 살고 있다. 이러한 초국제화는 나라마다 보유하고 있는 자원의 조합과 기술적 지식이 서로 다른 비교우위를 활용한 국가 간 자유무역으로 가능하게 되었다. 그런데 여기에 인위적인 무역 장벽이 생긴다면, 즉 자유롭게 무역할 수 없다면 자원의 효율적 이용은 어려워진다.

국제 분업 구조에서 비교우위가 나타나는 원인은 대개 세 가지로 본다. 첫째는 기후 등 자연조건, 둘째는 노동, 자본 등 생산 요소 그리고 셋째는 기술력의 격차다. 이 중 자연조건은 말할 것도 없고 생산 요소의 차이나 기술력의 격차도 인위적으로 쉽게 해소할 수 없다. 특히 기술력의 격차는, 설령 해소한다 하더라도 긴 시간이 소요되고 자원의 왜곡 현상으로 지속 가능하지 않다. 한·일 간 무역분쟁에서 일본이 한국보다 비교우위에 서는 요인이 바로 기술력의 격차다. 기술력의 격차는 자연조건의 차이만큼이나 극복하기 어렵다. 스위스가 시계 제작에서 갖는 비교우위를 보자. 이것은 수백 년 동안 스위스 장인들이 축적해 온 기술적 전통에 기반을 두고 있다. 지금 우리나라가 시계 제작을 스위스와 경쟁하고자 한다면 대체 가능한 일이기나 할까?

물론 2차 대전 후 미국보다 절대 열세였던 유럽의 항공산업이 미국을 따라잡은 예가 있기는 하다. 하지만 이는 미국만큼이나 세계 일류인 독일, 프랑스 등 다수 유럽 국가의 자본과 기술이 합쳐져 근 반세기 만에 성취한 각고의 결과였다. 그렇게 본다면 현시점에서의 비교우위만이 초국제화 시대의 국제분업 구조를 결정하는 의미 있는 요인이라고 보는 것이 맞을 것이다.

그러니 반도체 소재든 자동차 부품이든 우리가 자체적으로 개발해서 쓰겠다는 자력갱생적 발상은 결국 망상일 뿐이다. 엄청난 시산과 자본을 투자하더라도 성공을 장담할 수 없고, 성공한다 하더라도 국제분업 체제에서 비교우위가 없으므로 지속가능하지도 않기 때문이다. 향후 소재 산업 개발에 수조 원의 예산을 투입한다는 것도 최적의 자원 배분을 왜곡할 뿐이다. '소재 국산화' 앞에는 죽음의 계곡이 있다. 일본에 여행을 가지 않겠다는 것도 극히 부자연스러운 일이다. 매년 수백만 명씩이나 갔는데 무슨 연유로 그 여행 동기가 갑자기 사라질 수 있다는 말인가. 서비스 수지에서 일본만 손해를 입을 것이라는 시각도 있겠지만, 한국 여행사들이나 항공사들이 입는 손해도 만만치 않을 것이고, 또 싸고 좋은 여행 기회를 놓치는 일반 시민들의 손실도 매우 크리라는 것은 쉽게 가늠해 볼 수 있겠다.

그러면 왜 지금의 한·일 간 무역 분쟁이 치명적으로 위험할까? 우선 경제, 통상 측면에서 보자. 우리는 지금 한·일 간 무역분쟁에서 세계자유무역을 강조하고 있다. 일본도 자유무역으로 큰 나라이니 자유무역의 흐름을 거슬러서는 안 되며 그러니 수출규제도 부당하다는 논리다. 그러나 작금의 세계자유무역 추이를 볼 때 자유무역이 크게 퇴조하고 있는 현상을 관찰할 수 있다. GATT 상의 최혜국 대우도 지역 간 자유무역협정으로 퇴조하고 있다. EU, NAFTA, ASEAN 같은 무역 블록들은 회원국에 더 낮은 관세를 적용하여 최혜국 대우를 무력화하고 있다. 그래서 이 블록들이야말로 진정한 세계화의 장애물이라 한다. 전후 미국이 중심이 되어 왔던 GATT

체제가 WTO 체제로 이어졌지만, 미국은 벌써 오래전부터 WTO
를 외면해 오고 있다.

2016년 3월 나는 WTO 전문가인 암리타 나얼리카 세계지역문제연
구소GIGA 총재를 만났을 때, 도하라운드DDA를 물어본 적이 있다. "얼
마 전 미국무역대표부USTR가 도하라운드 폐기를 제안했는데, 도하
라운드는 아직 살아 있나?"라고 물었을 때, 돌아온 대답은 "도하라
운드 유지를 위한 최후의 수단이 사라지기 전까지 공식적으로 폐기
된 것은 아니지만, 이제 다자주의는 좌절되었고 양자주의가 진전되
고 있다. WTO에 의지하는 것은 더 이상 바람직하지 않다. WTO
는 사실상 죽었다"는 것이었다.

우리는 일본을 자유무역의 훼방꾼으로 WTO에 제소하려 하지만,
정작 이 WTO라는 무역 플랫폼은 코마 상태에 빠진 지 오래다. 트
럼프 대통령이 들어서면서 WTO의 위상은 더욱 흔들리고 있다.
세계자유무역이 본격적으로 강조되기 시작한 것은 2차 대전 후
GATT의 출발로부터였다. GATT의 출범에 공들인 나라는 다름 아
닌 미국이었다. 그러나 자유무역이 중국, 일본, 독일, 한국과 같은
나라들에 날개를 달아 준 데 반해 내수시장 비중이 높고 일반 수출
상품 경쟁력이 지속해서 약화하여 온 미국에는 달갑지 않은 존재가
되었다. 미국은 WTO 대신 지역적 자유무역협정에 매달렸지만, 트
럼프 대통령이 집권하면서 범대서양무역투자동반자협정TTIP 협상을
중단하고 환태평양경제동반자협정TPP을 탈퇴하기에 이른다.

이렇듯 무역 레짐도 국가 이익에 따라서 급격한 변동을 예고하고 있다. 미국은 1980년대 동맹국이라는 일본에 대해서조차도 플라자 합의를 통해 견제하였다. 냉혹한 국가 이익을 놓고 격돌하는 국제 통상 무대에서 어떤 절대적인 명제도 무한정 지속할 수 없다. 자유무역을 배신했다고 일본을 비난한다 해도 더 이상 세계자유무역이라는 명제가 그저 우리를 도와줄 수는 없다. 사실 우리가 무역대국으로 크기까지 우리 국내시장을 지켜 준 것은 보호무역이었음을 되돌아볼 필요가 있다.

또 하나 아주 현실적인 이유가 있다. 한국 상품은 대부분 가격 탄력적이며 이런 상품 시장에서는 주도권 다툼이 더욱 치열하다. 그래서 일본의 수출규제 같은 외부 충격을 매우 경계해야 한다. 일례로 한국의 반도체 산업을 생각해 보자. 한국의 반도체 수출은 지난 6월에만 전년 동기 대비 24.3%나 급감했다. 일본의 수출규제가 발동하지도 않은 터였다. 이제 수출규제로 반도체 산업이 타격을 받기 시작한다면 앞으로 얼마나 더 추락할까? 문제는 우리의 핵심 품목인 메모리 반도체도 가격 탄력성이 큰 상품이라는 거다. 어디서 만들든 '싸고 좋게'만 만들면 생산의 주도권이 순식간에 삼성전자나 SK 하이닉스로부터 미국의 Micron사로 넘어갈 수 있다는 이야기다. 이런 현상은 자동차나 선박 등 거의 모든 한국의 제조업에 해당한다. 반면 기술력으로 승부를 거는 비가격 탄력적 상품들은 다르다. 기술력을 가진 일본 기업이 한국 기업보다 싸움에서 유리한 이유다.

마지막으로 우리에게는 60만 재일교포와 이제 막 일본의 취업 시장에 진출하는 수많은 청년이 있다. 한·일 관계가 나빠지면 이들이 일본에서 받을 불이익은 커질 수밖에 없다. 일본은 독일과 함께 자국 노동시장에서 외국 인력을 필요로 하는 대표적 국가다. 인구 절벽에 부딪혀 외국인 고용이 급격하게 증가하는 나라이고, 그만큼 우리 청년들의 진출 가능성이 큰 나라다. 현재 5만 6천 명의 한국인이 일본에서 취업하고 있다. 일본의 호황과 구인난 그리고 한국의 구직난이 맞물리면서 일본에 취업하는 우리 인력이 급증하고 있다. 실제로 한국에서 열리는 일본 취업박람회장에는 한국 청년들로 북적댄다. 국내에서 주지 못한 취업 기회를 일본에서 주고 있는데 청년들에게는 더할 나위 없이 소중한 기회다. 이들을 도와주지는 못할망정 쪽박을 깨뜨릴 수는 없지 않나.

지금 우리는 세계적인 불경기와 4차 산업혁명 전환기에 나타날 수 있는 구조적인 어려움에 처해 있다. 경기 침체가 세계를 덮치고 있다는 주장이 곳곳에서 이어진다. 여기에 우리 정부는 소득 주도 성장, 주 52시간제와 최저임금의 급격한 인상 등 정책 실패의 연속으로 이제는 연 2% 정도의 저성장과 고실업의 병폐가 대두되기에 이르렀다. 지난 7월 실업 급여자가 신규 신청자 10만 명을 포함하여 50만 명을 넘어섰다. 작년 7월 대비 30% 이상 증가한 수치다. 수출 전선에도 9개월 연속 마이너스 행진이 이어지고 있다. 수출 감소는 경상수지 악화로 이어지면서 자본의 이탈 현상과 함께 신인도 하락 등으로 금융 위기까지 불러올 수 있다. 한국의 가계부채는 국내

생산GDP의 100% 수준으로까지 늘어나 상환 부담이 세계에서 가장 높은 나라가 되었다. 국가부채도 세대 간 갈등을 불러올 수 있을 정도로 매년 급격히 늘어나고 있다. 그런데도 최저 시급이 만 원이 안 된다며 노조가 파업을 한다.

지난 금융 위기 시 독일은 '유럽의 병자'가 되었다. 당시 독일 경제학자들은 독일모델의 사망을 선고하고 제2의 건국 수준의 개혁을 주장하였다. 『독일, 아직 구제할 수 있나?』를 쓴 한스-베르너 진Hans-Werner Sinn 뮌헨경제연구소장은 국가부채의 축소와 임금협약이나 노조 같은 전형적인 독일모델적 요소의 수정을 주장했고 특히 독일의 시급 수준이 세계에서 가장 높다고 지적했다. 급기야 슈뢰더 총리가 〈어젠다 2010〉 채택하여, 노동시장 유연화와 실업급여 축소로 경제를 살려내기에 이르렀다. 우리야말로 이제 제2의 건국 수준으로 개혁을 해야 하는 위기 상황을 맞고 있다. 지난 7월 중순 슐리 렌 블룸버그 아시아 시장 칼럼니스트는 한국의 원화 가치가 올해 들어 5% 이상 하락하였고 7월 중순 한국은행의 이자율 인하 직후 주가가 하락하는 기현상이 발생하였다며 한국 정부가 '사회주의 실험'을 포기하지 않는 한 다른 어떤 카드도 남아 있지 않다고 했다. 그녀는 한국이 한때 아시아의 호랑이였으나 지금은 개집에 들어앉은 신세라고 혹평하기도 했다.

정치, 안보적 측면에서도 한·일 간 무역분쟁으로 1965년의 〈한일기본조약〉 체제를 무너뜨리고 전후 한·미·일 동맹 질서를 훼손하는 우를 범해서는 안 된다. 무역분쟁은 국민 간의 증오를 만들어 낸다. 무역분쟁에서 손해를 보고 생계에 타격을 입는 직접적인 당사자는 정부가 아니라 기업과 국민이기 때문이다. 우리 국민이나, 일본 국민이나 모두 이번 무역분쟁의 정치화를 경계해야 하는 이유다. 무역은 거부할 수 없는 인간의 본능이다. 무역분쟁의 승자가 없다는 것은 명백하다. 독일 태생의 미국 경제학자 앨버트 허시먼Albert Hirschman의 말이다.

> "무역 전쟁은 의심의 여지 없이 국가 간 날 선 적대감을 키우며 또한 이것은 정치 지도자들에게 대중의 분노를 일으킬 유용한 기회이기도 하다."

2019.9.21.

일본은 정녕 '가깝고도 먼' 나라인가?

지난주 일본에 오면서 동해를 건넜다. 10시 10분 인천공항을 이륙한 대한항공 765기는 곧장 기수를 북으로, 그리고 다시 동으로 돌려 U턴을 하면서 아슬아슬하게 휴전선 남단을 타고 날아갔다. 휴전선이 지척이라 생각하니 왠지 모르게 콧등이 시큰해짐을 느꼈다. 나이 탓일까? 내우외환에 시달리면서 아수라장이 되다시피 한 나라가 걱정되어서인가? 필경 까닭없는 감정의 분출은 아니리라.

지금 한반도에는 완전히 다른 삶을 살고 있는 두 종류의 사람들이 있다. 자유세계에서 70년 이상을 살아온 남쪽 사람들과 공산치하에서 살아온 북쪽 사람들이다. 한반도 북쪽 사람들은 김일성이 만들어 놓은 세습 왕조에서 마치 조선 시대의 노예 같은 삶을 아직 이어가고 있으니 이 어찌 역사의 우연이라 하겠나. 북한의 국명이 아직 조선이라는 사실은 아마도 우연이 아닐 것이다. 비행기가 휴전선에 근접해 있다는 생각이 미쳤을 때 북녘 동포들에 대한 연민이 솟구쳤으나, 동시에 내 마음은 단호해졌다. "아! 잊자, 북한을 잊자."

이런저런 상념에 사로잡혀 있을 때 비행기는 한강을 따라 서울 시내로 진입한 후, 한반도 허리를 가로질러 동해로 나갔다. 11시쯤 기내식으로 아침을 먹고 베르디의 오페라, 〈나부코〉에서 나오는 노예들의 합창을 듣노라니 어느덧 하늘 아래로 또 다른 땅, 일본이 보였다. 그런데 이게 웬일인가, 또다시 콧등이 찡해짐을 느꼈다. 동해를 가로질러 오면서 한·일 관계를 생각해 봤고 구름 아래로 일본 땅을 보면서 일본은 과연 어떤 나라일까 하는 생각에 미쳤다. 일본은 신라시대부터 우리 땅을 침략했다. 1908년에는 진구 여왕 B.C. 170-269의 신라 정벌을 기념하는 우표를 발행하기까지 했다. 임진왜란을 일으켰고 급기야 20세기에 들어오면서 조선을 합병했다. 이렇듯 일본은 정녕 가깝고도 먼 나라일까?

그렇지는 않을 것이다. 세계화의 시대다. 일본은 세계에서 손꼽는 경제 강국, 과학 강국이다. 그들은 엄청난 각고의 노력으로 강대국의 반열에 올랐고 1905년 일로전쟁은 세계를 깜짝 놀라게 했다. 사실 육전은 일본의 진정한 승리라고 보기 어렵지만, 대한해협에서 벌어진 해전에서 거둔 도고 헤이하치로 제독의 승리는 높이 평가할 만하다. 노벨상도 27명이나 받았다. 그것도 물리학, 화학, 의학 분야에서다. 이런 친구를 옆에 두고 있으니, 우리도 보고 배워야 하지 않겠나. 세계화의 신조credo는 서로 보고 배우는 것이다.

그러기 위해서는 한·일 간의 문제를 풀어나가야 한다. 한국전쟁 때 일본은 후방기지 역할을 톡톡히 해냈다. 〈한일기본조약〉을 맺고 국교를 정상화한 후 일본의 경협자금과 민간 자본이 들어왔고 기술 제공도 이루어졌다. 우리는 이렇게 해서 경부고속도로를 만들고 포항제철을 세워 경제의 기초를 닦았고 서울의 첫 지하철도 만들었다. 다행히도 시운이 좋아 당시 중국이 잠자는 동안 우리는 이승만, 박정희라는 걸출한 지도자를 만나 미국이 지켜 주고 일본과 독일이 도와주어 세계 경제사를 새로 쓸 수 있었다.

몇 년 전《CNN》방송에서 일본 정부가 그들의 아시아에 대한 대외 원조 실적을 광고하는 것을 보았다. 그때는 '비싼 광고비를 들여 생색을 낼 게 아니라 그 돈으로 원조라도 더하는 게 좋지 않을까?'라고 생각했지만, 다른 한편으로는 '일본이 오죽하면 저런 광고를 하게 되었을까'라는 생각도 든다. 우리만 해도 일본이라면 과거지사만 갖고 온통 부정적으로 생각하지 않나. 일본에 관한 한 모든 것은 일방적이고 단선적이고 부정적이다. 같은 식민지 지배를 받았던 대만 사람들이 일본에 대하여 갖는 생각은 우리와 많이 다르다. 물론 대만의 역사나 국가 사정이 우리와 다르기는 하지만, 우리도 편견을 깨고 좀 더 넓고 객관적인 시각으로 일본을 봐야 한다.

한·일 간 문제를 풀어 가는 데 가장 중요한 것은 정부가 할 일과 민간이 할 일을 구분하는 것이라 본다. 일본의 식민지배나 과거사 문제도 〈한일기본조약〉과 그 부속 〈한일협정〉들로 정부 차원에서 일단 매듭지었고, 또 일본 정부 인사들이 여러 번 사과를 한 것은 분명한 일이다. 그런데도 계속 우리 정부가 문제를 제기하는 것은 바람직하지 않고 성과도 없을 것이다. 차라리 민간 학자들의 폭넓고 심도 있는 연구나 한·일 과거사에 대한 역사적 근거를 배경으로 한 소설 등의 문학으로 이를 재조명하고 비판하여 세계 여론을 움직인다면 보다 현실적이고 효과적인 접근이 될 것이다. 한·일 간 여러 주제에 대하여 일본 학자들이 우리보다 훨씬 더 성과물이 많다는 점을 상기해 본다.

지금 벌어지고 있는 무역 분쟁 해법은 1+1도 아니고 1+1+α도 아니다. 철저히 '법률적 분쟁'으로 접근하여 문제를 최소화해야 한다. 이를 통해 우리의 명분도 살리고 피해도 줄이면서 향후 한·일자유무역협정KOJAFTA이나 동맹관계로까지 협력관계를 끌어갈 수 있는 여지를 남겨야 할 것이다. 강제징용 배상문제도 일본의 입장은 간단하다. 〈한일기본조약〉 체제로 돌아가자는 것이고, 정부 간 협상은 매듭지어졌으니 더 이상 일본 정부가 개입하지 않겠다는 것이다.

일본 기업이 자발적으로 보상에 나서겠다면 몰라도 적어도 정부 차원에서 이것을 위한 주선이나 권고 같은 것은 하지 않겠다는 것이다. 그리고 문제가 있다면 청구권협정에 명시된 해결 루트를 찾아가자는 것이다.

한·일 간 영토 문제가 있다면 독도일 것이다. 이 문제는 low-key를 유지하자. 영토 문제라면 차라리 간도문제가 훨씬 덩치가 크다. 하지만 독도가 되었건 간도가 되었건 영토 문제는 피를 부르지 않고는 현상을 변경할 수 없다. 러시아는 일본이 북방 4도를 반환하라한다면 그들은 러시아 군인들의 피를 내놓아야 한다고 응수한다. 영토 문제에 관한 한 '현상 유지'status-quo가 피아를 막론하고 가장 현명한 방책임을 확신한다. 독도는 우리 땅임이 틀림없지만, 일본이 끊임없이 영유권을 주장하고 있는 국제분쟁 지역이다. 독도 문제가 이슈화될수록, 시끄러워질수록 일본의 반발이 거세어지고 국제적인 주목을 받게 된다. 그렇게 되면, 유엔안보리의 권능으로 당사국의 의사에도 불구하고 국제사법기관에 회부될 수도 있다. 독도를 우리가 실효적으로 지배하고 있으니 우리는 현상 유지를 하면 된다. 편지 풍파는 일으키지 말자. 최근에도 국회의원들이 독도를 방문했다 하는데, 그 시간에 차라리 함박도를 가 보면 좋았을 것 같다.

한국과 일본은 지리적으로 가까이 있지만 그 국민성이나 문화에는 큰 차이가 있다. 내가 어렸을 때 선친께선 "일본인들이 매우 아싸

리あっさり하다"고 하셨다. 정직하고 그 행동의 맺고 끊음이 정확하다는 거였다. 남에게 폐를 끼치지 않는다는 메이와쿠迷惑 문화의 전통을 가진 일본이면서도 아가페agape적인 정신은 많이 부족한 것도 사실이다. 일본은 중국의 종교와 문화를 차용하면서도 그것을 자신들의 방식에 맞게 변형시켰고, 결코 중국에 대한 위계적인 의무로 흐르진 않았다. 이는 다른 아시아 제국이 중국을 가부장으로 하는 유교식의 국제 질서 개념을 수용한 것과 극명하게 대비된다. 유교의 폐습에 얽매인 양반 사회체제로 자신을 다스릴 힘마저 없던 조선은 총 한 방 제대로 쏴 보지 못하고 나라를 빼앗겼다. 아니 팔아넘겼다는 말이 더 적절할지 모른다. 실제로 고종과 순종을 위시한 소위 왕공족과 당시 관리들, 심지어는 유생들까지 일본의 돈을 받았다. 무능하고 교활한 임금은 자신의 왕조를 살리는 대가로 나라를 넘기고서는 그 책임을 신하들에게 돌렸다. 급기야 을사오적만이 대대손손 온 국민의 손가락질을 받게 되었다.

이제 구한말 같은 형세가 다시 돌아왔다. 세계화의 파고는 다시금 거칠어지고 있다. 중국은 주변국을 위협하면서 우크라이나를 침략한 러시아와 함께 신냉전을 불러일으키고 있다. 미·중 무역전쟁과 함께 한·일 간도 목하 무역전쟁 중이다. 북한은 핵무장의 빗장을 풀지 않고 있는데, 한미동맹만 느슨해지고 있다. 국내 경제는 온통 마이너스 행진 중이다. 국론은 보수와 (가짜)진보로 양분되었다. 온 국민이 합심해서 이 파고를 헤쳐 나가야 함에도 이 땅의 지식인들은 나라의 존망에 눈감고 있다. 시니어들만 광화문 거리에서, 서울역 앞에서 구국의 구호를 외치고 있다. 전교조의 세뇌 때문인지 젊은이들도 나 몰라라 한다. 일본 땅을 밟는 나의 심정이 어찌 착잡하지 않겠나.

· 헨리 키신저Henry Kissinger 지음, 이현주 옮김, 최형익 감수,
『헨리 키신저의 세계 질서World Order』

2019.9.24.

"청년들이여, 야망을 가져라!"

홋카이도北海道대학 캠퍼스를 방문했다. 내가 앞으로 1년간 방문 학자로 머무르게 될 학교다. 삿포로 도심에 있는 홋카이도대학은 거대한 녹지와 수목들을 자랑하는 도심 한복판의 오아시스다. 18,000명의 학생과 6,250명의 교직원을 가진 연구 중심 대학이라 한다. 이 학교 졸업생인 스즈키 아키라鈴木 章가 2010년 노벨화학상을 받았다. 2018년도 세계대학 순위가 122위, 일본 내 대학 순위가 7위로, 화학, 재료과학, 생물학, 생화학 분야가 강하다.

홋카이도대학의 전신은 1876년 창립된 삿포로 농업학교다. 이 농업학교에서 세계적으로 유명한 두 인사를 꼽으라면, 학생들에게 "Boys, be ambitious!"란 말을 남겼던 윌리엄 클라크William Clack, 1826~1886 교수와 『Bushido무사도, The Soul of Japan』이란 공전의 베스트셀러를

쓰고 나중에는 국제연맹 사무차장을 지냈던 니토베 이나조₁₈₆₂~₁₉₃₃일 것이다.

1877년 4월 클라크 교수가 미국으로 돌아가면서 배웅 나온 학생들에게 남긴 유명한 말이 바로 "청년들이여, 야망을 가져라!"이다. 나는 중학교 때 『성문 핵심영어』에서 이 말을 처음 접했는데, 이 말은 "1월 1일은 가장 큰 거짓말쟁이다"January the first is the greatest liar와 함께 학창시절 내내 나의 좌우명이 되었다. 이 말은 1886년 클라크가 사망할 때까지도 세간에 알려지지 않고 있다가 1894년 안도 이쿠사부로라는 학생이 삿포로 농대 문예지에 소개하면서 세간에 점차 알려지게 되었다. 그런데 지금 일본의 중·고교 교과서에는 이렇게 소개되고 있다.

> "Boys, be ambitious! Be ambitious not for money or for selfish aggrandizement, not for that evanescent thing which men call fame. Be ambitious for the attainment of all that a man ought to be."

> "소년이여, 야망을 가져라. 돈을 위해서도 아니고, 이기적인 성취를 위해서도 아니고, 명성이라는 덧없는 것을 위해서도 아니고, 오직 인간이 갖추어야 할 모든 것을 얻기 위해서 야망을 가져라."

"소년이여 야망을 가져라!"라는 말 뒤에 이어지는 긴말은 후세에 덧

붙여진 것이라 한다. 클라크 교수가 배웅 나온 학생들에게 말 위에서 작별 인사로 짧게 던진 말인데 그렇게 길 리가 없고, 또 그는 부와 명예를 부정하지도 않았다. 그는 농업대학 개교식에서 계급사회가 막 무너진 당시 일본의 새로운 사회 질서 속에서 근면과 절제로 부와 명예를 얻을 수 있는 위치에 갈 수 있도록 힘쓸 것을 권장하는 연설을 하기도 했는데, 이러한 그의 생각은 신의 은총과 세속적인 직업 활동을 강조하는 칼뱅 사상과 맞닿아 있다.

니토베 이나조는 삿포로 농업대학 2회 졸업생으로 클라크 교수의 영향으로 기독교도가 된 농경제학자다. 그는 존스홉킨스대학과 독일의 본, 베를린, 할레에서 유학하고 논문 「일본의 토지 소유」로 할레대학에서 박사 학위를 받았다. 교토제국대학 등 다수 대학의 교수로, 고교 교장으로 교육 활동을 하였고 도쿄여대를 설립하고 초대 총장을 지내기도 했다. 그는 영어와 독일어로 책을 썼으며 미국인과 결혼하고 일본, 미국, 대만 등에서 생활하였고 캐나다의 빅토리아에서 사망하였다. 한때 일본의 5천엔 권 지폐에 그의 초상이 들어가 있었다.

그는 식민정책 전문가로서 대만에 고문으로 파견되었고, "식민지화는 문명을 전파하는 일이다"라고 식민정책을 옹호하였다. 그러면서도 당시 유럽 제국처럼 식민지를 단순히 경제 자원화하는 것을 비판하였고 식민지 주민의 이익을 중시하는 입장에 섰으며 일본의 군국주의 팽창과 조선의 무단통치에 반대하였다. 서양의 종교교육에 대응하는 일본의 교육사상으로 일본의 '무사도'를 쓿고 그에 관한 책,『무사도』를 영문으로 썼는데 그 책이 일본 최초의 세계 베스트셀러가 되었으니 그의 국제적인 커리어와 함께 니토베는 당시 일본의 세계화에 크게 기여한 인물이었다.

이 두 사람 말고 내가 개인적으로 크게 평가하고 싶은 이 학교 졸업생은 미우라 유이치로三浦雄一郎인데 최고령 에베레스트산 등정자다. 그는 2003년 70세로 에베레스트산 등정에 성공했고 2013년 80세에 다시 에베레스트산 등정에 성공하여 자신의 기록을 갈아 치웠고, 젊었을 때는 스키를 타고 에베레스트산에서 수직 거리로 약 1,280m를 내려왔던 와일드 스키의 기록 보유자이기도 하다. 나는 미우라 유이치로보다 한참 더 젊다. 그는 80세에 에베레르트산을 등정했는데, 내 나이로는 무엇을 할 수 있을까?

2019.9.26.

"일본(한국) 사람은 원래 그래"
- <한일 간 시민사회와 언론인 심포지엄>

　　　　　　홋카이도대학에서 〈한일 간 시민사회와 언론인 심포지엄〉이 열렸다. 내가 소속해 있는 홋카이도대학 공공정책대학원과 한일미래포럼이 공동으로 주관한 행사였다. 프로그램상 시민사회 세션과 언론인 세션이 있었는데, 시민사회 세션의 주제는 '미래로 연결되는 다이얼로그'로, 성균관대학의 한혜인 교수가 '역사문제, 갈등과 협력의 변증' 제하 주제 발표를 하였고, 언론인 세션의 주제는 '상호 이해와 갈등 극복의 모색'으로 세이센여자대학의 오노 슌 교수가 '한일 시민사회와 미디어 문화' 제하 주제 발표를 하였다. 연사 간 토론보다는 각각 일정 주제로 개인의 체험이나 의견을 발표하는 형식이었고, 진지함과 열기도 느껴졌다. 특히 엔도 켄遠藤 乾 원장의 개회사가 유의미하게 다가왔기에 먼저 소개해 보고자 한다.

우선 그는 현재의 한·일 관계에 관하여 정부 차원에서만이 아니라 국민 차원에서도 등을 돌린 전후 최악의 관계이며, 미국의 중재도 기대할 수 없고 앞으로 더 악화될 가능성마저 있다고 하면서 이런 최악의 관계를 일거에 해소할 수는 없지만 그런 가운데서도 무엇이 불만인지를 표현하는 대화를 이어 나가야 한다고 했다. 다만, 이 대화는 서로 솔직하되 존경을 담은 것이어야 하고, 혐오나 "일본(한국) 사람은 원래 그래"라든가 "그 사람은 친일파(친한파)야, 토착왜구야"와 같은 '본질주의'적 표현은 삼가야 한다고 했다. 이런 몇 가지 원칙만 지킬 수 있다면 위안부든 독도든 의견과 불만을 표현하는 솔직 담백한 대화가 도움이 될 것이라 했다. 그리고 이런 행사에 늘 나오는 사람들이 똑같은 이야기를 하는 것은 별 도움이 되지 않을 것이라며 남녀 간, 세대 간에 균형 잡힌 연사 선정부터 고려해야 할 것이라고 했다.

그는 회의 말미 총평에서도 의미 있는 코멘트를 하였다. 그는 우선 한·일 관계가 출발부터 불완전한 것이었음을 겸허히 인정해야 하며, 그럼에도 그러한 불완전함을 지속적으로 진화해 나가는 관계를 만들어야 한다고 했다. 1965년 〈한일기본조약〉 체제가 출발한 이후에도, 예를 들면 2010년 한일합방 100주년 계기 시 간 나오토 총리가 담화에서 "한국인들의 의사에 반하여 식민지 지배가 이루어졌다"는 점을 밝혀 한 걸음 더 나아갔고, 2015년 위안부 합의로, 벽에 부딪혔던 위안부 문제가 불완전하게나마 첫걸음을 내디뎠는데, 한국이 2018년 11월 위안부 재단을 해체하고 기금을 반환하겠다 하여 파투를 놓은 것은 결국 '득보다는 실'이라고 했다. 그러니 이제 징용공 문제에서도 한국이 제의한 1+1과 같은 해법은 일본이 도저히 동의할 수 없을 것으로 본다며, 1+1(+α) 해법이란 것도 결국 한국과 일본 기업이 돈을 내어 기금을 만드는 것인데 위안부 합의를 파기한 지 얼마 되지 않아서 어떻게 그런 제안을 할 수 있는지 이해하기 어렵다고 했다. 충분히 수긍이 가는 대목이다. 엔도 켄은 유럽 전문가이지만 어제 한·일 세미나 시 그의 코멘트는 웬만한 한·일 관계 전문가의 수준을 넘어서는 것이었다.

시민사회 세션에서 주제 발표를 한 한혜인 교수는 청구권 협정, 위안부와 징용공 문제 그리고 유네스코 세계 기록유산 등재를 위요한 한·일 간의 갈등에 대하여 설명했다. 청구권 협정으로 위안부나 징용공 문제 등 반인도적 불법행위가 해결되지 않아 일본 정부의 법적 책임이 있다고 했고 일본이 유네스코 세계유산으로 등재하고자

했던 산업 유산 가운데 요시다 쇼인의 유산이 들어 있다고 했다. 한 교수의 주장은 한국 시민사회가 아니라 한국 정부나 대법원의 입장을 대변하는 듯한 느낌을 받았다는 엔도 원장의 비판을 불렀다.

나는 2015년 일본이 군함도 등 산업 유산의 유네스코 등재를 시도할 때 조선인 징용자에 대한 강제노동 문제로 나치 독일의 유사 사례를 조사하러 독일 고슬라 Gosla 인근 람멜스베르크 광산을 방문한 적이 있었다. 이 문제는 유네스코 총회에서 결국 등재를 허용하되 조선인 강제노동 실상에 대하여 안내판을 유적지 현장에 비치하는 조건으로 타협되었다. 일본 사람들은 약속을 잘 지키는 사람들이지만, 계략에도 능하지 않을까 싶다. 실제 이런 안내가 제대로 되고 있는지는 확인이 필요할 것 같다.

시민사회 세션에서 발표한 혼간지 本願寺의 '이치죠지'라는 사찰 주지인 도노히라 요시히꼬 스님은 홋카이도로 왔던 조선인 징용공들의 희생자 유골을 발굴하여 송환하는 일을 해 왔다. 1997년에는 슈마리나이 지역에서 한국 대학생들과 공동으로 유해 발굴 작업을 했고 아사지노 비행장에서도 같은 일을 했다. 홋카이도 도청 자료에 따르면 1939~1945년간 약 14만 5천 명의 징용공이 홋카이도로 왔고, 도로, 철도, 항만, 비행장, 댐 건설 현장이나 탄광에서 많은 희생자가 나왔으나 한국으로의 귀환 여부 등 그 상세한 사정은 파악되지 않았다 한다. 배포된 『70년 만의 귀향』이란 자료를 보니 72구의 한국인 징용자 유골이 2015년에 한국으로 봉환되었는데, 1942년부터 1945년 종전 시까지 대부분 20대의 젊은 나이에 사망했다는 것을 알 수 있었다. 미군의 폭격으로 사망한 것도 아닌데 이렇듯 희생자가 많았다니 당시 노동조건이 가혹했음을 방증하는 것이 아닐까.

도노히라 주지 스님은 1980년대 초부터 홋카이도 공사장 등지에서 유해를 발굴하여 일본과 한국의 유족들에게 전달해 왔는데, 일본인 유족들은 고맙다면서 유해를 인수했지만, 한국인 유족들은 보상을 하라는 등의 항의가 거세어 대화도 제대로 못 나누고 돌아와야만 했다고 한다. 그러면서 이 조선인 징용 희생자 가족들의 분노가 40여 년 동안 해결되지 않고 있는 실상을 비판했다. 양대륭 조총련계 재일교포 3세는 2차 대전 시 미군의 공습으로 숨진 간토 지역의 조선인 1만여 명의 유골을 수습하고 추모제를 지내는 일을 해 왔다고 했다. 도쿄가 있는 간토 지역은 다른 지역과 달라 강제 연행자는 거의 없었다 한다. 이 두 분은 1965년 〈한일기본조약〉으로 모든 게 해결된 것은 아니라는 입장에 서 있음을 알 수 있다.

언론인 세션에서는 세이센여자대학의 지구시민학과 교수인《마이니치신문》의 언론인 출신 오노 슌 교수가 '한·일 시민의 상호 인식과 여론조사 동향'에 대하여 발표하였다. 이 대학 학생들은 2014년과 2016년 여름, 서울과 부산 시내에서 한·일 시민 우호를 위한 '프리 허그 필드워크'를 시행하였는데, 이 유튜브 동영상이 30만 뷰를 넘었다. 2018년 조사에 따르면 한국에 대한 일본인의 호감도는 남성보다는 여성이, 다른 연령층보다는 18~29세의 젊은 층이 높게 나왔다고 한다. 2019년 7월《한국갤럽》에서 한국인을 대상으로 일본이라는 국가와 일본 사람을 구분해서 호감도 조사를 한 결과, 일본에 대해서는 호감 12%, 비호감 77%, 일본 사람에 대해서는 호감 42%, 비호감 43%로 조사됐다. 오노 교수는 여론조사에서 설문의 편향성을 거론하면서 2019년 1월《리얼미터》가 조사한 문재인 정부의 대일 외교 설문 조사 사례를 지적했다. 이 조사에서 문 정부가 '일본에 더욱 강경하게 해야 한다'라는 입장이 46%가 나왔는데, 이 조사의 응답률이 6.7%에 불과한 점을 고려한다면 신빙성이 떨어진다고 했다. 결론은 언론에서 각종 여론 조사를 더욱 비판적인 관점에서 보도해야 한다는 것이었다.《리얼미터》의 여론 조사가 최근 우리 언론에서도 문제 된 적이 있다. 문재인 정부에 대한 호감도가 실제 체감하는 정도보다 현저히 높게 나오기 때문이다.

오노 교수는 3년마다 한국을 방문해 소녀상을 지키는 학생들에게 소녀상을 지키는 이유가 무언지 물어본다는데, 최근에는 우리 학생들이 실질적 보상보다는 사죄를 많이 거론했다고 한다. 그리고 한 부산 시민에게서는 인도에 조각물 설치를 하는 것은 어느 나라나 허용치 않는다는 견해를 듣기도 했다고 한다. 결론적으로 세대나 성별에 따라 한·일 양 국민 간 인식이나 호감도가 많이 다르기에, 반일이나 친일과 같은 주관적 판단을 유도하는 용어 사용이나 민족주의적 표현을 언론에서부터 자제하고, 여론 조사의 함정에 유의하되, 언론이 좋은 일보다는 나쁜 일에 치중해서 보도하는 경향이 있다는 것을 감안해야 한다며 세계시민 교육을 강화해야 한다고 주장했다.《세계일보》김정숭 특파원은 언론의 자율성에 관한 비판으로, 중국은 매체에 정치면이 아예 없고 당국에서 발표한 것을 한 자도 고칠 수 없다고 했다.

《홋카이도 신문》의 마쓰모토 소이치 기자는 작년에 홋카이도에서 지진이 났을 때 일본의 현지 대피소로 피난 온 외국인은 거의 한국 관광객밖에 없었다면서 이것은 한국과 일본의 공통적인 사회 시스템에 기인한 것으로 한국인들의 인식에는 현지 대피소로 가면 일본인들이 도와줄 거라는 신뢰가 있었을 것이라 했다. 예를 들자면 그 많은 중국 관광객은 어디에서 피신했는지 모를 정도로 현지 대피소에서는 볼 수 없었는데, 이것은 사회 시스템이 달라서 벌어진 현상이라고 분석했다. 아울러 그는 최근 한국에서 벌어지고 있는 '일본 여행 안 가기' 같은 흐름도 역설적으로 이미 한국인들의 생활에 일본이 뿌리 박혀 있기 때문에 일어날 수 있는 현상이라며 이런 공통 기반을 가진 한국과 일본이 정치나 역사문제에 있어서도 얼마든지 대화와 논의를 통해 해결하는 것이 가능할 것이라는 긍정적인 견해를 제시하였다.

마지막으로 양극화 현상이나 프레임적 사고가 언론에서도 나타나고 있다는 것으로,《마이니치신문》의 오누키 토모코 논설위원과 서영아《동아일보》논설위원의 주장이 있었다. 일본에서도 보수, 진보 언론 간 간극이 크다. 예를 들자면 이번 일본의 대한국 수출 규제에 대하여도《산케이 신문》이나《요미우리신문》은 정부 발표를 그대로 실어 대한 수출 '금지'로 보도했지만,《마이니치신문》은 대한 수출 '규제'로 바꾸어 게재하였고, 문재인 정권에 대하여도《요미우리신문》은 처음부터 반일, 반미, 친북정권으로 썼지만《마이니치신문》은 리버럴한 입장을 유지해 왔다고 했다. 아베 총리의 관저 앞에서 수백 명이 시위해서 레임덕 가능성이 있다는 보도 같은 것은, 보고 싶은 것만 보고 읽고 싶은 것만 읽으려는 위험성이 엿보이는 기사라고 비판하였다. 이런 것은 확증 편향을 강화하고 프레임 정치를 낳고 있다는 것이다. 청와대 실세가 SNS로 '징용공 판결을 부정하면 친일파'라거나 '애국이냐 이적이냐?'는 식의 이분법 사고를 강조해서 충격을 주었다고도 했다.

지금 한·일 정부는 대화와 협력도 막혀 있고 양 국민 간 우호적 분위기도 가라앉아 있지만, 역사 앞에 겸허한 마음으로 서로 존경심을 가지고 혐오와 본질주의를 제쳐 둔 채, 단순히 미래 지향을 넘어서서 미래로 연결되어 나가는 허심탄회하고도 생산적인 대화를 꾸준히 집적시켜 나간다면 한·일 양국이 계속 먼 나라로 남겨지리란 법은 없지 않을까 생각해 본다.

2021.1.9.

국가적 진퇴양난을 자초한 한국 법원

오늘 중앙지법의 위안부 배상 판결은 '일

본'이란 국가를 피고로 하는 재판이었다는 점에서 향후 충격적 여파가 우려된다. 일본제철이나 미쓰비시중공업이란 민간 기업을 피고로 하는 강제징용 판결보다 훨씬 더 파급력이 크다. 일본은 국가주권면제를 이유로 이 재판 자체를 인정하지 않기 때문에 이 판결 결과는 항소 없이 그대로 확정될 것으로 예상된다. 향후 판결의 실효성을 확보하려면 국내의 일본 외교공관 같은 일본 정부의 자산 매각 등 절차를 거쳐야 하는데, 이것은 국제 재판이 아니면 실현할 수 없는 과정이다.

만약 국제재판에 가게 되더라도 전망이 밝지 않다. 금세기 들어 국제사법재판소의 유사한 판결이 있었는데, 나치의 강제노역에 동원된 이탈리아 사람이 국내 재판에서 승소했지만 국제사법재판소에 가서는 패소하였다(2004년, Ferrini case). 국제사법재판소는, 강제노역이 국제강행규범을 위반하였다고 인정되더라도 국가주권면제라는 절차적 장치는 그대로 작동된다고 판시하였다. 이 국제사법재판소의 판례를 이번 우리 법원의 판결에 비추어 본다면, 우리 법원이 판시한 대로 '계획적, 조직적으로 자행된 반인도적 행위'임을 인정하고 이것이 인권이나 인도주의 같은 국제강행규범을 위배한 것으로 보더라도, 국가주권면제 원칙과는 별개의 사안으로 결국 국내 법원은 관할권이 없다고 볼 것이다. 이번 법원의 판결은 일본 기업 압류 자산의 매각이 가시화되고 있는 강제징용 판결과 함께 한·일 관계 파탄의 뇌관이 될 것으로 보인다.

작년 8월 일본군 위안부 피해자 기림의 날 메시지에서 '피해자 중심주의'를 강조한 이 정권의 안일함도 문제지만, 이제는 정말 막다른 골목에 들어선 느낌이다. 판결이 확정된 강제징용 재판은 일본 기업의 자산을 매각하여야 하고, 오늘 내려진 위안부 배상 판결도 판결이 확정되는 대로 일본 정부의 재산을 압류해야 한다. 그런데 일본은 한 치도 물러날 기미를 보이지 않는다. 해법이 보일 리 없다. 우리 외교부는 "법원의 판단을 존중하지만, 2015년 12월 한·일 간 위안부 합의가 양국 간 공식 합의"라는 입장을 내놓았다. 결국 양국 정부 간 위안부 합의가 유효하다는 일본의 입장과 결을 같이 하는 것으로 보이지만 너무 늦지 않았나? 그래서 이제 어떻게 하겠다는 건지. 한 국가의 사법부 판결이 내려졌음을 볼 때, 우리도 문명국가라는 자존심을 견지하겠다면 적어도 일본과의 외교관계 단절 정도는 각오해야 할 판이다. 그럴 각오가 없다면 국가의 자존심을 버려야 한다. 그야말로 진퇴양난이다.

국제분쟁은 그 성격이 순수한 상업적 분쟁인 경우를 제외한다면 국가를 당사자로 하는 재판을 허용하지 않는다. 어느 국가도 타국에 대한 재판관할권을 주장할 수 없다는 것인데, 이것은 400년 전 〈베스트팔렌 조약〉 이래 확립된 국가주권 평등의 개념으로부터 나온 것이다. 우리나라 국제법의 태두 이한기 선생도 "국제분쟁은 그 본질상 다양한 이해관계를 상호 조절해 가면서 분쟁의 소지를 가급적 줄여 나가는 게 상책이다"라고 했다. 재판보다는 외교 협상을 하라는 말이다. 사법(변호사)시험에 국제법 과목이 없는 것도 문제다.

독도와 서양 고지도의 증거력

　　　　　　　일본의 한국에 대한 신뢰가 무너졌다. 그런 데다 한국 대통령은 외국에 나가서까지 일본에 비우호적인 제스처를 드러내곤 한다. 무엇이 국가 이익을 위한 외교인가 반문하지 않을 수 없다. 지난 6월 문재인 대통령이 스페인 방문 시 독도와 울릉도가 조선의 영토로 표시된 1730년대 〈조선왕국전도〉를 스페인 상원 도서관에서 확인했다 하였고, 또 이번에는 김정숙 여사가 헝가리 방문 시 동해를 소동해로 표기한 1730년 판 지도를 헝가리 국립문서고에서 확인했다고 한다. 언론에서는 이런 것들을 마치 정상 방문의 성과인 것처럼 보도하지만, 과연 이런 이슈들, 즉 독도 영유권이나 동해 표기 문제에 관하여 국가 원수가 이렇게 직접 나서 홍보전을 벌이는 것이 적절한지는 생각해 볼 문제다. 더욱이 대통령 부인이 실체적인 외교 사안에 개입하는 듯한 모양새는 국제적으로 매우 이례적이기까지 하다.

　　우선 스페인의 상원 도서관에서 봤다는 〈조선왕국전도〉는 1730년대 프랑스 당빌d'Anville의 지도로서 이미 잘 알려진 지도다. 상원의장의 안내로 이것을 보았다는 데 의미가 있다는 설명은 그저 실소를 자아낼 뿐이다. 일본 자민당은 다케시마가 아니라며 스페인 주재 자국 대사관을 통하여 사실 확인을 해 보겠다고 반박하고 나섰는데, 논란거리를 던져 준 셈이다. 이 지도에서 한반도 동쪽 해안에 바짝 붙여 동서 위치가 반대로 표시된 두 개의 섬이 울릉도와 독도란 주장은 이미 오래전부터 한·일 간 독도 분쟁의 주요한 논쟁거리였다. 우산도_{독도}의 오기라는 천산도가 울릉도 서쪽에 표기된 것은 일본 측이 늘 반박하듯이 당시 조선에서 독도를 제대로 인지하지 못한 결과라는 것이다. 우산도가 독도인지는 또 다른 문제다.

동해가 헝가리 지도상에 소동해로 표기된 것도 논란거리다. Oriental은 '동쪽'보다는 '동양'으로 해석하는 게 일반적이기 때문에 이것은 '소동해'라기보다는 '소동양해'다. 설령 소동해라 하여도 이것은 동해를 전제로 하는데, 그것은 지금의 동지나해(당시 대명해로 표기하기도 하였다)다. 즉 한국의 동쪽에 있는 바다가 아니라 중국 또는 아시아의 동쪽 바다란 의미에 가깝다. 서양 지도 제작자들은 17세기부터 '동(양)해' 표기를 사용했고, 18세기부터는 '한국해' 표기도 사용하기 시작했다.

영토 분쟁에 있어서 지도의 표기로 어느 나라 영토인지를 결정하지는 않는다. 증거 가치가 빈약하여 참고 사항 정도로 활용되는 것이 대부분이다. 더욱이 거론된 지도들은 새롭게 발견된 지도가 아니라 이미 세간에 잘 알려진 지도들이다. 이런 유의 지도들은 지금 우리 대통령 기록관에서도 다량을 보유하고 있고 유럽의 도서관이나 고서점에 가면 얼마든지 볼 수 있는 지도들이다. 즉 특별한 의미가 없는 지도라는 거다. 이런 지도들을 홍보한 것은 아무런 실익이 없으며 당사국인 일본과 그리고 또 다른 우방인 스페인이나 헝가리의 입장을 난처하게 만들었을 뿐이다.

독도 영유권 분쟁은 언제나 일본보다는 우리가 사활을 거는 듯한 모습이다. 물론 시시비비를 가리는 일은 중요하다. 하지만 동시에 잊지 말아야 할 것은 일본과의 선린관계다. 가령 우리 집이 이웃집과의 토지 경계에 문제가 있어서 다투더라도 원수처럼 싸우거나 목숨까지 걸어야 할 이유는 없지 않겠나. 국회 도서관 3층에 독도 자료실이 있다. 그곳에는 일본 사람들이 쓴 책들도 비치되어 있다. 내가 보기에는 그들이 쓴 책에서 좀 더 여유가 묻어나 보인다. 독도 문제에 관심이 있다면 최소한 일본 측의 주장도 함께 일별해 보아야 할 것이다.

최근에는 대마도가 우리 땅이라고 주장하는 어처구니없는 일도 벌어지고 있다. 지방 의회에서 대마도의 날 조례를 제정하고, 대마도 의회 측에 대마도 반환 촉구 서한을 보낸다고 한다. 개인도 아니고, 정부 기관에서 이런 엄청난 국제적인 트러블을 만들고 있다는 게 실로 믿기지 않는다. 대마도를 우리 땅이라 하는 것은, 일본이 과거 자신들이 어획을 하고 산림 벌채를 하던 울릉도를 자신의 땅이라고 하는 것보다 더 무리한 주장이다. 그만큼 터무니없다는 것이다. 세비로 운영되는 지방 의회에서 그런 독소적인 일을 하는 것은 민의에 반하며 국가 이익에도 하등 도움이 되지 않는다.

동해 병기 문제의 시작은 1992년 유엔지명표준회의_{UNCSGN}에서 우리가 일본해의 단독 표기를 지적하고부터다. 동해는 1929년 국제 수로기구ıHO에서 일본해 표기로 결정된 이후 그렇게 굳어져 왔지만, 우리 측의 외교적 노력으로 이제는 동해 병기가 상당히 인정되고 있다. 지구 상의 많은 지명이 그곳에 사는 원주민들의 지명이 아닌 지명으로 통용된다. 예를 들면 북해는 영국에서 보면 동해다. 그러나 유럽 대륙을 기준으로 북해라는 명칭이 받아들여지고 있다. 우리의 동해 병기를 포기하자는 건 아니지만 그렇다고 쪽박까지 깰 일은 아니다. 여유를 갖자. 차라리 문학이나 학문으로 접근해 보는 것도 좋겠다. 예영준 기자의 『독도 실록 1905』이나 정재민(필명 하지환) 판사의 『독도 인 더 헤이그』 같은 소설은 우리의 상상력을 북돋운다. 얼마나 좋은 시도인가. 독도나 동해 표기 지도를 갖고 대통령 부부까지 나서는 일은 없어야 한다.

과거사를 대하는 독일과 일본, 어떻게 다른가?

2차 대전 중 일본제국의 전쟁범죄에 대한 일본 정부의 사과는 전후 기시 노부스케 총리를 필두로 호소카와 모리히로, 무라야마 도미이치, 하시모토 류타로 총리를 거쳐 아키히토, 나루히토 천황에 이르기까지 거듭 이루어졌다. 물론 이 중에는 한국 식민지 지배에 대한 사과도 포함된다.

1983년 1월 한국을 방문한 나카소네 야스히로 총리는 전두환 대통

령과의 만찬에서 과거에 불행한 역사가 있었다며 이를 엄숙히 받아들인다고 사과하였다. 1990년 5월 가이후 도시키 총리는 일본을 방문한 노태우 대통령과의 정상회담에서 "일본의 행위로 한국인들이 견디기 어려운 고통과 슬픔을 겪은 것에 대하여 겸허히 반성하며 솔직히 사죄お詫び하는 마음을 표명하고자 한다"고 하여 보다 직접적인 사과 의사를 표명하였다. 가이후 총리와의 회담 후 이어진 만찬에서 아키히토 천왕이 "한국인들의 고통에 통석痛惜의 염念을 금할 수 없다"고 말하여 큰 주목을 받았다. 전후 50년인 1995년 8월 15일 발표된 무라야마 도미이치 총리의 담화와 10년 후인 2005년 이를 계승한 고이즈미 준이치로 총리의 전후 60년 담화는 국제적으로도 높이 평가받는다. 다음은 무라야마 총리 담화다.

> "우리나라는 멀지 않은 과거의 한 시기, 국가정책을 그르치고 전쟁의 길로 나아가 국민을 존망의 위기에 빠뜨렸으며 식민지 지배와 침략으로 많은 나라, 특히 아시아 제국의 여러분에게 다대한 손해와 고통을 주었습니다. 저는 미래에 잘못이 없도록 하기 위해 의심할 여지가 없는 이와 같은 역사 사실을 겸허하게 받아들이고 다시 한번 통절한 반성의 뜻을 표하며 진심으로 사죄의 마음을 표명합니다. 또 이러한 역사로 인한 내외의 모든 희생자 여러분에게 깊은 애도의 뜻을 바칩니다."

2010년 8월 한일합방 100주년 계기 시 간 나오토 총리의 담화에서는 "한국인들의 의사에 반하여 식민지 지배가 이루어졌다"는 점을 밝히며 한 걸음 더 나아갔다. 아베 신조 총리도 무라야마 담화 등 역대 내각의 입장을 계승하였고 수십 차례 사죄와 반성 입장을 밝혔다.

그럼에도 과거사를 대하는 한국인들은 일본이 사과하지 않는다고 힐난한다. 일본 천황과 정부의 수십 차례의 사과에도, 계속해서 요구하는 그 '사과'란 것은 대체 어떤 것인가? 아마도 브란트 총리의 무릎 사과처럼 좀 더 한국인의 마음에 와 닿는 '진정한' 사과를 의미하는 것일까? 그런데 일본은 이미 이런 의미의 사과도 했다. 비록 현직일 때는 아니지만 하토야마 유키오 총리가 2015년 8월 서대문형무소를 찾아가 무릎 꿇고 사죄했다. 그렇다면 막연하게 '그냥' 일본의 사과가 만족스럽지 않다는 것일까? 하지만 이 '진정한 사과'라는 것의 기준이 무엇인지, 그리고 얼마나, 어떻게 더 해야 만족스러운 것인지는 상당히 주관적인 문제가 아닐 수 없다. 더욱이 어떻게 사람도 아닌 국가나 정부의 '마음'心을 읽어 '진정성'을 요구할 수 있다는 말인지, 그런 요구 자체가 이성적이지 못한 건 아닌지 생각해볼 문제다.

물론 독일의 과거사에 대한 사과나 참회의 수준과 비교한다면 일본이 그에 미치지 못한다 하지만 우리는 여기서 크게 두 가지 점을 인식할 필요가 있다. 우선 독일의 과거사는 전쟁범죄를 넘어서는 홀로코스트라 불리는 민족말살죄이며, 일본의 과거사는 전쟁범죄라는 점이다. 전자는 국제법상의 제노사이드genocide로 간주되며, 전쟁

범죄와는 국제적인 인식의 차이가 존재한다. 물론 난징대학살 같은 전쟁범죄도 결코 가볍지 않고, 집단살해massacre로 볼 수 있지만 이것을 독일이 자행한 홀로코스트처럼 장기간에 걸쳐 조직적으로 특정 민족에 대하여 행해진 제노사이드라고는 하지 않는다. 전쟁범죄에 대해서는 배상의 국제관습이 없다. 독일과 오스트리아에서는 홀로코스트를 부인만 해도 처벌된다. 현재까지 국제사회에서 인정된 제노사이드는 유대인에 대한 홀로코스트, 20세기 초 터키의 아르메니아의 대학살 그리고 1990년대 루안다에서 벌어진 후투족에 의한 투치족 대학살이다.

두 번째로 독일과 일본의 상이한 전후 사정도 살펴볼 필요가 있다. 우선 일본의 전후 사정은 독일에 비해 훨씬 나았다. 존 다우어John Dower는 전후 독일과 일본의 차이를 『패배를 껴안고』Embracing Defeat에 나오는 승자와 패자의 역학관계에서 찾는다. 전후 독일은 4개 강대국에 의한 복수적 점령상태였다. 이것은 어느 한 나라의 관용으로 독일의 과거가 용서될 상황이 아니라는 의미다. 독일은 전 국토가 파괴되고 전 국민의 대다수가 인명피해를 보는 등 일반 대중도 왜 이렇게 되었는가를 생각해 보지 않을 수 없는 상황이었던 반면, 일본은 그렇지 않았다. 독일인들은 뼈저리게 후회하면서 나치의 잘못에 대하여 스스로 돌아보는 동기가 부여되었고 결국 잘못했다는 생각을 스스로 하게 되었다.

게다가 미국 등 4대국은 이미 독일을 잘 알고 있었다. 미국에는 독일 이주민이 많았고, 전후에 독일로 다시 돌아간 사람도 있었다. 나치의 과거사 문제가 본격적으로 부각된 1963년 프랑크푸르트 아우슈비츠 재판을 지휘한 프리츠 바우어Fritz Bauer 검사도 미국 망명 후 돌아온 인사였다. 그러니 전승국들은 독일을 손바닥에 놓고 들여다보았다. 그러나 일본의 점령국은 오직 미국이었고 냉전과 조우한 미국의 '시혜'mercy 만으로 일본의 과거를 눈감아 줄 수 있는 상황이었다. 게다가 미국은 일본에 대해 아무것도 알지 못했다. 일본 연구에 많은 영향을 미쳤다는『국화와 칼』을 쓴 루쓰 베네딕트Ruth Benedict 여사는 일본에 가 본 적도 없이 이 책을 썼다. 이런 점은 일본이 숨을 공간을 더 만들어 주었다. 일본인들은 군국주의를 미화하는 생각을 표출하더라도 제재를 당한다든가 사회적으로 손해 보는 일은 없었다. 즉 잘못했으니 사과해야 한다는 생각을 들도록 하는 사회적 상황이 조성되지 않았다. 미국은 패전 시 자결하는 사무라이의 전통을 어긴 히로히토 천황을 살려 주고, 그의 전쟁 책임을 묻지 않아 일본인들의 죄의식은 무뎌졌다.

독일도 1950~1960년대 아데나워 총리 당시까지는 과거사 극복의 조짐이 보이지 않았다. 그러나 독일이 유럽 공동시장에 참여하고 미국과 안보 협력을 하기 위해서는 과거사 청산이 전제조건이었다. 즉 독일에게는 과거사 극복이 선택이 아니라 필수였던 셈이다. 독일의 과거사 극복이 막강한 유대계 미디어를 포함한 미국 유대인 사회로부터의 강력한 외부 압력과 함께 1960년대 독일 사회 내부에서 자생적으로 발생한 68세대의 저항운동 같은 세대 간 투쟁을 통해 나온 복합적인 것임을 볼 때, 이 2가지가 모두 결여된 일본으로부터 전향적인 입장을 기대하는 것은 애당초 무리였다. 그동안 70년이란 세월이 흘렀다. 내가 만난 베를린 자유대학의 제바스티안 콘라트Sebastian Conrad 교수도 이 점에 동의하며 이렇게 말했다.

> "일본과 독일의 서로 다른 역사적 접근에 대한 2가지 원인을 이야기한다면, 하나는 일본에서는 세대 간 갈등이 없었다는 것이고, 또 하나는 유럽연합과 같은 주변국과의 공동 목표가 부재했다는 점이다."

전승국들의 반파시즘, 자유민주주의 같은 이념적, 사상적 우월성은 문화나 언어의 이질성으로 인해 일본 국민에게 영향을 미치지 못했다. 반면 전승국과 문화적 바탕을 같이하는 독일의 국민에게는 반나치, 반파시즘적인 이데올로기가 빠르게 퍼져 갔다. 아울러 기독교문화인 독일에서는 사과가 자연스러운 행위라면, 일본 문화에서는 이를 패배이자 수치로 여기기도 한다.

한편 나치의 전쟁 상황이나 홀로코스트 등 전쟁범죄에 관한 기록은 많이 남아 있다. 1964년에 우리나라에서도 5권의 번역본이 나와 베스트셀러 반열에 올랐던 『제3제국의 흥망』을 쓴 윌리엄 샤이러William L.Shirer는 특히 이 점을 강조했다. 독일 나치의 행각은 방대한 기록이 남아 있었고 뉘른베르크 전범재판 결과도 정확히 번역되어 독일인들에게 널리 알려질 수 있었다. 반면 일본의 전쟁범죄 기록은 철저히 소각되고 감추어졌고, 도쿄 전범재판 결과도 일본인들에게 제대로 알려지지 않았다.

과거사를 대하는 독일과 일본의 근본적 환경과 실제 여건이 다른 만큼 일본에 대한 우리의 접근도 달라져야 한다. 독일은 역사를 현재로 가지고 왔지만 일본은 역사를 묻어 두려고 하고 있지 않은가? 이것이 옳으냐의 문제는 차치하고라도 이렇게 되면 현실적인 대안이 별로 없다. 그러니 직접적이고 양자적인 접근보다는 학문이나 문학으로 국제적 공감대와 담론이 형성될 수 있도록 하는 건 어떨까. 이를테면 다자적 '동료 압박'peer pressure 같은 것이다. 언젠가 이 담론의 가치가 높아지게 되면 일본도 자연히 발을 들여놓게 될 것이다. 여기서 유의할 것은 역사의 정치화다.

도쿄대 명예교수인 오누마 야스아키大沼保昭는 일본의 침략전쟁에 대한 직접적인 '전쟁책임'과는 별도로 일본의 식민지 지배가 초래한 죄악과 불이익에 대한 보다 광범위한 책임을 의미하는 '전후책임'을 주장했다. 그는 역사인식 문제의 극복과 관련하여, 우리 사회가 보통사람들로 이루어져 있으므로 성인이 할 법한 행동을 요구해선 안 된다는 인식하에서 자신의 상식과 상대의 상식을 냉정하게 비교하여 왜 그리 생각하고 있는지를 검증해 볼 것을 주문한다. 그의 반문이자 권유다.

"역사인식이라는 딱딱한 문제도 우리의 일상적인 생활감정 속에서 어깨에 너무 힘주지 않고 생각해 보고, 서로 이야기해 보고, 자신의 생각 자체를 끊임없이 의심하면서 그 생각에 따라 행동하면 좋지 않을까요?"

• 장시정 지음,『한국 외교관이 만난 독일모델』
• 존 다우어John Dower 지음, 최은석 옮김,
『패배를 껴안고Embracing Defeat』
• 오누마 야스아키, 에가와 쇼코 지음, 조진구, 박홍규 옮김,
『한중일 역사인식 무엇이 문제인가』

2021.2.8.

천황을 부인한 리버럴리스트, 마루야마 마시오

전후 일본에서 '학계의 천황'으로 불렸던 마루야마 마사오가 평생 학문 연구의 주제로 삼은 것은 일본정치사상이다. 그는 '정치란 어떠해야 하는가', 특히 '일본에서 정치란 어떠해야 하는가'에 연구를 집중하였다. 그 발로로 정치 규범이론과 일본 사상사를 동시에 연구하면서, 선진국과 공통되는 대중사회적 상황과 일본 사회에 뿌리 깊게 남아 있는 전통문화의 문제성을 함께 해명해 보려 시도하였다. 그리고 '이러한 조건 속에서 인간의 자유를 보장하는 정치는 어떻게 가능한가'라는 물음을 끊임없이 던졌고, 이것이 마루야마의 리버럴리즘을 지탱하는 근본이 되었다.

1957년 논문 「일본의 사상」에서 사상적 전통의 부재를 문제시하고, 전통을 재해석하여 현대사회의 문제점과 극복해야 할 일본사상의 지배적 조류를 탐색하였다. 이것은 일본인의 하부 의식에 뿌리 깊게 남아 있는 고대로부터의 사고양식을 명확히 인식하면서, 전후의 '틀' 없는 사회 도래에 직면하여 현대 일본인에게 적합한 '틀'로서 육성할 필요성을 통절히 느꼈던 탓이다. 마루야마는 도쿠가와 시대 유학의 기만성을 폭로하는 논진을 펼친 당대 국학의 거장 모토오리 노리나가本居宣長, 1730~1801에 주목하였고, 모토오리에게 영향을 미친 오규 소라이1666~1728의 학문 세계를 파헤쳤다. 오규 소라이는 유학의 경전이 말하는 도道란 어디까지나 통치를 위한 제도로 자연계의 이법理法과는 별개의 것으로 구별하였고, 모토오리 노리나가는 주자학의 윤리를 진심眞心을 속박하려는 중국식 정신, 한의漢意의 소산으로 보았다. 즉 지배자가 고매한 이상을 내걸고 사람들을 길들이기 위해서 만들어 낸 것에 불과하다고 비판한 것이다. 이것은 아마도 '야마토고코로'大和心의 출발인 듯하다.

마루야마가 고1 때인 1931년 일어난 만주사변은 큰 변화의 전기가 되었다. 그는 고3 때 치안유지법 위반 혐의로 유치장에 수감되기도 했는데, 당시 일본사회의 모습을 이렇게 말하고 있다.

> "한 발 한 발 세상의 모습이 변해 가는 것입니다. 그렇게 그것에 눈이 익숙해져 갔습니다. 그것이 무서운 것입니다."

세상 분위기가 점차 전쟁 찬미로 물들어 간다는 공포를 마루야마가 그 당시에 역력히 느끼고 있었음에 의심의 여지가 없겠다. 이 세대의 젊은이들에게 면학과 생활의 장이 곧 국가에 의한 사상 통제의 최전선이었으며 체포와 취조라는 형태로 그 폭력적 위압이 돌연 닥쳐 왔다. 마루야마는 내면의 정신세계로 무한히 파고드는 일본 국가 권력의 성격을 통감하였고, '천황제의 정신 구조'에 관한 고찰도 이때부터 시작하였다.

그는 메이지 시대 '국민의 교사'로 불렸던 후쿠자와를 재평가하였다. 후쿠자와가 말하는 일국의 독립은 어디까지나 개인의 독립, 즉 시민적 자유의 추구가 전제되고 있다며, 그를 일본인에게 물들어 있는 봉건의식을 타파하고 서구의 시민문화를 일본에 뿌리내리게 한 사상가로 높게 평가하였다. 그가 탈아론이나 조선정략론을 주창한 국권론자라는 비판에 대하여는 그 바탕에 조선 사회의 봉건문벌제도와 그것을 정당화하는 유교윤리를 극복하려는 의식이 깔려 있다고 해명하였다.

마루야마는 24세 때인 1938년에 후쿠자와 유키치의 『문명론의 개략』을 읽고, 1875년 당시 후쿠자와가 그 무렵 일본사회에 가한 비판을 '통쾌, 통쾌'하게 느끼고, "한 줄 한 줄이 실로 내가 살고 있는 시대에 대한 통렬한 비판처럼 읽혀 통쾌함의 연속이었다"고 회상하였다. 후쿠자와는 『문명론의 개략』에서 일본의 황통이 면면히 이어지고 있는 것을 조금도 흠이 없는 황금 항아리처럼 금구무결 金甌無缺 하여 만국보다 우월하다고 자랑하는 국체론자를 비판하고 있다. '문명론이란 인간의 정신 발달에 관한 논의다'로 시작하는 이 책을 나는 작년 초와 올 1월에 걸쳐 2번을 정독하였다. 146년 전 당시 41세였던 후쿠자와가 천열天劣을 무릅쓰고 세상의 분요잡박紛擾雜駁과 음양오행陰陽五行의 혹닉惑溺을 질타하며 서양문명을 목표로 한 문명의 정신을 소리 높여 부르짖던 그 목소리가 지금도 내 귀에 들리는 듯하다.

마루야마는 결국 천황제와 결별한다. 패전 후 반년을 고민한 끝에 1946년 〈세계〉 5월 호 논문 「초국가주의超國家主義의 심리와 논리」에서 만세일계萬世一系의 천황제 사상에 대하여, '이것을 쓰러뜨리지 않으면 절대로 일본인의 도덕적인 자립은 완성되지 않을 것이라고 확신한다'라는 입장에 다다랐다. 그는 일본의 천황제가 인간의 자주적 인격 형성을 방해한다고 보았다. 즉 마루야마는 천황제로부터 벗어나기 힘든 일본인의 '권위에의 의존성'을 발견하고, 이것을 방치한 채로는 개인이 '자주적인 정신'을 확립하는 게 가능하지 않다고 본 것이다. 그렇다고 제도로서의 천황제 폐지를 요구하지는 않았고, 다만 1956년 『전쟁 책임론』에서, 도덕적 책임에 그치지 않고 정치적 책임이 명확한 쇼와 천황의 퇴위를 주장하였다. 그는 천황의 서훈도 거절하였다. 이것은 마치 서훈을 주지도 받지도 않는 함부르크 한자공화국의 전통을 고수한 헬무트 슈미트 총리를 생각나게 하는 대목이다.

마루야마는 히로시마에서 군 복무 중 원자탄 피폭 경험을 하게 된다. 점호를 위해 광장에 줄지어 서 있다가 섬광을 보게 되는데, 건물 반대편에 있었기 때문에 열선이나 폭풍에 직접 노출되지는 않았다 한다. 그가 초등학교 4학년 때는 동경에서 간토 대지진을 체험했는데, "그런 패닉 상태에 처했을 때 드러나는 인간성에 내재된 강렬한 에고이즘과 그와 정반대의 이타정신"을 언급하면서 "내 생애에서 가장 큰 경험이었다"고 술회했다. 그는 죽을 때 부의博儀 같은 것은 고사하겠다고 했다. 사상가로서의 마루야마의 족적을 따라가면서, 내심 그의 치열한 삶과 투쟁에 대한 존경심이 절로 우러나왔다. 그는 진정한 자유주의의 가능성을 향한 한 줄기 희망임이 틀림없으리라. 마루야마 마사오야말로 아직도 우리가 추구하고 있는 자유주의의 길을 이미 반세기 전에 걸어간 선각자였다.

· 가루베 다다시 지음, 박홍규 옮김,
『마루야마 마사오: 리버럴리스트의 초상』
· 야스카와 주노스케安川 寿之輔 지음, 이향철 옮김,
『마루야마 마사오가 만들어낸 '후쿠자와 유키치'라는 신화』
· 정일성 지음, 『후쿠자와 유키치』

Part 6.

독일의 힘은
정치로부터

2014년 6월 당시 함부르크 시장이었던
올라프 숄츠(Olaf Scholz) 총리로부터 영사 인가장(Exequatur)을 받는 필자

올라프 숄츠(Olaf Scholz) 총리는 '아름다운 약속'을 하지 않겠다며 그에게 무한한 신뢰를 안겨 준 독일 국민에게 행동으로 보답하겠다고 했다. 그러면서 보다 응집력 있는 독일 사회를 주문했다.

독립과 중립
- 독일 연방헌법 재판관들의 행동준칙

        독일 사람들의 법 사랑은 유별나다. 법이나 재판소를 신앙처럼 여기는 국가라 해서 '재판소 신앙국가'라는 말도 한다. 천당 밑에 헌법재판소가 있고 헌법재판소 밑에 연방 총리가 있다고 한다. 연방헌법재판소의 결정은 법적인 판단을 바탕에 깔고 있음에도 결국은 정치적인 결정으로 볼 수 있다. 유로화의 도입에 관한 것이든, 독일통일에 관한 것이든, 핵무기 사용에 관한 것이든, 최고의 양심과 경륜을 가진 율사들에게 결국 정치적 결정을 내리도록 한다는 것이다. 그러나 지금 독일에서는 연방헌법재판소의 이러한 정치적 기능 비대에 우려하는 목소리도 적지 않다. 사법부인 헌법재판소의 과도한 '정치적 행동'이 의회의 민주적 정당성을 훼손시킬 수 있다는 것이고, 선출되지 않은 권력이 선출된 권력을 능가할 수 있다는 우려다.

그럼에도 독일은 헌법재판소가 명목상 국가 원수인 대통령을 탄핵할 수는 있지만, 실질 정부 수반인 총리에 대하여는 탄핵권이 없다. 총리의 임기 내 진퇴는 오로지 그가 선출된 연방하원에서만 결정할 수 있다. 미국 대통령의 탄핵도 헌법재판소의 기능을 겸하는 연방대법원이 아닌 의회의 결정(하원의 과반수와 상원의 2/3 찬성)만으로 이루어진다. 독일식 헌법재판소 제도를 도입한 우리나라는 국회의 탄핵 소추 발의에 더하여 헌재의 결정이라는 중첩된 허들을 설정하여 탄핵을 어렵게 하고 있는데, 전자를 건축사로 본다면 후자는 감리사다. 만약 헌재의 결정이 국회와 마찬가지로 정치적 판단으로 흐른다면 이것은 헌법상의 취지를 충분히 살리지 못하는 것이다.

우리 헌법재판소는 벌써 2번이나 대통령의 탄핵 소추를 심리하였고, 2017년 3월에는 박근혜 대통령을 파면한다고까지 하였다. 이 사상 초유의 대통령 탄핵 결정은, 정치적 결정으로 볼 수 있는 국회의 탄핵 소추안에 대하여 헌재의 면밀한 법리적 판단을 요구하는 헌법적 설계의 기대에 부응하지 못했다. 바로 헌법재판소의 과도한 정치적 결정으로 볼 수 있는 대목이다. 어제 4월 19일 헌법재판관 이미선, 문형배 2인에 대한 임명이 국회 인사청문회의 보고서가 채택되지 않은 가운데 이루어졌다. 특히 이미선 재판관은 도저히 판사의 직무와 양립할 수 없을 것으로 보이는 주식 거래 의혹에도 불구하고 임명되었다. 이런 것이 독일에서라면 가능했을까?

독일의 연방헌법재판소는 16명의 재판관으로 구성된다. 이들은 연방 상·하원에서 각각 8명씩 선출되는데, 모두 2/3 이상의 동의를 받아야 한다. 일반 법률의 의결 정족수가 단순 과반수임을 볼 때 헌재 재판관 선출은 상당한 수준의 동의를 요구하고 있음을 볼 수 있다. 이런 제도하에서는 어떤 정파에서 추천을 받든 흠결 있는 후보가 선출될 수는 없다. 사실 독일의 법조인이라면 그 어떤 직업군보다 투철한 직업윤리를 갖고 있고, 그중에서도 헌재 재판관은 총리 이상의 사회적 존경을 받는다고 한다.

이러한 독일 사법권의 전통은 프로이센 시대에 만들어졌다. 프리드리히 2세는 법치주의에 입각해 나라를 다스렸고 사법권만큼은 존중하고 지배하려 하지 않았다. 그런 만큼 사법관의 판단은 절대적으로 사회적 신뢰와 존경을 받았다. 지금도 독일 판사들은 변호사 국가시험의 7% 이내에 들어가는 인재들로서 보수 면에서도 일반 공무원들보다 더 나은 대우를 받고 개인적 자부심은 물론 국가와 사회에 대한 도덕적 책임감도 갖고 있다. 보수를 많이 주는 이유는 독일이나 우리나라나 그 직책이 부패에 취약한 만큼 이를 예방하는 차원일 것이다. 독일은 경찰과 소방 공무원에 대한 대우도 후한 편이다. 어쨌든 그들은 신성한 법을 정의롭게 집행한다는 명예를 소중히 한다. 권력과 출세, 입신양명을 지향하는 유교문화권의 공직에 대한 전통적 생각과는 많이 다르다.

독일 연방 헌법재판소의 홈페이지에 들어가 보니 재판관들의 '행동준칙'code of conduct이라는 것이 보인다. 이 행동준칙에서 가장 먼저 나오는 내용이 재판관들의 독립성, 비당파성, 중립성에 대한 신뢰다. 그들은 직무 수행에 있어서 사회적, 정치적, 종교적, 이데올로기적 집단으로부터 중립을 지켜야 한다. 우리 헌법재판관의 행동준칙은 유감스럽게도 우리 헌재 홈페이지에서 찾아볼 수 없다. 하지만 굳이 〈헌법재판소법〉을 원용하지 않더라도 우리 헌법 재판관들도 엄격한 독립성을 갖고 모든 정치, 사회세력으로부터 중립을 지켜야 함은 두말할 필요가 없다.

그러니 지명 단계서부터 '성향'이 있는 후보자는 배제하여야 하는데 실제로는 이 '자격요건'을 제대로 지키지 않는다. 오히려 '성향'이 있는 후보자를 선택하는 게 아닌지 의구심이 든다. 여기에다 임명 후에도 언론 등에서 그 '성향'을 정치 브랜드화하여 아예 해당 재판관이 그런 '성향' 있는 재판을 하도록 부추기는 것은 아닌지 모르겠다. 〈헌법재판소법〉은, 재판관은 정당에 가입할 수 없고 정치에 관여할 수 없도록 규정하고 있지만 지금 벌어지고 있는 이런 모습들은 이 규정을 사실상 사문화시키고도 남음이 있다고 보인다.

이미선 판사의 헌재 재판관 임명 하루 전날 많은 시민 사회단체의 대표자라는 사람들이 임명 지지 공동선언문까지 발표하였다. 사실 그 내용을 보면 이 후보자의 중립성보다는 우리 사회의 특정 정치 스펙트럼에 가까운 경력을 드러내고 있었다. 강원도나 광주, 전남 지역 변호사들이 이 후보자 챙기기에 나섰다는 것도 마찬가지 맥락이다. 강원 지역 변호사들은 이유야 어떻든 결국 동향 출신이라는 것이고, 광주, 전남 지역 변호사들은 여성과 지방대 출신이라는 이유인데, 실소를 금할 수 없다. 독립과 중립이 존재 이유인 헌재 재판관 선출을 둘러싸고 온 나라가 거꾸로 가는 느낌이다.

2019.6.7.

탱자가 되어 버린 독일식 연동형 비례대표제

선거법 개정 문제로 온 나라가 떠들썩하다. 더불어민주당, 바른미래당, 민주평화당, 정의당의 4당이 〈공직선거법〉 개정안을 '패스트 트랙'이라는 신속 절차 안건으로 올렸는데, 이 개정안의 핵심은 일반 시민들에게는 생소한 독일식 연동형 비례대표제의 도입이다. 남의 나라 제도를 가져오자는 것인데, 한마디로 두서가 없다. 애당초 민주 정치나 의회제도 자체를 서구로부터 들여온 것이니 새삼스러울 것이 없다면 그만이기는 하다. 그러나 기왕에 남의 것을 배우겠다면 나무보다는 숲을 봐야 한다. 그 숲의 생태계를 무시하고 나무 한 그루만 달랑 옮겨오면 고사하기에 십상이다. 귤을 가져다 심었더니 탱자가 되어 버렸다는 귤화위지다.

독일의 연동형 비례대표제에 대한 미시적인 설명을 하자면, 우선 총 598개의 의석의 절반은 지역구에서 소선거구 단순다수제로, 나머지 절반은 정당 명부식 비례대표제로 뽑는다. 지역구 의원을 뽑는 투표를 '제1투표', 비례대표 의원을 뽑는 투표를 '제2투표'라 한다. 여기서 각 정당의 전체 선출 의석 규모를 결정하는 것은 제2투표다. 제2투표로 각 정당의 전체 의석수가 결정되고 나면, 그 전체 의석수에서 지역구 선출 의석수를 뺀 나머지 의석을 권역별로 비례대표로 선출하는 방식이다. 그러니 각 정당에게 중요한 것은 제2투표다. 다만 현실적으로는 지역구 입후보자가 대개 비례대표 후보자이기도 해서 지역구에서 떨어지더라도 비례대표로 선출될 가능성이 있다. 그리고 비례대표 의석 규모는 지역구 선출 의석수에 따라서 많아질 수도 적어질 수도 있기에 '연동형'이라 한다.

만약 제1투표로 결정되는 지역구 선출 의석이 제2투표로 결정되는 전체 의석수보다 많을 때는 이 차이만큼의 의석수를 '초과의석'으로 인정해 주고, 다시 '보정의석'을 통하여 정당별 전체 비율을 보전해 준다. 그러다 보니 실제 선출되는 독일 연방 하원의원 총수는 당초 598석을 상회하게 마련이다. 2017년 선거 시 하원의원은 709명, 2013년 선거에서는 631명, 2009년 선거에서는 622명이었다. 이렇듯 지역구 의석은 299석으로 고정되어 있지만, 비례대표 의석은 매번 달라진다. 지역구 투표인 제1투표와 정당에 대한 투표인 제2투표의 성향이 달라질수록 초과의석이 늘어나서 총 의석이 더 늘어난다.

유권자 입장에서 보면 우리나라가 2004년 이후부터 도입한 1인 2표 투표 방식과 같다. 하지만 2번째 투표인 정당투표를 의석에 반영하는 방식이 다르다. 우리나라는 전국적으로 제2투표를 합산하여 그 투표 비율대로 제1투표 결과와는 무관하게 비례대표 54석을 배정하지만, 독일은 지역구 투표 결과와 연동하여 권역별로 배정한다. 이런 의미에서 우리나라는 전국 병립형, 독일은 권역별 연동형이라 할 수 있다. 이번 선거법 개정안은 현재의 전국 병립형에서 권역별 연동형으로 변경한다는 것이다. 다만, 비례대표 의석의 비율이 독일은 총 의석수의 1/2인데 우리는 1/4로 하고, 제2투표를 제1투표와 연동하는 방법도 독일은 100%를, 우리는 50%를 적용하게 된다. 그래서 이번 선거법 개정안을 '준 연동식'이라고 하는 모양이다.

3월 19일, 국회 심상정 정개특위 위원장이 지난 20대 총선 결과를 개정 선거법에 대입하여 시뮬레이션한 결과, 민주당은 123석에서 106석(-17석), 자유한국당은 122석에서 109석(-13석), 국민의 당은 38석에서 60석(+22석), 정의당은 6석에서 15석(+9석)이 된다. 독일식의 완전한 연동제보다 급격하지는 않지만 역시 거대 양당보다는 중소 정당이 수혜자가 됨을 볼 수 있다. 다당제를 지향함으로써 다양해진 현대 사회의 정치적 스펙트럼에 부응하고 무엇보다도 유권자의 표심을 좀 더 정확히 반영하게 된다.

하지만 이 개정안과 관련하여 좀 더 기본적인 문제를 살펴볼 필요가 있다. 우선 연동형 비례대표제가 작동하고 있는 독일의 거시적 정치 구도를 감안해야 한다. 독일은 풀뿌리 민주주의와 정당 정치가 발달해 있고 서구의 의원내각제 중에서도 특히 '합의'consensus를 중시하는 제도와 전통을 갖고 있다. 이것은 '이중이사회'dual board를 갖고 있는 독일의 경제모델에서 보듯이 속도를 희생하는 대신 성공률을 높이는 전형적인 독일모델이 정치 분야에 투영된 결과다. 즉 독일은 연동형 비례대표제로 다당 구조가 되더라도 대화와 협의로 합의를 성취해 나갈 수 있는 전통과 역량이 확립되어 있다.

독일의 메르켈 총리가 영국의 대처 총리에 버금가는 '철의 여인'이라 하지만, 메르켈 총리의 권한은 대처 총리에 비해 훨씬 취약하다. 독일 총리는 선출되는 순간부터 한시도 긴장의 끈을 놓을 수 없다. 비례대표제의 특성상 거의 연정 형태로 집권하기 때문에 연정 파트너의 눈치를 보지 않을 수 없고, 입법에 참여하는 상원_{Bundesrat}과도 협력해야 한다. 하원 해산권을 가진 연방 대통령과 위헌심사권을 가진 헌법재판소는 물론 자신의 내각 내에서조차도 각 부서 장관의 '부서 통할권'을 존중해야 한다. 여차하면 건설적 불신임으로 임기 전에 그만두어야 하는 사태를 맞을 수 있다. 그에 비해 우리나라는 대통령제와 단원제로 사실상 독일의 합의제 정치가 그다지 필요하지도 않고, 또 실제로 그런 전통이 없다. 이런 정치 환경에서 독일식 연동형 비례대표제를 도입하여 다당제로 갈 경우 가져오게 될 부정적 결과에 대한 고려가 우선 필요하다.

바이마르공화국에서 나치의 집권을 불러왔던 것이 완전 비례대표제에 의한 다당제 구도였다. '황제 대리'라고까지 불리던 막강한 대통령제를 가졌던 당시 바이마르공화국은 한때 28개 정당이 난립했고 0.4%의 득표로도 의회 진출이 가능하여 극단적 정치 이념을 가진 신생정당의 홍수를 이루었다. 당시에는 지금 연방하원 선거에서 볼 수 있는 5% '봉쇄조항'이 없었다. 이런 가운데 나치의 의회 진출이 이루어졌고 각 정파 간 합의 부재인 상태에서 정국은 난맥상을 노출할 수밖에 없었다.

우리도 대통령제에서 다당제로 간다면 필연적으로 상시적인 여소야대를 가져와 행정부와 입법부가 대립하면서 민생의 발목을 잡을 것이다. 내각책임제라면 연정으로 안정적인 통치 기반을 만들 수 있지만, 대통령제에서는 대통령이라는 자연인에게 정해진 임기 동안 정치·행정 권력을 몰아주기에 연정은 이론적으로도 타당하지 않다. 물론 여당이 일부 야당과 미국에서 볼 수 있는 '사안별 연정'selective coalition 같은 일시적인 정책연대를 할 수는 있더라도 이것을 내각제의 '연정'으로 볼 수는 없고, 그런 지속가능한 정책적 효과도 기대할 수 없다. 결국 정치학 교과서의 설명대로 대통령제에는 소선거구 다수제가, 의원내각제에는 비례대표제가 조화로울 것이다.

만약 사표 방지 차원에서 민의를 더 정확히 반영하고자 한다면 의회 선거보다는 대통령 선거에서 그런 방안을 적용하는 것이 필요해 보인다. 대통령제는 의회보다는 대통령에 방점을 찍는 제도이기 때문이다. 대통령은 한 사람만 뽑으므로 사표가 생기는 것 자체는 불가피하다 하더라도 결선투표제를 도입함으로써 상당한 정도의 사표 방지 효과를 거둘 수 있다. 국회의원 선거에서도 마찬가지다. 현행 선거법하에서 제2투표에 의한 정당 득표율과 실제 의석수 간의 편차가 큰 것은 당연하다. 현 제도하에서는 제2투표가 한 정당의 전체 의석을 결정하는 게 아니라 비례대표 의석으로 배정된 54석의 향배만을 결정하도록 설계되었고, 제1투표에서는 사표를 기정사실화하고 있기 때문이다. 그래서 일부 유권자들은 여전히 제2투표보다는 자신의 지역구 의원을 선출하는 제1투표에 비중을 둔다. 그러니 그렇게 설계된 제도를 갖고 민의 반영이 안 된다는 것은 모순이다.

그래서 선거제를 바꾸겠다면 먼저 정부 형태부터 고려해야 한다. 우리의 정치 문화가 선진적이라면 대통령제보다는 의원내각제로 가는 것이 맞다. 지금 세계적으로는 유럽 선진국의 대부분과 일본이 내각책임제를 하고 있고 아시아, 아프리카와 중남미 같은 대부분의 후진국은 대통령제를 채용하고 있다. 문제는 정치 문화에 달려 있다. 우리가 각 정파 간 협치를 핵심으로 하는 내각책임제를 할 만큼 성숙한 정치 문화를 갖고 있는가이다. 그리고 의원내각제는 결국 의원들이 입법도 하고 행정도 하는 제도다. 그런데 지금 우리 국민이 국회에 대하여 갖는 신뢰도는 그리 높아 보이지는 않는다. 그렇다면 내각제로 갈 형편이 안 된다고 보는 게 맞겠고, 결국 대통령제를 존치하는 선에서 그에 맞는 선거제도를 강구해야 한다. 이런 관점에서 대통령제와 근본적으로 조화롭지 않은 연동형 비례대표제는 재고되어야 한다.

우리나라의 정부형태는 대통령제임에도 일부 측면에서는 마치 의원내각제처럼 운영하는 파행을 볼 수 있다. 부통령 대신 총리를 두는 것은 헌법에서 규정하고 있으니 어쩔 수 없다 하더라도 의원들을 내각에 기용하는 것은 엄연히 파행이다. 전통적인 대통령제에서 의회나 의원의 역할은 행정부를 견제하는 데 있다. 그러니 의원들을 장관에 기용하는 것은 이러한 의회의 헌법상 주어진 사명과는 정면으로 배치한다. 그럼에도 지금처럼 다수의 의원을 입각시키는 것은 국회 청문회를 수월하게 통과하기 위한 편법으로, 근본적으로는 국회의 '고객정치'clients politics에 기인한다. 미국은 법으로 의원의 장관 입각을 금지하고 있다. 이렇듯 대통령제에서 의원내각제의 제도를 차용함에 따른 부작용에 더하여 상시적인 여소 야대의 구도가 불 보듯 뻔한 상황에서 내각제를 하고 있는 독일이나 뉴질랜드의 연동형 비례대표제의 도입은 죽도 밥도 아닌 기형적인 정치 현상을 초래할 수 있다.

두 번째로는 취약한 정당 기반이다. 비례대표제의 강화는 승자독식을 지양하고 사표를 방지하여 민의를 왜곡시키지 않아 그 취지가 선거의 본질에 접근하는 것이라 하겠지만, 이것은 정당의 의석 규모라는 양적인 측면에만 해당된다. 실제 누가 의원이 되느냐의 질적인 문제를 개선할 수 있느냐는 또 다른 문제이며 이것은 정당 정치의 수준에 달려 있는데, 이 문제에서 과연 우리 정당들이 유권자를 대신할 수 있을 것인가 하는 문제다. 물론 일부 국가와 함부르크주 의원 선거 시 적용하는 '분할투표'와 '누적투표'처럼 유권자들이 사실상의 정당 명부를 작성하는 효과를 갖는 개방식 명부제를 도입한다면 이런 문제점을 어느 정도는 개선할 수 있겠지만 우리나라의 현실로 볼 때 쉽지 않은 일이다.

참고로 세계에서 가장 복잡하다는 함부르크 선거제를 보자. 2015년

2월 함부르크에서 주 선거가 있었는데 내가 투표용지를 직접 보니 이건 투표용지가 아니라 노트 수준이었다. 유권자들은 지역구 의원을 뽑는 제1투표로 5표, 비례대표를 뽑는 제2투표로 5표를 행사하는데 이 10표를 각각 5표의 범위 안에서 몰아 찍을 수도 있고 분산시켜 찍을 수도 있으므로, 정당의 명부 순서를 무력화할 수 있다. 하긴 스웨덴 같은 곳에서는 아예 새로운 후보자를 써넣을 수도 있고 기존 명부상의 후보자를 지울 수도 있다 하니 함부르크보다 더 급진적인 개방형을 채택하고 있음을 볼 수 있다.

우리나라의 정당사를 보면 여당은 여당대로 야당은 야당대로 대통령이나 야당 총수를 따라 이합집산하는 모습을 보여 왔다. 이렇듯 우리의 풀뿌리 민주주의 수준을 볼 때 공천이나 명부 작성을 공식화하고 개방한다 하더라도 현재 개정안에서 상정하고 있는 유권자의 의사를 충실히 반영하기는 어려울 것 같다.

세 번째로 유권자의 입장에서 본 정치 문화다. 이것은 유권자들이 어느 정도로 합리적인 투표를 하느냐의 문제로 귀결되며, 특히 지역적 한계 극복이 관건이다. 이번에 제안된 새로운 연동형 비례대표제가 실시된다면 특정 지역에서 강세를 보이는 정당이 2개가 될 수 있다. 독일에서는 바이에른주의 지지 기반을 가진 기독사회당CSU이 바이에른주의 제2투표를 싹쓸이하고 있지만 기사당은 중앙 정치에서 기민당과 연합하고 있다.

이번 선거법 개정은 '독일식'이라는 수식어에도 불구하고 그 출발부터 독일의 합의제 정치모델과는 동떨어진 모습을 보인다. 〈정치선진화법〉에 있어 패스트 트랙은 민생경제 등 긴급한 수요에 요구되는 법률안을 실기하지 않도록 만들어진 장치다. 선거법은 사실 그런 법률이 아니며 오히려 각 정파 간의 협의와 조율이 최대로 요구되는 사안이라 하겠으니 출발부터 독일 정치 모델에 정면으로 충돌하는 양상이다. 재레드 다이아몬드는 최근 그의 저서 『대변동 위기, 선택, 변화』Upheaval에서 미국 민주주의를 위협하는 가장 심각한 문제가 정치의 양극화 현상에 따른 정치적 타협의 부재라고 했다. 선거가 민주주의의 본질이라는 말은 아무리 강조해도 지나치지 않을 것이다.

· 재레드 다이아몬드Jared Diamond 지음, 강주헌 옮김,
『대변동 위기, 선택, 변화Upheaval』

2020.3.26.

독일의 성공 신화는 정당 정치로부터

4·15 총선을 앞두고 진행되고 있는 각 정당의 지역구 공천이나 비례대표 후보자의 선정 과정을 보자면, 매우 실망스럽다. 심지어 일부 정당들은 범죄 혐의로 기소된 사람들까지 대거 공천하고 있으니 이 난맥상을 무어라 설명할 수 있을까.

정부 기관이나 민간 기업 등 많은 분야에서는 충원 제도나 방식이 나름대로 자리를 잡고 있는 데 반해 유독 정치 분야에서는 그 충원 방식이 대체 어떤 것인지 선뜻 생각나지 않을 정도다. 이해할 수 없다. 사실 정치만큼 중요한 것도 없지 않나. 국가의 법과 제도, 주요 정책을 만들어 내는 것이 정치의 기능일진데 그 정치를 담당하는 인력의 충원은 허술하기 짝이 없다. 상당히 비균형적이다. 그 결과로 형편없는 정치인들을 양산하고 있는 지금, 피해자는 결국 우리 국민일 것이다.

언젠가부터 우리 사회에서 정치를 혐오하는 풍토가 알게 모르게 있어 왔다. 이런 탓인지 그간의 경제 발전에 비해 우리의 정치 인식은 선진적이라기에는 여전히 부족함이 있다. 교육을 많이 받고 전문직에 종사하는 사람일수록 자신의 분야에만 관심을 가지고, 사회나 정치 문제에 무관심한 경향을 볼 수 있다. 이들의 인식 한구석에는 정치란 저급한 것이라는 생각이 깔려 있는 건 아닌지 모르겠다. 정치와 지식인들의 격리 현상이 클수록 정치계의 파행은 더욱 큰 방종에 방치될 것이다. 인간이 정치적 동물이라는 말을 굳이 하지 않더라도, 정치는 우리가 살아가는 생활의 일부다. 일상에서 피해야 할 주제가 아니며, 이런저런 계기에 소통하는 것이 오히려 자연스럽고 유익할 것이다. 참여적 정치문화는 선진 정치의 시작이다.

물론 서양 사회도 정치에 대한 무관심이 커진 것이 사실이다. 하지만 그 정도가 우리보다 심하지 않고 또 설령 그렇더라도 그들에게는 제대로 된 법치주의와 우수한 정치제도, 그리고 양심적인 정치인들이 버텨 주고 있다. 거기에다 시민교육이나 정치교육을 정부 차원에서 적극적으로 시행하고 있다. 함부르크에도 연방정치교육센터가 있다. 아래층에는 서점도 운영하는데 독일의 정치, 선거 제도나 실태, 헌법, 인권, 마약 등 시민 교양에 필수적인 책이나 유인물들을 무료 또는 1~2유로의 극히 저렴한 가격에 팔고 있다. 북한 정치범 수용소의 실태나 고발에 관한 책자도 볼 수 있다.

독일에서는 대학교수를 하다가 갑자기 장관 등 공직에 임명되는 폴리페서는 거의 없다. 이유는 간단하다. 모든 직종이 전문화되어 있고 공직이나 정치인이라는 직업도 그 범주에서 벗어나지 않기 때문이다. 아울러 상아탑 속의 교수들이 관청이나 정치에 필수적인 실용주의적 역량을 갖추고 있다고 생각하지 않기 때문이다. 독일은 전문직 사회다. 물론 정치도 전문 정치인이 한다. 공직은 내각책임제에서 정치인이 맡는 장관과 정무차관을 빼고는 대부분 직업 공무원이 맡는다. 판·검사는 대부분 평생을 판·검사로 지낸다. 그러니 전관예우라는 독버섯이 자랄 공간이 없다. 각자 할 일이 정해져 있고 영역마다 칸막이가 있기 때문이다. 이런 칸막이를 허무는 것은 규칙 위반이고 반사회적이다. 그저 자신의 일을 하기 때문에 다른 영역을 쳐다볼 필요도 없고 또 그럴 겨를도 없다. 독일의 막강한 경제력은 바로 그만큼이나 막강한 정치력에 그 기반을 두고 있고, 독일 정치는 자질과 도덕성을 겸비한 세계 최고의 정치 전문가 집단이 이끌고 있다.

독일은 정당마다 청년 조직이 있다. 그들은 청년 시절부터 정당에 들어가 풀뿌리 정치로부터 정치를 배우고 익힌다. 기민/기사당의 '청년연합'Junge Union, 사민당의 '청년사회주의자'Jusos 그리고 자민당의 '청년자유주의자'Junge Liberale 는 각 10만 명 전후의 자발적인 청년 회원을 갖고 있다. 이들은 기초 지자체나 주, 연방 차원의 정치 현장을 각각 거치면서 기량을 쌓고 성장해 나간다. 이렇게 일반 대중에게 노출된 채 수십 년의 정당 정치를 거쳐 의원도 하고 장관도 하니 전문적일 수밖에 없고 역량 있는 인사들이 정치 지도자로 배출된다.

또 한편, 독일 사민당은 백 년도 넘게 사민당이고 기민당, 기사당, 자민당은 전쟁 후 창당된 이래 60~70년 동안 한 번도 이름을 바꾸지 않고 있다. 미국의 민주당은 200년이 넘게 그 이름을 지켰고, 링컨 대통령 때 창당한 공화당도 200년이 되어 간다. 일본 자민당도 마찬가지다. 내가 만난 헬무트 슈미트 총리는 일본 자민당에게는 그 자유민주당이란 이름이 잘 어울리지 않는다고 했다. 계파와 보스 중심으로 당을 운영하는 방식을 비판한 것으로 보인다. 2016년 10월 뤼베크에서 개최된 '빌리 브란트 연설'에서 노베르트 람머트 Nobert Lammert 연방하원 의장은 의회민주주의를 떠받치고 있는 정당 정치의 효용성과 국가 발전 기여도를 높이 평가하고 독일의 성공신화도 이런 독일 정당들의 공헌에 기반하고 있다고 했다.

이에 반하여 우리 국회나 지방 의회는 이합집산하고 조변석개하는 정당들에 기반을 두고 있으니, 정치 발전은 애당초 기대할 수 없다. 당내 민주화나 정치 엘리트들의 충원과 육성은 그들의 어젠다가 아니다. 그저 패거리 정치를 하다가 선거 때만 국민을 쳐다보는 식이다. 게다가 지방자치의 확대로 정치 질서가 더 문란해졌다. 그들은 비일비재하게 당명을 바꾸고, 당을 쪼개고 합치고, 파행, 밀실 공천을 해 댄다. 이건 우리 정당들이 진정한 의미의 국민정당이 아니라 한두 사람 또는 일부 권력자의 손에 놀아나는 사당私黨이나 도당徒黨임을 보여 준다. 그렇기에 수백만, 수천만 유권자의 바람과는 무관하게 소수 정당 권력자에 의한 한국 정치의 지배 현상이 일어난다. 이런 터무니없이 후진적인 정당들부터 수술해야 하며, 그중 시급한 중심과제는 당내 민주화와 젊은 인재들을 흡수할 수 있는 정치인 충원 제도의 확립이라 하겠다.

2021.9.25.

독일은 전자 선거도, 사전 선거도 하지 않는다

독일의 총선일이다. 독일은 내각책임제 국가로 4년마다 연방의원 선거를 하여 구성되는 의회에서 총리를 뽑는다. 지난 16년간 총리를 맡아 왔던 메르켈 총리는 더 이상 출마하지 않는다. 불과 한 달여 전만 해도 여론조사에서 기민당과 녹색당이 1, 2위를 달려왔지만, 이젠 사민당이 1위로 올라섰다. 오늘 선거 결과에 따라 최대 득표 정당이 중심이 되어 연정협상으로 새로운 총리를 선출하고 새로운 정부가 출범하게 된다.

부러운 건 그들의 선거 문화다. 이번 선거 관련 TV 토론회는 지난 5월부터 시작해 모두 8번이 있었다. 녹색당이 급부상하여 녹색당 최초로 총리 후보를 낸 만큼 종래의 기민/기사당과 사민당 양당 중심의 TV 토론도 녹색당 후보를 포함한 삼자 중심의 토론회로 바꾸었다. 지난 9월 23일 마지막 TV 토론회에는 원내 교섭단체를 가진 3개 정당인 자민당, 대안당, 좌파당을 포함하여 모두 7개 정당 대표(기민/기사 연합은 각각)가 모두 출연하여 코로나, 주택, 재정, 기후, 에너지, 디지털화 등에 관한 토론을 벌였다. 이와는 별도로 3명의 총리 후보를 각각 단독으로 초대한 TV 대담은 지난 4월부터 각각 7번씩 있었다. 숄츠, 라셰트, 베어복 3인에 대한 시청률이 대략 210만 명에서 230만 명 정도로 엇비슷했다. 누가 총리가 될지를 주제로 한 다큐멘터리 영상도 4번 방영하였다.

내가 가장 놀란 것은 독일의 선거 전 여론 조사의 정확함이다. 여론 조사기관에 따라 그 결과가 들쑥날쑥한 우리나라와는 달리, 선거 2주 전부터 9개 기관이 19번에 걸쳐 실시한 여론조사 결과는 실제 선거 결과와 거의 일치하는 것을 볼 수 있었다. 특히 1, 2, 3위의 순서는 사민당, 기민/기사연합, 녹색당으로 모두 일치했고, 4, 5위만이 자민당과 대안당의 순서가 1%가량의 차이로 바뀐 정도였다.

독일은 전자 선거를 하지 않는다. 투표는 물론 개표도 수동으로 한다. 9월 24일 자《디 차이트》지는 러시아와 비교하여 왜 독일이 전자 선거를 하지 않는지에 대하여 소개하였다. 오늘 독일 총선에 일주일 앞서, 지난 9월 17일부터 19일까지 3일에 걸쳐 러시아 의회, 듀마Duma의 선거가 있었는데, 러시아에서는 이 전자 투표가 지난 선거 시 전체 투표의 50%에 달하였으며 앞으로는 전자 투표로만 선거를 하기 위한 입법이 예고되고 있다 한다. 독일에서 러시아 선거를 바라보는 시각은 매우 회의적이다. 러시아의 선거 조작에 대한 강한 의구심마저 드러낸다. 이번 선거에서도 미리 기입된 투표지가 대량으로 투표함에 넣어졌고, 훼손된 투표지만도 4천여 장이 발견되었다 한다. 그리고 나서 대규모 수정 작업이 디지털로 이루어졌다. 온라인 투표 결과가 당일 저녁이 아닌 다음 날에서야 발표되는 것도 이런 의구심을 키운다. 아날로그 선거 결과를 보고 나서 디지털 결과로 '사후 청소'after-cleaning 한다는 것이다. 이런 러시아의 온라인 선거는 불신을 키운다. 이번 선거에서도 푸틴은 스스로 핸드폰으로 온라인 투표하는 것을 보여 주었는데, 자신이 소유한 핸드폰이 없어 빌렸다고 한다. 그런데 그의 손목시계의 날짜가 지정된 투표일이 아님을 시청자들이 봤다. 웃지 못할 소극笑劇이다. 독일인들이 온라인 투표를 하지 않는 것은 외부로부터의 조작 가능성 때문이다. 지금도 독일 정부는 입후보한 독일 의원의 우편함에 대한 러시아의 사이버 공격에 항의하고 있다.

독일인들은 평소에 신용카드도 잘 쓰지 않는다. 개인 정보가 새기 때문인데, 이런 현상은 일본도 마찬가지다. 독일 정당법에 따르면

당 대표를 온라인으로 뽑는 것도 금지되어 있다. 서면 투표해야 하는데, 그만큼 정당이 민주주의에서 갖는 책임이 크기 때문이다. 우리는 정당 대표를 온라인으로 뽑는다. 아마도 정당 내에서의 선거는 공직선거법의 대상이 아니기 때문인데, 사실 정당의 대표나 임원들은 웬만한 공직보다 더 중요하다. 정당의 선거에도 법적 규율이 필요해 보인다.

우리나라에서도 작년 4월 총선부터 부정선거 시비가 일고 있음은 주지의 사실이다. 러시아의 사례를 볼 때 우리라고 그 의구심을 피해 가기는 어려울 것 같다. 여러 가지 문제가 있지만 우선은 전자 개표와 사전 투표 문제다. 투·개표를 포함한 전자 선거는 얼마든지 외부 세력의 침투와 조작이 가능하다. 전자 선거가 독재자에게 영구 통치를 보장한다는 말이 있을 정도다. 독일 사람들은 오직 아날로그 선거만이 그런 위험으로부터 보호해 줄 것이라고 믿는다.

러시아에서는 사전 투표일을 본 투표일 앞에 이틀을 두어 총 3일에 걸친 투표가 이루어지는데, 우리나라는 사전 투표일이 본 투표보다 훨씬 먼저 이루어지기 때문에 3일을 연속해서 투표하는 러시아보다도 조작 가능성이 더욱 커진다. 구조적인 취약점이다. 더욱이 대통령이 사전 선거일에 투표함으로써 사전투표를 장려하는 모양새를 연출하고 있는데, 매우 비상식적이다. 몇 개 지역구에서 이루어졌던 대법원의 총선 재검표 결과, 사전투표에서 배추 잎 투표지나 일장기 투표지 같은 '비정상 투표지'가 유독 많이 발견된 것은 사전

투표에서 많은 조작이 이루어질 수 있다는 의구심을 뒷받침해 준다. 독일이나 일본 등 대다수의 선진국처럼 사전선거와 전자 투, 개표제의 폐지가 시급하다.

올라프 숄츠의 부상과 메르켈 시대의 종언

지난 9월 26일 독일 총선 결과 사민당이 제1당으로 부상하였다. 투표 결과는 사민당 25.7%, 기민당 19.9%, 녹색당 14.8%, 자민당 11.5%, 대안당 10.3%, 기사당 5.2%, 좌파당 4.9%로 나타났다. 이 통계치는 정당에 투표하는 제2투표의 결과로, 연동형 비례대표제를 채택한 독일 선거에서 정당 간 의석 비중을 최종적으로 결정한다. 이에 따른 의석 분포는 총 735석 중 사민당 206석, 기민당 151석, 녹색당 118석, 자민당 92석, 대안당 83석, 기사당 45석, 좌파당 39석이다. 불과 한 달 전까지만 하더라도 기민당, 녹색당에 이어 3위에 머물렀던 사민당의 놀라운 반전이다. 이번 총선에서 나타난 몇 가지 특징을 살펴보자.

우선 기민당의 16년 만의 패배다. 기민당이 상대적 약세를 보였던 4년 전 총선과 비교해도 약 8% 지지를 더 상실했다. 지역구 의원을 뽑는 제1투표 결과는 더욱 참담하다. 기민당은 4년 전 총 299개 지역구 중 185석을 차지했지만 이번 선거에서 98석으로 줄어든 반면,

사민당은 59석에서 121석으로 늘어났다. 이것은 독일 유권자들이 기민당이나 사민당과 같은 거대 정당에는 지역구 투표에, 녹색당이나 자민당 같은 중소 정당에는 정당 투표에 초점을 맞추는 '전략적 투표'를 한다는 점을 감안해 본다면 매우 심각한 패배다. 기민당이 그동안 메르켈의 그늘에서 안주해 왔던 결과로, 이번 정부에서는 야당으로 남아 변화해야 한다는 여론이 대두하고 있다.

두 번째로는 기후변화 이슈의 한계성이다. 녹색당이 여론 조사에서 줄곧 2위를 하면서 총리 후보까지 내세웠으나 역시 기후 정책만 가지고는 집권할 수 없다는 것을 보여 주었다. 시민들이 아직 기후변화에 대한 대가를 치를 준비가 되어 있지 않다는 해석이 가능하다.

세 번째로는 좌파당의 몰락이다. 불투명한 잡화상적 정책의 대가로 많은 지지자를 대안당이나 사민당에게 빼앗겼고, 동독 공산당을 계승한 좌파의 설 자리가 극히 좁아졌음을 보여 주었다. 봉쇄 조항의 문턱인 5%를 넘지 못하여 지역구 3석 확보로 가까스로 의회에 진출하였다.

마지막으로는 30대 이하의 청년층에서 녹색당이 선두를 차지했고, 이번에 생애 처음 표를 던진 18세부터 20대 초반의 젊은이들은 자민당에게 몰표를 던졌다. 전통적인 보수, 자민당과 기후변화를 강조하는 녹색당이 미래에 득세할 것이라는 전망을 가능케 한다.

이제 관심은 차기 독일 정부의 구성이 어떻게 될 것인지와 누가 총리가 될 것인지에 쏠린다. 독일은 연동형 비례대표제의 특성상 한 정당이 절대다수를 확보하는 것이 매우 어렵기 때문에 통상적으로 연립정부를 구성한다. 전후 지금까지 단 한 번도 단독 정부였던 적이 없을 정도다. 우선 거대 정파인 사민당, 또는 기민/기사연합이 주도하여 다른 2개 정당이 포함된 3개 정당의 연립 정부가 구성될 것으로 예상된다. 기민/기사연합의 총리 후보인 아르민 라셰트는 선거 당일 저녁 이미 자신의 주도로 연정을 추진할 의향을 밝혔다. 그러나 기민/기사연합이 지난 2번의 총선과 비교하여 크게 지지를 상실하였고, 전통적으로 제1당이 우선적으로 연정 교섭을 주도한다는 점을 고려할 때 라셰트의 의도가 실현될지는 불투명하다. 오히려 총리 후보 여론 조사에서 압도적 선두를 차지하고, 이번 총선에서 제1당으로 부상한 올라프 숄츠Olaf Scholz의 사민당 주도 연정이 성립될 가능성이 더 커 보인다.

연정 교섭에 있어서 좌, 우 스펙트럼의 양편 끝에 위치한 급진적 성향의 좌파당과 대안당은 보통 파트너로 고려하지 않는다. 이 점을 감안한 연정 조합은 5개가 가능하다. 이 중 가장 유력시되는 조합은 사민당이 주도하는 적, 녹, 황의 '신호등 연정'으로 사민당, 녹색당, 자민당의 조합이다. 두 번째로는 기민/기사연합이 주도하는 흑, 녹, 황의 '자메이카 연정'으로서 기민/기사연합, 녹색당, 자민당의 조합이다. 나머지 3개 조합은 사민당과 기민/기사연합의 대연정이나 여기에 녹색당이나 자민당을 덧붙이는 조합인데, 이미 대연정이 가능한 상황이라면 굳이 이것을 3개 정당 연립으로 확대할 이유는 없어 보인다. 따라서 세 번째로 가능한 옵션은 지금과 같은 대연정이다.

우선 '신호등 연정'은 사민당이 기민당과의 연정을 선호하는 자민당을 어떻게 설득할 수 있을지가 관건이다. 이것은 사민당이 자민당에게 많은 것을 양보하여야 함을 의미하지만 그럼에도 사민당이 마지노선으로 생각하는 대외정책과 재정정책에 있어서는 그 입장이 크게 다르지 않기 때문에 충분히 가능한 옵션으로 보인다. 두 번째의 자메이카 연정은 기민당이 녹색당을 끌어들이기 위하여 어떤 양보를 할 수 있는지가 관건이지만, 기후 문제와 최저 임금 등 핵심적인 사안에서 입장 차가 커서 그 장벽을 극복하기는 쉽지 않아 보인다. 특히 녹색당으로서는 기민당과 협력한다면 이것은 그간 첨예하게 대립해 왔던 '기후 문제'에서 녹색당 지지자들을 배신하는 결과를 초래하기 때문이다. 만약 이 두 옵션이 어렵다면 지금처럼 대연정을 생각해 볼 수 있겠으나, 16년간 메르켈 시대의 'business as usual'을 끝내고 변화를 바라는 유권자들의 바람이 기민당의 패배라는 결과로 나타난 이상, 이것은 여론과 동떨어진 선택으로 보인다.

독일의 연정 구성은, '탐색 대화'로 대강적인 조건을 협상하고, 이어서 '연정 협상'으로 세부 사항까지 조율하여 몇백 쪽의 연정 협약을 맺는 순서로 이루어지는데, 지난 2017년 총선 시에는 연정 구성에 거의 반년이나 소요되었다. 독일 정치는 매우 예측 가능한 편이다.

선거 시 각 정당의 공약을 담은 선거 프로그램과 선거 후 집권 정당 간 합의된 연정협약을 보면, 4년간의 정책 방향을 그대로 예측할 수 있다. 여기에 담긴 정책의 골격은 불가피한 상황이 아니라면 바뀌지 않는다. 그 공약을 보고 표를 던진 국민이 주시하고 있고, 연정 협상 시 합의한 정당 모두 동의하지 않는 한 그 내용을 임의로 바꿀 수 없기 때문이다.

이번 총선을 사민당의 대승으로 이끌면서 차기 독일 총리의 유력한 후보로 떠오른 숄츠는 함부르크 주 총리를 지내고 현재 대연정의 재무장관으로 사민당 내에서도 보수 쪽에 속하는 인사다. 2008년 세계 금융위기 당시에는 연방 노동 사회장관으로 〈어젠다 2010〉 정책의 연장선에서, 특히 '단축 근로'를 도입하여 근로자들을 해고하지 않고 위기를 극복하는 데 크게 기여하였고, 연금 지급을 67세부터 하는 법안도 관철시켰다. 그는 NATO와의 협력과 대서양 동맹 강화라는 대외 정책의 큰 틀은 양보할 수 없다고 못 박았는데, 이것은 슈타인마이어 대통령이 이번 유엔 연설에서 밝힌 독일의 국제적 책임과 유럽의 공동외교안보정책 강화와 맥락이 닿아 있다. 향후 독일 정부의 대외 정책을 예상해 볼 수 있는 대목이다. 이 밖에도 보수적인 재정 운용과 최저임금 12유로, 2045년까지 탄소 중립을 목표로 제시하면서 독일 산업과 경제의 '현대화'를 주창하고 있다.

그는 내가 함부르크에서 총영사를 하는 약 4년 동안 나의 호스트였다. 도착해서 영사 인가장도 그에게 받았고, 떠날 때 리츠뷔텔-포르투갈레저 메달도 그에게서 받았다. 공화제 전통이 강한 함부르크에는 훈장을 주는 전통이 없다. 그래서 훈장 대신 메달을 주는데, 훈장이 '우월성'을 나타낸다 하여 13세기부터는 금지하였다. 똑같은 전통이 독일 내 다른 한자도시인 브레멘과 뤼베크에도 있으며, 스위스에도 있다. 결국 '사람 위에 사람 없고, 사람 밑에 사람 없다'는 정신의 발현이다. 헬무트 슈미트 총리도 연방총리 재직 후 정부에서 주는 국가훈장을 거절하였다. 그도 한자도시 함부르크의 시민이었기 때문이다.

지난 16년간 메르켈 총리의 치적에 대한 평가는 극명하게 갈린다. 세계 금융 위기, 후쿠시마 사태와 에너지 전환, 유로존 위기, 난민 사태, 그리고 코로나 사태에 이르기까지 위기관리의 달인이었다는 긍정적 평가가 있는 반면, 중재적인 역할에 치중한 나머지 실질적인 플러스 성과는 만들어 내지 못했다는 비판도 나온다. 미국과의 관계가 소원해졌고, 특히 노령 빈곤, 교육 투자, 인프라 건설, 주택, 기후 정책 측면에서는 실패했다는 평가다. 최고의 독일전문가라는 폴 레버Paul Lever 영국 대사는 브란트, 슈미트, 콜 총리를 매우 훌륭한 인격자로 평가하면서도 메르켈 총리에 대하여는 "대단한 장점을 가졌다고 말하기는 어렵다"고 평가 절하했다. 서독에서 동독으로 '물결을 거슬러' 이주한 목사의 딸이었던 메르켈의 정치역정은 두 번의 배신으로 완성되었다고 한다. 그는 자신의 정치적 구원자였던 로타르 데메지에르와 헬무트 콜의 정치 인생을 끝장내었다. 이제 그 자신도 역사의 무대로부터 퇴장할 차례다.

차기 정부에서는 메르켈 시대의 종언에 따른 분위기 전환이 불가피해 보인다. 특히 유럽 정책 등 대외 정책 측면에서 마크롱 대통령이 주장하는 유럽의 '전략적 자치'에 대한 입장과 중국 정책의 변화 여부가 주목된다. 유럽연합에서는 '정부 간 모델' 대신 '다층적 속도의 유럽'을 지향함으로써 브렉시트 이후 유럽 통합 가속화 노력을 지속하겠지만, 유로존 위기, 난민 사태, 노르트스트림-2 가스관으로부터 오커스까지 최근 몇 년간 유럽연합 내 팽배해진 분열 위기를 어떻게 극복할지가 관건이다. 중국과의 관계에서는, 폴크스바겐 자동차만 매년 4백만 대를 파는 독일의 경제 이익 보호를 우선시했던 메르켈과는 달리 대서양 동맹관계 등 보다 거시적 차원에서 기존의 정책 기조를 변경할 수 있다는 관찰이 나온다. 대서양 동맹의 파트너인 미국이 중국 압박을 최우선시하고 있기 때문이다.

· 폴 레버Paul Lever 지음, 이영래 옮김,
『독일은 어떻게 유럽을 지배하는가Berlin Rules』
· 케이티 마튼Kati Marton 지음, 윤철희 옮김,
『메르켈 리더십The Chancellor』

게노쎄(동무) 슈뢰더와 전관예우

'처음은 세계 평화, 지금은 연금', 지난 12 월 1일《디 차이트》지에 실린 게르하르트 슈뢰더_{Gerhard Schroeder} 전 총리에 관한 기사 제목이다. 슈뢰더 총리가 은퇴 직후 러시아의 국 영 가스회사인 가즈프롬에 채용되었을 때는 "평화를 위한다"고 했 지만, 지금은 국내 민간보험회사의 로비스트로 노령 기업연금제도 의 확충을 위하여 활동한다는 것을 비판적으로 쓴 것이다. 이 기사 에서 슈뢰더는 메르켈 총리에서부터 숄츠 재무장관(현 총리), 후베 르투스 하일 노동장관 등 그의 보험사가 취급하는 기업 노령연금과 관련이 있는 책임자들을 수차례 만나거나 통화하였다고 구체적인 날짜까지 적시하면서 보도하였다.

그는 은퇴하자마자 가즈프롬, 그리고 로스네프트에서 연간 수십 만 유로 이상의 보수를 챙겨 왔고 이제는 BVUK라는 보험사의 기 업 노령연금을 팔기 위한 로비스트로 활동하고 있다. 안 그래도 그 는 지난 7년간의 총리 재직에 대한 공무원 연금으로 현 총리 보수의 35%에 해당하는 6,446유로를 매달 받는다. 여기에다 그의 개인적 인 활동에 따른 연설료나 고문료 수입도 있다. 특히 이 기사에서 문 제 삼은 것은 그의 보험사 로비 활동을 위한 사무적인 지원이 매년 40만 유로의 정부 예산으로 운영되는 의회 내 그의 사무실에서 이 루어졌다는 것이다.

우리나라에서는 은퇴한 공직자들의 유관 기업 취업을 일정 기간 규제한다. 미국은 이 문제에서 좀 더 자유로운 것 같다. 내가 카타르에서 만났던 미국 대사가 현지에서 은퇴 후 몇 개월 지나지 않아 다시 카타르를 방문했는데, 그의 새 명함을 받아 보니 사기업에서 직책을 맡고 있었다. 물론 미국은 공직자 부정뿐만 아니라 기업 범죄를 추상같이 다룬다. 기업 범죄는 그 피해가 전 국민에게 미치기 때문이다. 그러니 퇴직 공직자에 대한 별도 규제가 없더라도 사기업 취업 후 부정이 생기면 그에 따라 처벌하면 될 것이다.

슈뢰더의 취업 활동에 관한 이 기사에 달린 댓글들을 보니 여론은 두 갈래인 듯하다. 은퇴 후 그의 능력 범위 내에서 직업을 갖거나 합법적인 로비 활동을 하는 것을 비난해선 안 된다는 의견과 로비란 명분으로 행해지는 활동은 곧 부패라는 시각인데, 아무래도 후자 쪽 의견이 우세한 듯하다. 이 기사도 이런 로비 활동이 법적으로 _{de jure} 위법이 아니라 해도 적어도 사실상으로는_{de facto} 불법적이라는 걸 암시한다.

독일의 로비에 대한 시선은 부정적이다. 설령 로비의 필요성을 인정하더라도 그에 따른 투명한 관리, 즉 로비활동을 등록, 감시하는 체계가 수립되어야 한다는 목소리가 크다. 이것은 1990년대 이후로 조합적 모델이 없어져 가고 있는 것과도 관련이 있다. 독일에는 자금이 풍부한 이익단체들이 의원들의 선거운동을 후원하는 미국과 같은 로비활동은 없다. 이러한 로비가 불가능할 뿐만 아니라, 필요하지도 않다. 왜냐하면 이익단체들은 어쨌거나 다른 방식의 메커니즘을 통해 연방정부 활동에 개입하기 때문이다. 연방의회, 부처, 단체의 대표들이 서로 대화하고 싶다면 이들은 활짝 열려 있는 '대문'을 이용하면 된다.

독일의 두 거대 정당이라면 기민당과 사민당으로, 독일은 이 두 정당을 중심으로 한 연립정부가 지배하는 나라다. 사민당은 그 역사가 이제 한 세기 반에 가까운 독일에서 가장 오래된 전통을 가진 정당이며, 기민당은 전후에 결성된 상대적으로 신생 정당이다. 사민당은 노동자와 빈곤층을 대변하는 국민정당으로서 비스마르크의 탄압에 맞섰고, 제1차 대전 시 빌헬름 2세의 소위 '마을 평화정책'에 굴복했지만, 히틀러가 수권법을 통과시킬 때 소속 의원 90명 이상이 반대표를 던진 유일한 정당이었다. 1차 대전 직후 리프크네히트와 로자 룩셈부르크의 독립사민당 세력이 제거되면서 온건한 사민주의로 방향을 잡았지만 이들의 근본이념은 어디까지나 사회주의였다. 1933년 3월 사민당의 오토 벨스Otto Wels는 제국의회에서 그 유명한 수권법 반대 연설을 했다.

그런 만큼 사민당원의 긍지도 남다르다. 뤼베크의 뒷골목에서 사생아로 태어난 빌리 브란트 총리에 관한 유명한 일화가 있다. 그의 외할아버지는 화물차 기사였고, 어느 날 어린 브란트가 빵 가게에서 그 회사 공장장이 사 준 빵 2개를 들고 집으로 돌아왔다. 이것을 본 외할아버지는, "선물? 스트라이크 하는 노동자는 사용자로부터 어떤 선물도 받지 않는다. 우리는 거지가 아니다. 우리가 원하는 것은 선물이 아니라 우리의 권리다. 즉시 빵을 다시 가져다주어라"라고 불호령을 내렸다고 한다. 지금 이 땅에 이런 기개를 가진 노동자가 있을는지 모르겠다.

바로 이런 사민당의 이상에 '게노쎄 슈뢰더슈뢰더 동무'는 맞지 않는 인물이라는 것이다. 사민주의자가 아니라 보수당원 못지않게 돈을 챙기는 자본주의자라는 힐난이다. 전직 대통령이나 총리 같은 인사들이 자신의 직책으로 생긴 명예를 팔아서 잇속을 챙기는 건 적절하지 않다는 것이다. 독일판 전관예우 논란이다. 슈뢰더는 1999년 영국 노동당의 토니 블레어와 함께 제3의 길이라 불리는 신중도Die Neue Mitte를 주창하면서 세금과 복지를 줄이고 신축적인 노동 개혁을 주도했고, 이런 맥락은 수년 뒤 〈어젠다 2010〉으로 이어졌다. 그는 편모슬하에서 야간 대학을 다니며 자수성가한 진성 프롤레타리아였지만, 사회주의의 길을 수정하는 편에 섰다.

우리나라에서도 전관예우에 관한 논란이 심심찮다. 법원에서의 전관예우가 주로 거론되는데, 이 폐해는 법원뿐만 아니라, 행정부, 입법부를 가리지 않고 전방위적으로 일어난다. 한국의 대형 로펌들은 영업활동의 일환으로서 변호사가 아닌 전직 고위 관료들을 대거 채용한다. 특히 세무, 방산, 금융, 공정거래 등의 분야에 채용된 고위 퇴직자들의 활동 영역이 단순한 자문에만 그치지 않을 것이라는 건 어느 정도 예상할 수 있다. 전관예우의 폐해는 전관 그리고 자신의 이익을 위해 전체의 사법정의를 희생시키며, 사회적 신뢰 기반을 와해시킨다는 측면에서 매우 치명적이다.

· 이영기 지음, 『독일통일의 해부』

2017.9.

독일 중심의 EU, 지속가능한가?

　　　　　　　EU 내 독일의 독주에 대한 경계심이 커지고 있다. 독일 기업들의 우세한 경쟁력에 유로존의 환율 혜택까지 더해지면서 막대한 무역흑자가 발생했고 이것이 다시 EU 내 취약국가들의 목을 조르게 되어 그리스 사태 같은 현상이 발생한 만큼 이에 대해서는 독일이 좀 더 책임감을 가져야 한다는 입장이 대두되고 있다. 지금 독일은 사면초가에 처해 있다. 마크롱 같은 유럽 지도자나 트럼프 대통령으로부터 무역흑자나 방위비 분담에 보다 책임감 있는 모습을 보여야 한다는 비판에 직면한 것이다. 물론 독일 측도 할 말은 있다. 예를 들면 유럽중앙은행이 헬리콥터머니까지 뿌려 가면서 인위적인 경기부양책을 실시했고 그런 과정에서 몇 천억 유로 손실이 독일에 떠넘겨졌다는 주장이다.

한스 쿤드나니Hans Kundnani는 『독일의 역습』The Paradox of German Power에서

오늘날 EU의 형태는 독일의 음모에 의한 결과라고 했다. 독일을 견제하려고 만든 EU가 오히려 독일이 통제하는 EU가 되었고 독일은 안보 무임승차와 저평가된 유로화 덕분에 경제위기 속에서도 홀로 수출호황을 누리고 있다는 것이다. 독일이 나치의 역사적 경험을 통해 변했다고 하지만 실은 변하지 않았고 다만 이제 전쟁 대신 경제로 유럽을 지배하려 한다는 것이다.

역사는 돌고 도는 것일까? 사실 앞선 주장들이 무색하리만큼 독일의 대외적 여건은 날로 어려워지고 있다. 내가 만난 휘터 Michael Huether 쾰른경제연구소장의 설명을 들어보자.

"독일이 항상 생각해 왔던 것처럼 유럽연합은 잘 결속되어 있지 않다. 유럽연합은 한순간에 통화동맹과 국가부채 위기 수준을 넘어서는 갈등을 안게 되었다. 전후 시대에 태어난 우리로서는 이러한 일들이 어젠다로 재등장하리라고는 상상할 수 없었다. 이러한 점에서 세상은 실제로 무너지고 있는 것이다.

독일은 어떤 역할을 하고 있을까? 좋은 일만 하고 있는 것은 아니다. 난민문제에서나 에너지 전환 과정에서의 단독행위도 있다. 독일이 전력을 과잉생산하여 수출하게 되면 그 국가의 시스템에도 문제가 생긴다. 난민문제도 마찬가지다. 난민을 수용하면서 독일은 1차 수용시설에 모습을 드러내는 난민의 수가 국경에서 등록된 수의 절반 정도밖에 되지 않는다는 점을 확인하고 있다. 이들이 도대체 어디에서 거주하고 있는지 우리는 전혀 알지 못한다. 난민위기 극복은 우리 혼자만의 힘으로 해결할 수 있는 것이 아니다. 앞으로 유럽이 어떻게 될지 예상하는 것은 힘든 일이다. 전 중앙유럽과 동유럽 국가들은 20년 전부터 열광하며 유럽연합 가입을 위한 길을 걸어왔지만, 오늘날 그 전망은 회의적이다."

하지만 함부르크 대학 아르민 하트예_{Armin Hatje} 교수는 독일이 독주한다는 이러한 견해에 동의하지 않는다.

"독일이 독주하고 있다는 견해에는 동의하지 않는다. 그리스의 예에서 볼 수 있듯이 독일의 영향력은 제한적이다. 위기 당시 독일은 아마 그리스를 포기하는 방법을 택했을 것이다. 그러나 프랑스, 몰타, 키프로스, 그리스와 같은 국가들이 반대했기 때문에 다른 결과가 나왔다. 최근 들어 유럽에서 독일의 영향력이 과대평가되는 경향이 확산되고 있다. 현재 EU 내의 경제나 산업구조를 고려해 보면 독일은 장기적으로 봤을 때, 겨우 지금 지불하고 있는 비용을 되돌려 받을 수 있을 것이다. 유럽중앙은행에서 관장하고 있는 통화정책은 지난 40년간 독일이 쌓아 온 경험들과 전혀 일치하지 않는다. 그러나 유럽중앙은행은 1국 1표 원칙에 따라 움직이는 구조적 한계를 가지고 있다. 각국의 가중치가 고려되지 않는 것이다. 독일은 키프로스와 동일한 권한을 가지고 있으며, 이는 독일이 핵심적 위치에서 그 힘을 잃었다는 것을 의미한다. 물론 이런 상황들이 지금 당장은 독일에 불리하게 보이겠지만, 장기적으로 보면 유리할 수도 있다. 만약 독일이 더 큰 영향력을 가지고 있었다면, 아마 유럽연합은 이미 무너졌을 것이다. 바로 그 때문에 1990년에 유럽중앙은행을 창립할 당시 가중치를 포기했다."

2017년 내가 만난 차이트 재단의 미하엘 괴링Michael Goering 이사장의 말이다.

"나토의 설립은 당시 미국을 갖고, 소련을 퇴출시키고, 독일을 넘어뜨리는 것To keep the Americans in, the Soviets out and the Germans down이었다. 이와 비슷하게 처칠은 유럽연합이 독일을 묶어 두기 위한 것이라고 보았다. 프랑스가 유럽연합에서 탈퇴한다면 역사책에는 독일의 잘못이라고 기록될 것이다. 다시 독일이 너무 강해졌고, 그래서 다른 국가들이 지속적인 통합을 거부한 것이라고 말이다. 판결은 그렇게 날 것이다. 이것은 진실인가? 헬무트 슈미트는 프랑스가 유럽에서 일인자여야 하고 독일은 기껏해야 이인자에 머물러야 한다는 생각을 항상 갖고 있었다."

통찰력 있는 분석가로 잘 알려진 슈미트 총리가 2011년 사민당 전당대회에서 했던 말은 유럽 내에서 독일이 어떻게 처신해야 하는지에 대한 중요한 교훈을 주고 있다.

"우리나라는 운명을 거스를 수 없다. 독일은 지리적으로 대륙의 중심에 위치하고 있으며, 8,200만 국민이 살고 있는 경제대국이다. 다른 국가들이 위기와 싸우고 있을 때 독일이 유럽의 중심으로서 강국의 위치에 있는 상황은 처음 있는 일이 아니다. 우리는 역사를 되돌아보고 자문해야 한다. 당시 이런 유사한 상황에서 우리는 무엇을 했는가? 독일은 자신의 힘을 주변 국가들을 돕기 위해 이용했는가? 아니면 다른 나라에 자신의 의사를 강요하기 위해 권력을 이용했는가? 만약 후자의 경우라면 결국 유럽뿐 아니라 독일 스스로에게도 재앙이 될 것이다. 나는 '독일의 유럽'이 아닌 '유럽의 독일'을 원한다!"

· 장시정 지음, 『한국 외교관이 만난 독일모델』
· 한스 쿤드나니Hans Kundnani 지음, 김미선 옮김,
『독일의 역습The Paradox of German Power』

한국 안보, 유럽과 무관한가?

우리는 소위 4강 외교에 치중한다. 그러면서 말로는 유럽 외교도 등한시해서는 안 된다고 하지만 실제로는 레토릭에 그친다. 유럽을 그저 멀리 있는 경제, 통상의 파트너 정도로 생각할 뿐이다. 유럽외교가 우리에게 '왜' 중요한지를 잘 알지 못하기 때문이다. 유럽을 움직인다는 독일에 대사를 파견하는데도 독일을 잘 모르는 사람을 보낸다. 현지어인 독일어 구사는 언감생심

이다. 독일과 독일어를 모르는 대사는 아침마다 독일인 비서를 불러 뉴스를 디브리핑 받는 것으로 하루를 시작한다. '코드 인사'를 한다는 문재인 정권에서는 말할 것도 없지만, 이런 관행은 그전부터 있었다. 본부에서 간부를 했지만 4강이나 유엔대사로 나가지 못할 상황이라면 독일에라도 보낸다는 식이다. 독일이 그렇게 만만한 나라인가?

이런 현상은 민간기업에서도 볼 수 있다. 독일에 파견되어 나오는 한국 기업의 법인장이나 직원들, 심지어는 특파원들도 마찬가지다. 그러니 이들은 현지 직원을 시켜서 간접적으로 활동하거나 인터넷 정보에 의존하기 일쑤다. 함부르크에는 2016년 10월까지 한진해운 유럽 본부가 소재해 있었다. 해운업계의 불황으로 위기가 닥쳐오자 이곳 함부르크의 하팍-로이드Hapag-Lloyd사에도 비상이 걸렸다. 하팍-로이드는 2014년 남미 해운업체인 CSAV사와의 합병을 통해 몸집을 불렸다. 해운업이야말로 규모의 경제가 매우 중요한 업종이다. 하팍-로이드는 해운업이 한창 호황일 때 비싸게 계약했던 용선료 인하 협상에도 공격적으로 임했다. 하지만 한진해운은 위기관리에 실패했고 불운을 피해 가지 못했다. 이른 아침 힘찬 뱃고동을 울리며 엘베 강을 거슬러 올라오던 한진 컨테이너선을 이제 더 이상 볼 수 없다. 현대상선도 다른 이유이기는 하지만 함부르크항 출입을 멈추었다. 당시 느꼈던 진한 아쉬움은 지금도 남아 있다.

이런 정황을 언급하는 이유는 우리 기업들의 해외 경쟁력과 관련하여 지역학적 측면에서 기초 체력이 좀 더 필요하기 때문이다. 지역 사정에도 어둡고 현지 언어를 구사하는 인력 풀이 빈약하다. 결국 이런 것도 '분기별 성과'에 집착하는 우리의 기업 문화와 관계가 있어 보인다. 독일은 영자 신문 하나 없는 나라다. 독일 사람들이 영어를 잘하니 사람을 만나서는 영어를 한다 하더라도 신문, 방송과 같은 미디어는 물론 대부분 행사나 세미나, 계약 문서 같은 것은 현지어인 독일어로 이루어진다. 그러니 이런 곳에서 영어만 믿고 사업을 한다는 것은 무모하기 짝이 없는 일이다. 더욱이 '턱과 턱이 부딪친다'는 치열한 외교 현장에서는 두말해서 무엇하랴.

한국전쟁에서 중공군의 개입이 확실해졌을 때, 맥아더 장군은 만주 폭격을 합참에 건의했다. 하지만 제2차 대전의 상흔이 아직 생생하던 당시 유약해진 영국과 프랑스는 제3차 대전의 발발을 우려했고, 트루먼 대통령을 강하게 압박했다. 결국 트루먼은 전쟁 지역을 한반도로 엄격하게 제한했고 핵무기도 쓰지 않기로 했다. 사단 대신 핵무기를 가진 미국이 핵무기 대신 사단을 가진 중국을 결코 이길 수 없었던 이유였다. 1951년 샌프란시스코 강화조약 시에는 영국이 한국의 초청을 반대했다.

G7도 당초 미국, 영국, 독일, 프랑스의 G4로 시작하였다. 유럽이 G7이나 G20를 움직인다 해도 과언이 아니다. 현재 영국, 프랑스가 유엔안보리의 상임이사국이며, 언젠가는 일본과 함께 독일도 여기에 합류할 가능성이 예견된다. 이렇듯 유럽연합과 일본은 그 자체로서

도 중요한 협력 파트너이지만, 우리에게 더욱 의미가 있는 건, 바로 이들이 우리의 동맹 미국을 움직일 힘이 있다는 것이다. 특히 아시아의 안보 문제에서는 더욱 그렇다. 내일 당장 한반도에 돌발 사태가 나서 미국의 군사 지원이 필요한 상황이라 하더라도 개입 여부에 대한 결정은 물론, 어느 정도로 개입할 것인가에 대해서도 미국은 유럽의 나토 동맹국들과 협의할 것이다. 우리가 유럽 외교를 등한시하면 안 되는 진짜 이유다.

그 반대도 마찬가지다. 한국전쟁 덕에 당시 패전국이었던 일본이 일어섰다고 하지만 한국전쟁 덕을 본 건 일본만이 아니다. 독일도 마찬가지였다. 전후 서독이 빠르게 패전의 상처를 딛고 일어나 라인강의 기적을 만들어 낸 데에는 한국전쟁이라는 돌발 사태가 숨어 있었다. 독일 경제학자 베르너 아벨스하우저Werner Abelshauser는『독일 경제사』에서 이렇게 쓰고 있다.

> "1950년 6월 한국에서의 전쟁 발발은 그 쇼크의 물결이 지구 반대편 서독의 경제까지 바꾸어 놓을 정도로 세계 경제를 지속적으로 흔들었다. 한국전쟁은 외국에서 독일 투자재와 원자재에 대한 수요를 만들어 냈고 국내적으로는 소비재에 대한 수요를 끌어 올렸다. 전쟁의 힘은 모든 경제·정치적 계산을 일거에 무너뜨렸다. 서독 경제는 전후 처음으로 무역거래를 통해 성장으로 치고 올라가는 맛을 보았다. 당시 서독 경제는 2차 대전 후 멈춰 섰던 유휴 산업 생산 설비를 새로운 수요 발생에 맞추어 활용할 수 있는 여

지를 보유하고 있었고 때마침 터진 한국전쟁은 그 어떤 경제정책보다도 서독 경제 재건에 큰 영향을 미쳤다."

2021년 4월 유럽연합은 민주주의, 법치, 인권, 국제법 증진에 기초한 인도-태평양 지역에서의 안정과 번영 그리고 지속가능한 발전을 위하여 군사적 개입을 강화한다는 전략을 채택하였다. 중국을 압박하기 위한 전략이다. 실제로 독일과 영국은 중국 해역에 군함을 보내고 있다. 한 세기 전 의화단 사건을 진압하기 위하여 유럽이 중국에 연합군을 파견했던 대목이 상기된다. 당시 영국은 남하하는 러시아를 저지하기 위하여 거문도에 군함을 보내 2년이나 주둔하지 않았나. 이렇듯 한국과 유럽은 예나 지금이나 우리의 생각 이상으로 가깝게 연결되어 있다. 부디 '작동하는' 대유럽 외교를 펼치기 바란다.

· 베르너 아벨하우저Werner Abelshauser 지음,
『Deutsche Wirtschaftsgeschichte: Von 1945 bis zur Gegenwart』

2019.2.6.

왜 독일모델인가?

그렇다면 "왜 독일모델인가?"라는 의문이 생긴다. 지구상에는 독일보다 더 크고, 더 잘 사는 나라들도 많은데

말이다. 팍스 아메리카나 Pax Americana의 시대라 하듯이 세계 최강국 미국도 있고 또 사회복지가 가장 잘 갖추어졌다는 덴마크 같은 북구의 나라들도 있다. 하지만 미국이나 덴마크 같은 나라의 시스템이나 제도가 우리에게 잘 맞을까?

미국은 우리보다 국토가 한없이 크고 사회구성도 다르고 기축통화도 가진, 그래서 경제 운용의 멘탈이 많이 다른, 또 무엇보다도 지속가능성을 염두에 두지 않는 나라다. 한마디로 '넘침'의 나라다. 이에 반하여 '결핍'은 독일인들이 역사적으로 겪어 온 경험의 기초였으며, 그래서 지속가능성은 그들이 오래전부터 천착해 온 주제였다. 미국 시스템은 에펠탑과 같다고 했다. 구글, 애플, 하버드대학 등 아주 높은 첨탑을 가지고 있지만, 평균치는 상대적으로 낮은 곳에 있다. 독일의 시스템은 생각건대, 함부르크가 자랑하는 세계에서 가장 비싼 음악당인 '엘프필하모니' Elbphilharmonie와 같다. 꼭대기는 미국보다 낮을지라도 그 평균치는 더 높고 단단하다. 바로 가족기업, 미텔슈탄트와 히든챔피언들이 떠받치고 있는 나라다.

미국은 빠르고 효율적으로 움직일 수 있지만, 안정성은 떨어진다. 빨리 가다가 실수를 하더라도 치유할 수 있고, 치유하지 않는다 해도 그리 큰 충격을 받지 않는다. 워낙 큰 나라고 사회구조도 다층적이기 때문이다. 그러나 우리는 다르다. 좁은 국토 안에 세계에서 사실상 가장 조밀한 인구밀도를 갖고 있다. 실수는 돌이킬 수 없을 정도로 치명적이다. 더 이상의 시행착오는 없어야 한다.

덴마크는 안락한 '휘게'hygge의 나라이자 세계적으로 최선의 관행이라는 노동시장의 안정성과 신축성을 모두 갖춘 '플렉시큐리티'flexicurity의 나라다. 그러나 인구가 600만 명이 채 안 되는 나라의 이 제도는 5,000만 명의 인구를 가진 한국에는 적합하지 않다. 한국과 덴마크는 같은 자본주의라 하더라도 담세율도 크게 다르고 경제를 운용하는 방식도 많이 다르다. 그러니 우리에게 모델적 역할을 할 수 있는 나라라면 차라리 덴마크보다는 독일이나 일본이 더 가깝지 않을까 생각된다.

물론 독일이나 일본도 한국보다는 훨씬 큰 나라들이다. 독일은 2차대전 전 그 영토의 길이가 수천 킬로에 달했고 일본은 지금도 그렇다. 일본은 1868년 메이지유신 시기 웅비해외론을 내세우며 "만 리의 파도를 뚫고 나가 사방에 국위를 선양한다"고 했다. 1871년에는 59명의 유학생을 대동한 48명의 정부사절단(이와쿠라 사절단)을 보내 2년 가까이 미국과 유럽의 문물과 제도를 살펴보고 연구했다. 그리고 탈아입구의 가치 아래 맹렬히 서양을 배웠다. 그런데도 그들은 매우 신중하여 서양문물을 수입할 때 일본에서 작동 가능할지에 대하여 세심한 주의를 기울였다 한다.

어쩌면 우리에게는 차라리 서양보다는 일본모델이 더 적합할지 모른다. 그러나 일본이 서양에서 가져온 것 중 가장 중요한 국가 시스템을 만드는 데 참고한 것은 프로이센의 것이었다. 천황제를 중심으로 하는 일본은 사실상 의회가 통치하는 영국식 입헌군주제보다는 군주가 통치하는 프로이센식 군주제를 선호했다. 그래서 일본은 1882년 이토 히로부미가 헌법시찰단을 이끌고 독일에 다시 가서 프로이센 헌법을 완전히 베껴 왔다. 물론 전후 일본은 헌법을 완전히 바꿔서 군주제를 포기했지만, 지금도 여전히 독일과 일본은 세계에서 으뜸가는 선진국이다.

이렇게 본다면 우리가 독일의 국가 시스템을 보고 연구하는 것은 의미가 없지 않겠다. 특히 분단된 한국의 현실에 비추어, 과거 대독일주의 대신 오스트리아를 포기하고 소독일주의로 독일제국의 통일을 이룩한 비스마르크의 통일 정책이나 아데나워 총리의 탄탄한 서방정책에 기초한 브란트 총리의 동방정책과 콜 총리의 전광석화 같은 동서독 통일 추진 사례를 볼 때 그러하고, 아울러 지금 한국과 마찬가지로 인구절벽에 직면한 독일의 인구정책이나 노동시장 측면에서 볼 때도 역시 그렇다. 이제 한국이 가야 할 길이 조금 좁혀진 듯하다. 바로 독일모델이다.

Part 7

비스마르크의
소독일주의와 한국 통일

1871년 1월 베르사이유궁 거울의 방에서 거행된 독일황제 선포식

사진 출처: Wikimedia Commons

"독일통일은 독일어를 하는 사람이라면 누구나 원한다. 하지만 나는 이 헌법으로 이뤄지는 통일을 원하지 않는다. 우리의 목표는 통일 그 자체가 아니라, 프로이센의 왕관을 조금도 훼손치 않고 지켜 내는 일이다."

_오토 폰 비스마르크Otto von Bismarck

2020.12.14

브란트 총리의 무릎 사죄는 독일통일의 출발

빌리 브란트 독일 총리는 50년 전인 1970년 12월 7일 바르샤바 게토 봉기 희생자 묘역에서 무릎을 꿇고 사죄했다. 추모비 앞에 화환을 바친 그가 진눈깨비로 젖은 바닥에 털썩 주저앉아 무릎을 꿇는 역사적 순간이었다. 지난 12월 3일 뤼베크 지역신문 《뤼벡뉴스》Luebecker Nachrichten 는 '말문이 막히면'wenn die Sprache versagt 이라는 제목으로 브란트 총리의 '무릎 사죄' 50주년 특집 기사를 실었다. 이 기사에도 나오듯이 이날 브란트 총리의 무릎 사죄는 전혀 계획된 게 아니었다. 그의 최측근인 에곤 바Egon Bahr 도 몰랐고 심지어 그는 기자들의 벽에 막혀 이 광경을 보지도 못했다. 이날 행사에 동행했던 귄터 그라스Guenter Grass 나 지그프리트 렌츠Siegfried Lenz 도 마찬가지였다.

브란트 총리는 이날 저녁, "머리를 숙이는 것만으론 충분치 않았다. 계획하진 않았지만 뭔가 특별한 것을 해야 한다는 느낌을 받았다"고 했지만 그가 언제부터 그런 생각을 하게 되었는지는 말하지 않았다. 나중에 그는 회고록 『기억』Erinnerung 에서 "독일 역사의 심연에서, 수백만 명을 학살한 과오의 중압감에서, 말문이 막혔고, 인간이 해야 할 것을 했을 뿐이다"라고 고백했다. 브란트 총리는 독일 최초의 사민당 총리로서 '접근을 통한 변화' 정책으로 알려진 동방정책을 구사하여 동서독 화해의 물꼬를 트면서 훗날 독일 통일의 초석을 놓았다. 그의 무릎 사죄는 나라 안보다는 밖에서 큰 반향을 울렸다.《타임》지는 그를 '올해의 인물'_{Man of Year}로 선정했고 다음 해 그에게 노벨평화상이 주어졌다.

나는 1992년 10월 브란트 총리가 서거하였을 때 외교부 서구과에서 독일 데스크를 맡고 있었고, 대통령 조문특사를 수행하여 베를린 의회에서 열린 브란트 총리의 국장에 참석하였다. 이후 세월이 흘러 24년 후 2016년 12월 뤼베크 시내 성 에기디엔_{St.Aegidien} 교회에서 열린 '7-12-1970 무릎사죄 기념재단' 창립 행사에서 700여 명의 뤼베크 시민 앞에서 연설하였다. 짧은 연설이었지만 할 말은 다했다. 핵심적인 메시지는 위대한 브란트 총리의 '무릎 사죄' 정신이 유럽을 넘어 동아시아의 역사도 밝혀 주기를 바란다는 것이었는데, 일본의 과거사에 대한 좀 더 큰 도량을 염두에 둔 것이었다. 브란트 총리는 히틀러로부터 박해받은 사회주의자이며 동시에 공산주의에 대항한 베를린의 방어자였다. 브란트의 동방정책이 아데나워의 서방정책의 연장이란 말대로, 전후 아데나워가 서방정책을 통해 다져 놓았던 서방과의 결속과 안보, 그리고 경제발전과 민주주의의 역량으로부터 브란트의 동방정책이 나왔다. 그럼에도 불구하고 그의 동방정책은 평화에 대한 브란트 자신의 믿음 없이는 결코 가능하지 않았을 것이다.

뤼베크는 브란트 총리의 고향이다. '한자동맹의 여왕'으로 불리는 뤼베크는 여행객들의 매력적인 목적지일 뿐 아니라 현대 독일 지성을 지탱하는 세 명의 노벨상 수상자의 산실이다. 토마스 만_{Thomas Mann}은 성숙한 휴머니즘의 대변자로《BBC》방송 연설, '독일 청취자들이여!'를 통하여 나치와 정면 대결하였고, 귄터 그라스는 전후 소설『양철북』으로 독일 소시민 사회의 일상과 속물근성이 나치의 집권과 만행을 가능하게 했다면서 그 책임을 일깨웠다. 브란트 총리는 세계사의 에피소드가 된 '무릎 사죄'를 통하여 진정한 사죄가 어떤 것인가를 세계 시민들에게 보여 주었다. 브란트 총리의 무릎 사죄는 독일이 홀로코스트의 국가로부터 환골탈태하여 훗날 베를린 장벽을 무너뜨리고 통일독일을 이루는 출발이 되었다.

2019.4.7.

독일통일은 '자기 해방' 모델이다

이영기 교수가 독일모델연구소를 방문하였다. 이 교수는 부산 동아대, 명지대에서 교편을 잡았고 정년 퇴임 후 함부르크에서 산다. 그는 함부르크 대학에서 정치학 석사를, 베를린 자유대학에서 정치학 박사를 받았다. 그의 정치학 박사학위 논문은 「한국전쟁 기간 중 이승만의 대외정책」이었다. 1965년 당시 만 서른의 나이로 독일 유학길에 올랐는데 여비를 아끼기 위해 배를 타고 홍콩에서 인도양을 돌아 수에즈 운하를 거쳐 마르세유로 들어가 한 달 만에 독일에 도착할 수 있었다 한다. 3·1 운동 후 일경의 단속을 피해 독일로 나왔던 이미륵의 1920년 바로 그 당시 여정을 상기시켰다. 그는『베를린 장벽은 어떻게 무너졌는가』등의 저서와 많은 논문을 발표한 통일문제 전문가다. 아데나워 총리가 1952년 스탈린의 독일 중립안을 단호히 거절하고, 동서 진영 간 '그네정치'를 배격하였듯이, 이승만 대통령도 소련의 팽창정책에 대항하여 자유민주주의와 시장경제를 추구한 건국 지도자였다며 강연 등 기회가 있는 대로 아데나워와 이승만을 강조한다.

그는 독일통일을 라이프치히 월요데모가 기폭제가 되어 통일로까지 이르게 된 '자기 해방'Selbst-Befreiung 모델로 단정한다. 아데나워 총리가 서방정책으로 서독의 건국 기초를 다진 후 브란트 총리가 이 서방정책을 유지, 강화해 나가는 가운데 동방정책을 펼쳤다. 그 연장 속에서 고르바초프의 개혁·개방 운동으로 동독 주민들의 서독 방문과 서독 이주가 대량으로 발생하자, 동독에 남아 있던 주민들은 라이프치히 월요데모에서 보듯이 반정권 운동에 적극적으로 참여하게 되었다. 당시 호네커 서기장이 불과 반년 전에 일어났던 천안문 사태의 전례를 따라 무력 진압을 시도했지만, 1989년 10월 9일 월요데모를 기점으로 그런 시도는 사그라들었고, 이것이 모멘텀이 되어 한 달 후 베를린 장벽의 붕괴로까지 이어졌다는 것이다.

그는 한국전쟁 전 부친을 따라 자유를 찾아 월남했다. 월남 시 평양에서 서울까지 25일간을 걸어서 휴전선을 넘었고 한국전쟁 때는 임시 거주지였던 온양에서 부산까지 한 달을 걸어서 피난을 갔고, 1·4후퇴 때도 다시 온양에서 부산까지 2주간을 걸어갔다 한다. 그래서

인지 탈북자 문제에 관심이 많다. 한반도 통일의 열쇠도 바로 탈북자들이 쥐고 있다고 힘주어 말한다. 독일통일의 '자기해방' 모델에서 보듯이 북한 주민들의 '자기해방'만이 자유민주주의 통일 국가에 이르는 유일한 길임을 강조한다. 연방제 통일과 같이 상이한 체제로는 통일을 이룬 역사는 없다고 한다. 이 교수의 견해를 소개해 본다.

베를린 장벽이 무너진 후 1990년 3월 실시된 동독에서의 자유선거에서 사민당의 오스카 라폰테인Oskar Lafontein은 영토적 통일보다는 사회적 통일이 먼저라고 했지만, 기민당의 헬무트 콜Helmut Kohl은 빠른 통일을 선거공약으로 내세웠다. 동독 주민들의 선택은 빠른 통일을 내세운 기민당이었다. 동독 사람들의 생각에 초점을 맞춘 기민당이 승리한 것이다.

우리도 마찬가지다. 북한 사람들이 무엇을 원하는지를 잘 봐야 한다. 탈북자들을 보라. 그들이 원하는 것은 자유다. 북한 주민들의 생각에 답을 주어야 한다. 1990년대 기아로 인한 절망적 상황에서 북한 주민들의 탈주가 시작되었다. 하지만 당시 김대중 정부는 북한과의 관계 유지를 위해 이들을 외면했다. 물론 공식적으로는 아니었지만, 재외공관에서 그들을 잘 받아 주지 않았다. 이것은 매우 아쉬운 부분이다. 1997년 황장엽이 넘어와서 북한은 3년 내로 망한다고 했다. 통일의 기회를, 적어도 통일로 갈 수 있는 역량을 키울 수 있는 좋은 기회를 놓쳤다. 만약 그때 물꼬가 터진 것처럼 북한 주민들의 탈주 러시가 일어났다면 지금 통일 여건도 반전을 맞았을 것이다.

2019.4.22.

전후 조국의 분단을 막은
오스트리아 '국민 교사' 카를 레너

오스트리아에서 근무할 때 일이다. 나는 주말에 가끔 빈 근교의 슈네베르크 산으로 등산을 다녔고, 겨울이 시작되면 부활절이 될 때까지 스키를 타러 가기도 했다. 슈네베르크 산은 수도 빈으로부터 70~80km 정도 떨어져 있는데 빈 시민의 수돗물이 여기서 공급된다. 빈의 수돗물은 많은 시민이 그냥 마실 정도로 청량감이 좋고 질적으로도 정상급이다. 바로 해발 2,076m 고지인 슈네베르크 산의 눈이 녹은 물이다. 이 산으로 가는 길 초입에 글로크니츠Gloggnitz란 도시가 있는데, 이곳은 오스트리아의 건설 장인으로 추앙받는 카를 레너Karl Renner가 2차 대전 중 칩거하던 곳으로 그의 기념관이 있다. 2013년 글로크니츠의 레너 기념관을 방문했을 때 나의 시선을 사로잡았던 한 장의 사진이 있었다. 바로 피점령국의 한 정치 지도자에 불과했던 레너가 미, 소, 영, 불의 서슬 퍼런 점령국 군사령관들을 좌우로 놓고 중앙에 앉아 찍은 사진이었다. 그의 정치력을 추측해 볼 수 있는 사료라 하겠다. 그는 오스트리아 국민들에게 '영도자'가 아닌 영원한 '교사' 그리고 전쟁 후 오스트리아의 '건설장인'으로 기억되고 있다.

카를 레너는 1918년 오스트리아가 1차 대전에서 패한 후, 임시정부 수반을 맡아 베르사유에서 진행된 평화협정 교섭 대표로 오스트리아와 연합국 간의 강화조약인 생제르맹 조약을 체결하고 전후 오스트리아의 첫 공화국 총리를 지냈다. 그리고 1945년 2차 대전 종전 시에는 오스트리아 임시정부를 수립하여 4월 27일 나치 독일로부터 분리와 독립을 선언하였고, 스탈린과 직접 서신 연락을 취하며 소련이 4대 점령국 중 가장 먼저 오스트리아 임시정부를 승인토록 막후 교섭하였다. 결과적으로 오스트리아는 1945년 10월 20일 4대 연합국 모두로부터 임시정부 승인을 받아 내고 레너는 전후 오스트리아의 초대 대통령으로 선출된다.

연합국의 임시정부 승인은 1943년 미, 영, 소가 독일의 오스트리아 병합을 원천 무효라고 선언한 모스크바 선언을 재확인해 줌으로써 오스트리아는 나치 독일과 같은 침략자가 아니라 오히려 나치 독일의 희생자라는 논리를 관철시켰다. 이것은 훗날 오스트리아가 1955년 4대 연합국들과 패전국으로서의 평화협정이 아닌 대등한 주권국가로서 〈국가조약〉Staatsvertrag을 체결하여 독일과 같은 분단을 겪지 않고 완전한 주권을 회복하는 기반이 된다.

이렇듯 레너는 오스트리아 제1공화국과 제2공화국의 초대 총리와 초대 대통령을 맡아 격동기의 오스트리아를 이끌었다. 나는 빈의 고서점에서 1950년 12월 레너의 타계 2주 전, 그의 80회 생일을 맞아 발간되었던 연설문집을 구할 수 있었다. 이 연설문집의 서문을 쓴 당시 레오폴트 피글Leopold Figl 총리는 "오스트리아 국민은 한 세대 내에서 2번이나 부서진 폐허로부터 국가를 재건해야 하는 과제를 안았지만, 다행스럽게도 지치지 않는 건설장인 레너가 그 2번의 소임을 다하여 오스트리아의 정의와 평화의 반석을 만들었다"고 술회했다. 내가 만난 레너 전문가인 지그프리트 나스코Siegfried Nasko 박사에 따르면 그는 처칠이나 레닌처럼 많은 저술을 하여 거의 100권에 달하는 저서를 남겼다 한다.

내가 만난 오스트리아 군사 박물관장을 지낸 만프리트 라우헨슈타이너Manfried Rauchensteiner 교수의 이야기다.

"레너는 1945년 4월 대전 막바지에 빈 근교의 글로크니츠에 칩거하고 있었는데, 여기로 소련군 103보병연대가 진군해 왔다. 레너는 부대장을 면담하여 전후 질서 확립에 동참하겠다며 오스트리아 사민당의 재건을 지원해 달라 하였고 스탈린에게 보내는 3개 국어로 된 친서를 전달하였다. 그 후 레너의 친서는 3번에 걸쳐 보내졌는데 2번째 친서에서 스탈린의 승리를 축하하고 그를 위대한 영웅으로 칭송하여 논란을 야기하기도 하였다. 일설에 따르면 스탈린은 전쟁 전 이미 저명한 사회당 정치인이었던 레너를 알고 있었고 전후 오스트리아에서 사회주의 정권을 수립하기 위해 레너를 찾고 있었다고 한다. 여하튼 이 친서는 소련이 오스트리아 임시정부 수립에 협조적으로 돌아서게 했다.”

레너는 1938년 3월 히틀러가 오스트리아를 병합하자 이를 지지한다는 성명을 내고 글로크니츠로 와서 칩거 중이었다. 하지만 종전이 다가오자 소련과 협의하에 임시정부를 출범시키는 기민함을 보여 주었고, 오스트리아는 레너의 출중한 정치력으로 사실상 독일과 함께 전쟁 책임이 있었지만 전후 분단되지 않고 영토를 보전할 수 있었다. 레너가 그랬듯이 많은 오스트리아인이 1938년 나치 독일과의 병합을 기꺼이 받아들였다. 실제로 전쟁에 나가 전사한 오스트리아 군인들이 26만 명이나 되었고 오스트리아 유대인 20만 명 중 6만 5천 명이 살해되었다. 그럼에도 오스트리아 사람들은 자신들이 “히틀러의 나치 독일과 함께 싸운 2차 대전”에서 패배했다는 것을 인정치 않는다. 오히려 자신들이 나치 독일에 강제 합병당한 첫 희생자로서 나치의 패배로 해방되었다고 주장한다. 이것은 마치 일본이 히로시마와 나가사키에서 원자폭탄을 맞아 자신들이 전쟁의 피해자라는 ‘피해자 코스프레’와 비슷한 맥락이 아닐까 싶다.

일각에서는 이것을 두고 오스트리아의 ‘국민적 거짓말’national lie 이라 한다. 히틀러의 오스트리아 강제병합에 대항하여 목숨 바쳐 싸운 오스트리아인들이 분명히 있다. 내가 만난 오스트리아 외교부의 테레사 인트야인Teresa Intjein 대사의 집안도 그런 독립투사의 집안이다. 하지만 그보다 훨씬 많은 오스트리아인이 히틀러의 합병을 열렬하게 지지했고 기꺼이 전쟁에도 참여했다. 그렇기에 오스트리아의 '국민적 거짓말'이란 이야기가 나온 것이다. 이 국민적 거짓말은 바로 오스트리아의 능숙한 외교로 대미를 장식하게 된다. 오스트리아는 합스부르크 멸망 후 세워진 제1공화국의 계승자로서, 1938년 이후 2차 대전 종전 시까지는 '코마coma 상태'의 국가였기 때문에 나치와 병합한 오스트리아는 현재의 오스트리아 제2공화국과는 아무 관계가 없다는 점을 수미일관 주장한다. 당시 나치의 범죄 행위에 대한 국가 배상 의무가 없다며, 오히려 나치 침략의 희생자로서 독일로부터 보상을 받아 내어 그 일부를 희생 유대인들의 지원에 사용하기도 했다.

오스트리아 사람인 히틀러를 독일 사람으로 만들고 독일 사람인 베토벤을 오스트리아 사람으로 만든 것이 전후 오스트리아 외교의 최대 성과라는 우스갯소리가 있다. 하긴 나폴레옹은 이탈리아 사람이었고 가리발디는 프랑스 사람이었다. 실제로 오스트리아는 외교에 능한 국가다. 1차 세계대전 패배로 광대한 영토를 상실하는 아픔을 겪었지만 2차 대전 후에는 영토의 상실 없이 국토를 보전하였고 국제연합 전문기구들을 유치하여 빈은 뉴욕, 제네바에 이은 제3의 유엔 도시가 되었다. 1955년 〈국가조약〉으로 완전한 주권을 회복하면서 영구 중립국임을 선언하였으나 NATO에만 가입하지 않았을 뿐 유럽연합의 일원으로서 유럽 화폐동맹에도 가입하여 사실상 서방 세계의 일원으로 번영을 구가하고 있다.

오스트리아가 우리 외교의 롤모델이 아닌가 생각도 해 보지만, 곧 부질없다는 생각이 들었다. 오스트리아의 제2공화국 건국은 사회주의자인 카를 레너가 주도했지만 대한민국의 건국은 반공주의자 이승만이 주도했다. 오스트리아의 중립화 모델을 한반도에 적용하는 건, 남쪽의 귤이 북쪽에 가서는 탱자가 된다는 '귤화위지'라는 말대로 우리나라에서 적용 가능한 모델은 아닐 것이다.

2019.5.3.

"We shall overcome"
- 독일통일의 교훈

> "우리는 이긴다.
> 마음속 깊이 나는 믿는다.
> 언젠가는 우리가 이길 거라고…"

조안 바에즈 Joan Baez 의 〈We Shall Overcome〉 노래 가사다.

1989년 동독 주민들은 이 노래를 호네커 Erich Honecker 정권에 저항하며 불렀고 끝내 베를린 장벽을 무너뜨렸다. 두말할 것 없이 한반도에서도 자유민주주의 체제를 선택하는 통일이 중요하다. 통일문제 전문가 이영기 박사가 '독일 통일의 교훈과 우리의 길'이란 제목의 명지대학교 특강에서 강조한 독일통일의 교훈을 소개해 본다.

"첫째, 독일은 1990년 통일과 함께 헌법을 개정하였는데 그 전문에서 '독일인들은 자유로운 자결권으로 독일의 통일과 자유를 완수하였다'고 하였다. 즉 통일만을 완수한 것이 아니라 '자유'를 완수했다는 것이다. 이것은 통독 전 서독의 자유민주주의와 시장경제 체제를 동독 주민들과 함께 자유로운 자결권으로 통일 독일에 도입하였음을 의미한다. 통일 자체가 중요한 게 아니라 어떤 체제로 통일하느냐가 중요하다는 교훈이다. 2차 대전 후 서독, 일본, 한국은 자유민주주의와 시장경제를 선택했고 이들 나라는 그 역사상 가장 잘사는 나라를 건설할 수 있었다. 반면에 동구권 국가들은 사회주의를 선택했고 이들은 모두 쇠락했다. 그 종주국인 소련마저도 피로 얻은 사회주의 혁명을 포기했고 74년 만에 나라 문을 닫았다. 체제를 잘 선택하지 못한 결과다. 북한의 1972년 헌법 해설집을 보면 '쌀이 사회주의다'라 했는데, 이는 곧 빵을 해결하지 못하면 사회주의의 가치가 없다는 뜻이다. 그런데 북한에선 지금 쌀이 금보다 귀해졌다. 북한은 자신들의 재단에 따르더라도 실패한 나라다. 통일문제에 있어서는 우리 헌법에 따라 자유민주적 기본 질서에 입각한 자유민주주의와 시장경제를 지키는 통일이 되어야 한다.

두 번째는 안보 문제다. 한미동맹이 중요하다는 건 불문가지다. 독일은 1970년대 나토의 '이중 전략'으로 소련의 동독 내 핵무기 배치에 대항하여 미국의 전술 핵무기인 퍼싱-2 미사일 배치로 맞섰고, 이러한 확고한 안보체제에 바탕을 둔 동구권과의 관계 개선을 추진하였다. 확고한 안보 태세는 통일로까지 이끈 견인차였다. 안보가 흔들리면 경제를 포함한 모든 게 흔들린다. 독일 사람들은 "Sicher ist sicher"_{Safe is safe}라고 말한다. 안전 제일주의란 의미다. 여기서 독일이 나토라면 우리는 한미동맹이다. 한미동맹은 미국이 맺자고 해서 맺은 게 아니다. 한국전쟁 당시 이승만 대통령이 휴전에 합의해 주는 반대급부로 미국으로부터 얻어 낸 것이다. 며칠 전 나들이를 가면서 고속터미널에 나온 수많은 청춘 남녀를 보았는데 불현듯 든 생각이 "우리가 적화되면 저 수많은 자유로운 젊은이가 노예가 될 텐데…"라는 것이었다. 전에는 전혀 하지 않았던 이런 걱정을 하는 나 자신에 놀랐다.

세 번째, 독일과 한반도 분단에는 차이점도 있고 공통점도 있다. 차이라면 독일은 침략전쟁을 저질러서, 즉 죄가 있어 분단된 것이고 한반도는 아무 죄 없이 분단된 것이다. 물론 한반도 분단에는 과거 조선이 일본의 식민지로 전락한 당시 구한말 지도층들의 책임이 있기는 하다. 어쨌든 공통점이라면 바로 소련의 팽창정책의 희생물이라는 사실이다. 그래서 동서독과 남북한은 영토의 분단이란 측면 외에도 이데올로기적 분단의 성격을 띠고 있다. 소련은 스탈린의 '1국 사회주의' 완성 후 '세계사회주의' 시대가 도래했다고 했고 러시아 시절부터 전통적으로 제국주의 정책을 지속해 왔다. 1만km에 달하는 시베리아 철도를 완공하고 계속 동으로, 남으로 팽창정책을 추구해 왔다.

네 번째, 아데나워 총리와 이승만 대통령은 소련의 팽창정책의 위험을 알고 철저한 친서방 정책으로 이를 막아 내었다. 여기서 독일과 한국의 차이점이라면, 아데나워 총리의 서방정책에 당시 야당이던 사민당은 이를 분단 영구화 정책이라며 반대하여 오다가 1959년 고데스베르크 전당대회에서 수용한 반면, 한국에서는 이승만의 한미동맹을 주축으로 하는 철저한 반공정책을 제대로 평가하지 않고 오히려 분단 책임에서 자유로울 수 없다는 식의 매도가 있어 왔다. 1948년 5월 10일 실시된 남한에서의 자유 총선거야말로 우리 민족 최초의 자유의사에 따라 독립정부를 수립한 쾌거였다. 당시 5월 10일 총선거에 관한 유엔한국임시위원단 UNTCOK의 크리스넌 메년Krishnan Menon 단장의 보고서를 보더라도 유엔의 중립적 입장에도 불구하고 남한에서의 단독정부 수립은 불가피했고 자결권의 정당한 행사로 독립 정부를 수립했음을 높이 평가하고 있다. 1948년 5월 10일이야말로 한반도 역사에서 가장 빛난 날이다.

다섯 번째, 독일은 동서독 간 서로 전쟁을 하지 않았지만 한반도에서는 남북 간의 전쟁이 있었다. 한국전쟁 전 350만 명의 북한 주민들이 남한으로 넘어왔지만 전쟁이 끝난 후에는 인적 교류가 완전히 끊겼다. 부모도 자식도 다시는 만나지 못했다. 독일에서는 브란트 총리가 원조와 교류를 연계했다. 동독에 원조를 주되 서독 주민들의 동독 방문을 제도화시켰다. 그는 "땅 통일 전에 사람 통일부터 하자"고 했고 한 달까지 동독에 머무를 수 있도록 동독을 강제했으며 동독 주민들이 서독의 TV나 라디오도 시청토록 했다. 호네커의 동독 정부도 일정 한도 내에서 인도주의 교류 정책을 실시했다. 동독 주민들도 60세 이상의 여성이나 65세 이상의 남성들에게 서독 방문을 허락했다. 이제 한반도에서 이산가족은 얼마 남지 않았다. 우리가 북한을 돕더라도 최소한 생존한 직계 이산가족만큼은 재상봉의 기회를 주어야 하지 않겠나.

여섯 번째, 독일의 전후 경제 기적을 라인강의 기적이라 한다. 하지만 진짜 기적은 우리가 해냈던 한강의 기적이다. 독일은 비록 전쟁에는 졌지만 2번의 세계전쟁을 치를 만큼 막강한 국력을 가진 나라였다. 여건만 된다면 언제든 일어설 수 있는 저력을 가진 나라였다. 하지만 우리는 달랐다. 무에서 유를 창조했다. 전쟁을 막아 냈고 수백 년, 수천 년 내려오던 가난을 극복했다. 이런 저력을 가진 민족이라면 영국도, 프랑스도 이길 수 있지 않겠나.

일곱 번째, 동독 주민들에게나 북한 주민들에게나 중요한 것은 인권이다. 1975년 헬싱키선언과 함께 일어난 서독의 인권 운동은 동독에까지 인권의 바람을 불게 했고, 이것이 1989년 교회를 중심으로 한 동독인들의 동독 정권에 대한 저항운동을 이끌어 내었다. 이들은 조안 바에즈의 〈We Shall Overcome〉을 부르면서 평화혁명으로 승화시켜 나갔다. 1989년 10월 9일, 호네커는 천안문 사태처럼 동독인들의 데모를 유혈 진압하고자 했지만, 고르바초프의 정책 기조에 따라 동독 주둔 소련군이 개입하지 않았고 결국 평화혁명은 성공했다. 4주 뒤인 11월 9일 베를린 장벽은 무너져 내렸다. 이 과정에서 동독 주민들은 "우리는 국민이다"_{Wir sind das Volk}를 외쳤다. 주권은 국민에게 있다는 의미다. 이런 맥락에서 한반도에서도 북한 주민들에게 초점을 맞춘 통일 정책이 구사되어야 한다. 우선 탈북민들을 제대로 대우해야 한다. 김대중 정부 때 기회가 있었다. 그때 막 북한에서 탈북 러시가 일어나고 있었지만 당시 탈북자 정책은 미온적이기만 했다. 아쉬운 대목이다.

여덟 번째, 베를린장벽 붕괴 후 콜 총리는 발 빠르게 움직였다. 1989년 11월 연방하원에서 〈독일과 유럽 분단 극복을 위한 10개 방안〉을 발표했다. 여기서 동서독이 통일로 가는 과정에서 국가연합을 지향한다고 했는데, 그 전제 조건은 동독에 민주적 정부가 세워져야 한다는 것이었다. 유럽연합의 통합 과정에서 보듯이 독립적인 나라들이 모여 국가연합이나 연방을 만드는 일은 지난한 작업이다. 기본 가치나 체제가 같은 유럽연합의 국가들이기에 그만큼의 성공을 거둘 수 있었지만, 기본 가치나 체제가 다른 나라 간에는 연합이든 연방이든 전혀 가능하지 않다. 우리가 북한의 고려연방제를 시종일관 반대하는 이유다."

결론적으로, 우리의 갈 길이다. 우리는 독일통일에서 가장 중요한 역할을 했던 인권에 초점을 맞추고 북한 주민들의 인권 침해에 결연히 맞서야 한다. 인권은 어디에서나 초국가적 가치를 가진다. 국가 이전에 사람이고 인권이기 때문이다. 인권에서 답을 찾자. 동독을 무너뜨린 건 인권이었다. 1948년 유엔의 인권선언은 1941년 루스벨트 대통령의 신앙의 자유, 표현의 자유, 결핍으로부터의 자유, 공포로부터의 자유를 기초로 만들어졌다. 북한은 지금도 이 4대 자유를 짓밟고 있다. 당연히 국제법 위반이다. 인권은 싸워서 찾는 것이다. 인권을 위해 싸우자. 그리고 유엔 감시하의 인구 비례에 의한 자유선거로 다시 돌아가서 통일을 완수하자.

2019.6.28.

재통일이 아니라 새로운 통일이다

2019년 6월 나는 베를린에서 열린 〈국제 통일 심포지엄〉에 기조 연설자로 참석했다. 베를린 장벽이 지나갔던 통일 현장, 소니센터 인근 하이야트 호텔에서였다. 나는 '독일 통일과 한반도'란 제목으로 기조연설을 했다. 나의 기조연설 핵심을 압축해 본다.

첫 번째, '지금 우리가 한가하게 학문적인 또는 이론적인 통일 논의만 할 때인가?'라는 문제 제기다. 한반도의 안보정세가 너무나 위태롭기 때문이다. 한반도는 이미 유력한 핵전쟁 발생 가능 지역으로 지목되고 있다. 실제로 세계에서 가장 위험한 북한 정권이 핵 개발에 성공하여 세계를 위협하고 있지 않나. 핵만이 아니다. 북한은 생화학무기라는 또 다른 대량살상무기WMD에 더하여 백만 대군이라는 재래식 전력도 가지고 있다. 한반도에서 핵전쟁이 나든 재래식 전쟁이 나든 대량 살상은 불가피하다. 베트남 통일 전쟁에서 보듯이 경제력만으로 전쟁의 승패를 예견하는 것은 타당하지 않다. 군복과 군화도 제대로 지급받지 못한 거지 군대가 당시 세계 4위의 공군력을 가졌다는 월남군을 이겼고 미군도 물러설 수밖에 없었다. 대한민국의 '주적'이 사라졌고, 강도 있는 훈련을 시키는 군단장을 해임해 달라고 청원까지 하는 게 우리 군대다. 얼마 전에는 북한 목선의 삼척 상륙 같은 어처구니없는 상황이 실제로 일어났다. 이런데도 민방위 훈련조차 건성으로 한다. 북한이 핵폭탄을 가졌으면 우리는 핵방공호라도 파야 하지 않나. 한반도 안보의 인계철선이라는 한미동맹도 흔들리고 있다. 통일 논의도 좋지만 우선은 안보다.

두 번째, 우리의 통일을 위한 그동안의 노력이나 추진 과정, 그리고 결과를 보면 독일통일과 전혀 닮은 게 없는데도 지금껏 독일통일 타령을 하고 있다. 배우지도 않을 걸 무엇 때문에 많은 노력과 돈을 들이는가? 역대 대통령마다 독일에 가서는 베를린 독트린이니 드레스덴 독트린이니 하는 것들을 발표하곤 했는데 아무것도 실천되지 않았다. 물론 독일통일에서 배울 게 없다는 건 아니다. 말로만 독일통일을 배워서는 안 된다는 주장이다. 이제는 행동이 뒷받침되는 통일 논의가 필요할 때다. '행동 지향적' 논의가 아니라면 의미가 없다.

세 번째, 그럼에도 불구하고 독일통일 사례는 여전히 우리의 갈 길을 가르쳐 주고 있다. 독일통일이야말로 우리가 따라가고 싶은 통일모델이기 때문이다. 이념과 체제가 다른 가운데 자유민주주의와 시장경제의 국가 시스템을 가진 쪽이 승리했고 통일 후에도 모범적인 통합 과정을 인내심을 갖고 추진하고 있다. 하지만 1990년의 동서독 통일만은 아니다. 한반도 실정에서 더욱 주목해야 할 것은 어쩌면 한 세기 반 전의 독일제국 통일일지 모른다. 생각해 보자, 왜 비스마르크는 오스트리아를 따돌리고 '축소된' 통일을 했을까? 보통 통일이라 하면 영토나 인구가 '확대된' 통일이다. 그것은 바로 프로이센과 오스트리아의 '부적합성'incompatibility에 더해진 통일의 주체 문제 때문이다. 오스트리아의 귀족 체제와 가톨릭 중심 사회는 신흥 부르주아와 개신교 중심 사회인 프로이센과는 많이 달랐고 더욱이 당시 오스트리아는 헝가리나 체크를 포함하는 다민족 국가였다. 이와 함께 호엔촐레른 왕가가 합스부르크 왕가 밑으로 들어가지 않는 한 결코 통합될 수 없다는 확신을 비스마르크는 가졌다. 황제의 신하로서 그는 호엔촐레른 왕가가 주도권을 갖는 통일만큼은 결코 양보할 수 없었기에 오스트리아를 배제하는 쪽으로 결단을 내렸다. 정확하게 본다면, 수백 년간 합스부르크 왕가 중심의 대독일에서 프로이센을 중심으로 한 지금의 소독일이 독립한 것이다. 비스마르크는 1848년 2월 혁명 이후 소집된 프랑크푸르트 국민회의에 프로이센을 대표하여 참석했고 그곳에서 그가 내린 결론은 도저히 오스트리아와 함께 갈 수 없다는 것이었다. 그래서 전쟁으로 오스트리아를 제압했음에도 오스트리아를 포기하였다. 대부분의 오스트리아인이 1938년 히틀러의 합병을 환영했고, 오스트리아의 정식 국명은 1945년 2차 대전이 끝날 때까지 '독일-오스트리아 공화국'The Republic of German-Austria이었다. 이렇듯 오스트리아인들은 과거 합스부르크 당시 '대독일' 대한 망상을 오랫동안 갖고 있었다.

여기서 한반도에 중요한 시사점이 있다. 바로 대한민국도 더 이상 북한에 미련을 가지지 말자는 것이다. 프로이센이 오스트리아를 버리고 살아났듯이, 우리도 북한을 버려야 산다. 남북한은 프로이센과 오스트리아의 부적합성을 훨씬 뛰어넘는 현 지구상에서 가장 극심한 부적합성을 가진 나라다. 한쪽은 공산주의 국가라고 할 수도 없는 세계 유일의 3대 세습왕조다. 다른 한쪽은 자유민주주의와 시장경제로 한강의 기적을 이룬 국가다. 지금과 같은 남북한의 극심한 '부적합성'에서는 통일은 무의미하며 오히려 혼란을 자초할 것이다. 동서독 통일 직후 동독에 투자했던 삼성코닝 공장이 20년 만에 결국 손들고 철수했다. 사회주의에 물든 노동력은 결코 싸지 않다. 명목 임금은 싸지만, 노동생산성이 떨어져 상대적으로 싼 명목 임금을 따라잡기에도 벅차다. 지하자원도 경제적인 타당성이 없다면 의미가 없다. 북한의 노동인력도 마찬가지일 것이다. 전후 독일을 탈나치화하는 데 반세기가 걸렸음을 볼 때, 이들을 자본주의 인간으로 개조하는 데는 최소 몇십 년은 걸릴 것이다.

남북한 간의 극심한 '부적합성'으로 통일의 과실이 없을 거라는 것은 내 개인적인 생각만은 아니다. 내가 독일에서 만났던 많은 정치학자와 일치된 견해다. 노재봉 전 총리도 이렇게 말했다.

"통일에 대한 착각, 민족에 대한 환상을 깨야 한다. '하나의 민족이니 통일돼야 한다'는 주장은 선전 문구일 뿐이다. 한민족이면서도 다른 나라로 사는 경우가 허다하다. 남북한처럼 체제가 완전히 다르면 연방제도 불가능하다."

통일 자체가 지상 목표는 아니다. 통일의 주체 문제는 결코 양보할 수 없다. 궁극적인 자유와 번영을 가져다주는 통일이 아니라면 그 어떤 대안도 있을 수 없다. 중요한 건 속도가 아니라 방향이다. 이제 우리는 단순한 '재통일'reunification이 아니라 '새로운 통일'new unification을 창조해 나간다는 현실적인 인식으로 통일문제에 접근해야 할 때다.

2020.3.9.

브렉시트는 남북한 통일의 반면교사

　　　　　　나는 1992년 마스트리히트조약이 타결되었을 때 터져 나왔던 환희를 기억한다. 메가 유럽연합EU이 금방이라도 미국을 앞지를 듯한 장밋빛 전망 일색이었다. 그 후 통화동맹과 리스본조약을 거치면서 유럽의 장래는 더욱 견고해지는 듯했다. 하지만 2010년 이후 스페인, 포르투갈, 이탈리아, 그리스를 타격한 유로존 위기가 나타나자 EU는 균형적인 통합 기조를 포기하고 '차별화된 협력'으로 나가는 새로운 발전 방향을 설정했고, 이런 가운데 영국민은 2016년 브렉시트Brexit를 선택했다.

영국은 1973년 이래 EU 회원국이지만 단일통화 유로존 국가는 아니다. EU의 핵심은 경제, 화폐통합EMU인데 유로존이 아니다 보니, 독일이나 프랑스에 비해서 핵심적인 역할을 못하고 겉돌게 되었다. 로스토W.W.Rostow의 경제발전 5단계론에서 볼 때 독일은 '이륙단계'가 1850년 이후에야 시작되어 영국에 비해 70~80년 정도 뒤떨어져 있었던 나라다. 두 번의 세계대전에서도 결국 영국이 승리했다. 그런 영국이 이제 독일에 한참 밀리고 있으니 자존심이 상할 만도 하다.

유럽연합은 1951년 유럽석탄철강공동체ECSC로 출발하여 1957년 유럽경제공동체EEC를 거쳐 1992년 마스트리히트조약을 타결하며 오늘날의 유럽연합EU으로 발전해 왔다. 유럽연합은 경제뿐만 아니라 정치분야(공동외교안보 및 내무사법정책) 협력을 시도하였고 '유럽시민' 개념을 도입하였다. 이런 통합과정에서 나타난 부작용이 마침내 파국을 불렀다. EU 내에서 노동력의 자유이동이 허용되면서 영국에는 폴란드, 루마니아 등 동유럽 국가들로부터 매년 수십만 명의 노동자들이 몰려들어 영국인들의 불만이 고조되었다. 급기야는 데이비드 캐머런David Cameron 총리가 정치 모험을 했다. 그 자신은 브렉시트를 원하지 않았지만, 국민투표 실시로 정치적 입지를 강화하기 위한 모험을 감행하였다. 결국 모험은 모험으로 끝났다.

그동안 유럽연합은 원 회원국 6개국에서 2013년 크로아티아 가입을 끝으로 28개국으로 확대되었다. 나는 2014년 9월 함부르크에서 헬무트 슈미트 전 독일총리를 만나서 EU에 관한 그의 회고를 들을 수 있었다.

> "6개의 국가로 시작되었던 EU가 지금처럼 28개 국가가 되고 이 중 반 이상의 국가가 통화연맹을 하고 있는데 이렇게 큰 규모로는 더 이상 제대로 움직일 수 없다. 이렇게까지 오게 한 것은 큰 실수였다. 지금 EU의 전망은 매우 나쁘다. 내 관점은 비관적이라기보다는 현실적인 것이다. 더 이상 통제가 가능하지 않다."

2016년 영국의 국민투표 이후 3년 반 이상의 혼란 끝에 지난 1월 말 영국은 EU를 탈퇴하였고 EU는 사상 처음으로 회원국이 줄었다. 다만, 과도 기간인 올 연말까지 구체적인 탈퇴 조건, 즉 향후 영국과 EU의 관계를 어떻게 설정할 것인지에 관해 협상하게 되며 이 과도기 중에는 EU 규정 준수, 분담금 납부, 주민 이동 등은 종전처럼 유지된다. 이것은 탈퇴부터 마무리한 후 새로운 관계 설정에 관한 협상을 진행할 수 있다는 메르켈 총리의 초기 입장이 관철된 결과다.

협상의 초점은 무역으로서 상품뿐 아니라 서비스 거래를 포함한다. 영국은 대부분 무관세가 허용되는 캐나다, EU 간 FTA 모델을 적용받기를 원하지만 EU는 이를 받아들일 수 없다는 입장이다. 영국 기업은 이미 EU 경제에 통합되어 있어 영국에 무관세를 허용할 경우 캐나다와는 달리 EU 기업의 경쟁력이 떨어지기 때문이다. 이럴 경우 FTA가 아닌 WTO 조건만으로 교역하는 'WTO 브렉시트'가 거론되는데, 이것은 무역 분야에 있어서는 'No deal 브렉시트'와 마찬가지인 경착륙에 해당된다. 만약 아무런 합의가 이루어지지 않는다면 어떤 새로운 관계 설정도 없이 탈퇴하는 'No deal 브렉시트'가 발생할 수 있다. 'No deal 브렉시트' 경우에는 관세와 보건, 환경, 쿼터 등 비관세 무역장벽NTM의 부담이 그대로 영국 기업을 덮칠 판이다. EU는 영국의 최대 무역, 투자 파트너로서 영국 정부는 협상 결과에 따라 탈퇴 후 15년간 GDP의 최소 4%에서 최대 9%의 손실 발생을 예상하고 있다. 영국의 폴 레버Paul Lever 대사는 이렇게 말했다.

> "향후 10년 정도 영국 정부의 최우선 과제는 EU로부터 만족스러운 탈퇴를 확보하고, EU를 벗어나 더 넓은 세계에서 새로운 입지를 찾는 일이 될 것이다."

헨리 8세가 자신의 재혼을 허락지 않는 교황청에 대항하여 1534년 수장령을 발포하고 유럽을 떠난 지 5세기 만에 영국이 유럽을 떠나면서 또다시 '명예로운 고립'을 선택했다. 사실 영국은 유럽 국가가 아니다. 유럽 대륙 국가들과는 기질이 다르다. 2016년 10월 함부르크 항구 축제에 왔던 영국인 독일 현대사 전문가인 이안 커쇼Ian Kershaw로부터 유럽에 관한 영국인들의 생각을 들을 수 있었다.

> "영국은 지리적으로 유럽의 주변부에 위치해 있고, 역사적으로도 대륙과는 다른 길을 걸었다. 이미 오래전부터 대륙보다는 해외에

큰 관심을 가지고 있었고 기껏해야 대륙에서 지배적 세력의 출현을 저지하기 위해 개입했을 뿐이다. 1973년 영국이 유럽경제공동체에 가입한 것은 무역 이익이라는 순수한 경제적 동기에 기인한 것이었다. 영국은 유럽과 이념이 다르다. 스페인으로 여름 휴가를 떠나는 영국인들을 생각해 보라. 그들은 유럽에 대한 애정이 없다! 그들은 이웃인 프랑스보다 호주를 더 가깝게 생각한다."

영국의 EU 탈퇴는 프로이센이 오스트리아를 버리고 통일했듯이 통합보다는 분리를 선택한 경우다. 여기서는 경제적인 측면에 국한해서 브렉시트가 우리에게 어떤 의미로 다가오는지를 생각해 보자. FTA 1등 국가인 한국이지만 FTA를 넘어서 유럽연합과 같은 메가 FTA에 들어가도 여전히 경쟁력을 가질 수 있을까? 한반도가 통일되어 남북한 간 경제통합이 이루어진다면, 과연 노동시장의 통합은 어느 정도로 가능할 것인가? 꼭 통일 문제가 아니더라도 외국인 노동자, 외국인 유학생이 넘쳐나는 한국의 현실에서 브렉시트의 교훈은 유용할 것이다.

첫 번째는 메가 FTA 통합이 내포하는 불확실성이나 위험성을 충분히 인지할 필요가 있다. 무역, 투자는 물론 사회, 노동 등 보다 광범위하고 심층적인 경제통합을 요구하는 경제블록인 메가 FTA의 접근에 대해서는 기본적으로 매우 신중해야 한다. 무역블록과 경제블록은 다르다. EU는 단순한 무역블록이 아니라 투자, 금융, 서비스는 물론 인구 이동의 자유화까지 보장하는 메가 경제블록이다. 『WTO

옥스포드핸드북』의 저자인 암리타 나얼리카Amrita Narlikar 함부르크 세계지역문제연구소GIGA 소장도 다자간 무역 체제를 지지하지만 금융이나 이주는 통제해야 한다는 의견이다.

나는 2016년 9월 함부르크의 다이히토어 로터리클럽에서 강연하면서 한국이 환태평양경제동반자협정TPP 같은 경제블록에 들어가는 문제와 관련하여 브렉시트를 생각해 볼 만한 사례로 제시했다. 즉 영국이 EU에서 나와 한국과 같은 자유로운 FTA 국가로 돌아가려는데, 한국이 굳이 FTA 대신 TPP에 들어가는 것이 타당하느냐의 문제 제기였다. 중국과 일본이 주도권 다툼을 벌이고 있는 역내포괄적동반자협정RCEP에 참여하는 문제도 같은 맥락이다. WTO 도하라운드의 좌초나 2013년부터 시작된 미국, EU 간 범대서양무역투자동반자협정TTIP 협상이 아직 가시적인 성과를 내지 못하는 것에서도 브렉시트의 그림자를 찾아볼 수 있다.

두 번째는 남북한 통일 시 예상되는 경제, 노동시장의 통합 문제다. 영국의 EU 탈퇴를 결정적으로 부추긴 것이 이민 노동자들의 대거 유입이었음은 우리에게도 많은 것을 시사한다. 사회주의에 적응된 노동력은 '싼 게 비지떡'이란 말 그대로다. 나는 독일통일에서 그런 실례를 보아 왔다. 통일이 되더라도 북한 노동력이 상당 기간의 유예조치나 광범위한 제한 없이 그대로 남한에 쏟아져 들어와서는 안 된다. 노동력만이 아니라 주민의 자유이동 자체도 문제다. EU는 유럽시민 개념을 도입하고 역내 인적 이동을 자유화했다. 예를 들어 독일 사람은 거소 신고만으로 프랑스든 영국이든 주거를 옮길 수 있다. 하지만 동유럽 국가들이 EU에 가입하면서 이것이 심각한 사회, 노동문제가 되고 말았다. 독일에서도 이민자들의 사회보장제 남용을 막기 위하여 사회부조 최초 수령 자격을 입국 후 6개월에서 5년으로 연장하자 거리에 구걸하는 사람들이 나타나기 시작했다. 브렉시트가 일어난 영국의 외국인 인구는 1천만 명에 육박하여 전체 인구 비율의 14%를 넘었다. 대영제국 당시부터 이주해 온 인도 사람 등에 더하여 EU 내 이민자들이 쏟아져 나온 결과다. 우리나라도 급증하고 있는 외국인 노동자나 유학생들로 인한 사회적 비용을 고민해야 한다. 최근 불거진 차이나게이트에서 보듯이 이들은 한 국가의 정치적 리스크까지 요구하고 있다. 먼발치에 있던 브렉시트가 우리의 반면교사로 성큼 다가온 이유다.

· 폴 레버Paul Lever 지음, 이영래 옮김,
『독일은 어떻게 유럽을 지배하는가Berlin Rules』

2021.5.3.

분리를 통한 통일, 비스마르크의 소독일주의에서 배운다

1871년 독일을 통일한 비스마르크Otto von Bismarck는, 윈스턴 처칠이나 샤를 드골과 마찬가지로 '자신의 조국에서 아버지로 섬겨지며, 새로운 시대를 열어 간' 가장 존경받는 정치가로 추앙받고 있다. 그는 1847년 32세 최연소 의원으로 정계에 투신한 이래 11년간 외교관 생활(프랑크푸르트 의회 대표, 상트페테르부르크 대사, 파리 대사)을 거쳐 47세에 프로이센의 총리 겸 외교장관을 하였고, 덴마크, 오스트리아, 프랑스와의 3번의 전쟁 끝에 10년 만에 독일 통일의 위업을 달성하였다. 그 후 20년간을 독일 제국의 총리로 있으면서 독일의 대외정책과 내치를 근본적으로 변화시켜, 독일을 새롭게 건국하였다.

통일 과제의 완수는 비스마르크의 수많은 위업 중 가장 걸출한 위업이다. 그가 채용한 소독일주의는 19세기 중반 독일 땅에 있었던 수십 개의 나라 중 맏형 격인 합스부르크 왕가의 나라 오스트리아를 밀어내고 자신의 조국 프로이센을 중심으로 통일하자는 정책이었다. 오스트리아는 이러한 소독일주의에 반하여 프로이센을 굴복시키고, 독일 땅의 모든 나라를 통합하려는 대독일주의를 주창하였다. 이것은 오스트리아의 비스마르크라는 펠릭스 슈바르첸베르크 Felix Schwarzenberg가 주장한 7천만 인구의 슈퍼 독일을 만들려는 시도였다. 통일 후 비스마르크는 식민지 확대에 반대하였는데, 이것은 일본의 비스마르크라는 오쿠보 도시미치가 정한론을 반대한 것이나 이토 히로부미가 '조선 자치론'을 주장한 맥락과 비슷하며, 전후 일본의 총리가 된 언론인 이시바시 단잔의 '소국주의'와도 통한다. 즉 식민지 경영에 따른 부담을 회피하려는 현실주의적 접근이다.

대독일주의에 대항하여 비스마르크가 추구한 소독일주의의 핵심은 프로이센이 주도하는 통일이며, 그러기 위해서는 현실적으로 프로이센 주도 통합이 불가능한 오스트리아를 통일에서 배제시켜야 했다. 바로 프로이센이 오스트리아와의 전쟁에서 이겼지만, 오스트리아를 포기한 이유다. 이것은 합스부르크의 저력과 오홍제국에 포함된 타민족 문제를 현실적으로 해결할 수 없기 때문에, 프로이센이 당초부터 의도하지 않은 것이었다. 이렇게 1871년 통일된 독일 제국은 역설적으로 통일의 결과가 아니라 분리의 결과였다.

1848년 3월 혁명 후 소집된 프랑크푸르트의 파울스 교회에서 소집된 국민의회에서 나타난 독일 통일에 대한 열망은 대단한 것이었다. 비스마르크는 이즈음 이런 말을 했다.

> "독일통일은 독일어를 하는 사람이라면 누구나 원한다. 다만, 나는 이 헌법으로 이뤄지는 통일을 원하지 않는다. 그리고 어떤 대가를 치르더라도 통일을 이룩하겠다는 것이 우리의 구호는 아니다. 어디까지나 우리의 목표는 프로이센의 왕관을 조금도 훼손치 않고 지켜 내는 일이다."

당시 파울스 교회 국민의회에서 대독일주의와 소독일주의 간 명확한 입장을 정한 것은 아니었던 만큼, 그의 이런 언급은 국민의회가 겨냥한 공화제가 아닌 왕정을 지켜 내겠다는 결의를 표현한 것이었다. 그럼에도 프로이센의 왕관을 지켜 내겠다는 이 결의는 그 대상이 공화주의자든 오스트리아 황제든 모두에게 해당하는 것이리라.

프로이센과 오스트리아는 같은 민족, 같은 언어 외에 19세기 통일 논의 당시 '보수 주의'라는 같은 정치 성향을 가졌다. 다만 신, 구교 라는 종교적 차이와 오스트리아가 타민족을 거느리고 있었다는 점이 달랐다. 그럼에도 프로이센은 자신의 왕관을 지키기 위해 소독일주의 통일을 택했고 이를 관철시켰다. 이것에 비해서 남북한은 민족과 언어가 같지만, 치명적일 정도로 중요한 체제와 이념 면에서 지구상에서 가장 극단적인 상이함을 가졌다. 더욱이 같은 언어를 쓴다는 것도 이미 사실이 아니다. 탈북민 1호 통일학 박사인 주승현은 처음 한국에 왔을 때, 뉴스를 한마디도 알아듣지 못했다고 할 정도다. 이런 상황에서 무력 통일로 어느 한쪽의 체제와 이념을 강요하지 않는 한, 평화적 통일은 레토릭에 불과할 것이다. 그러나 무력 통일 또한 현실적인 옵션은 아니다.

비스마르크의 소독일주의 통일은 남북한 통일 문제에도 우리에게 매우 중요한 메시지를 던진다. 바로, 우리는 어떤 경우라도 남한 주도, 즉 자유민주주의와 시장경제, 그리고 법치주의를 가치로 하는 체제로의 통일을 지상 목표로 삼아야 한다는 것이다. 이것은 북한 주도의 통일은 물론, 남북한 체제의 연합이나 연방 구성을 통한 어떤 형태의 중립적인 통일 국가도 반대한다는 것이다. 비스마르크가 말한 대로라면, 한국말을 쓰는 사람치고 누군들 통일을 원치 않겠느냐마는, 그렇다고 아무 통일이나 할 수는 없다. 더욱이 핵무장한 북한이 우리의 의지대로 남한 주도의 통일에 응할 리 만무하다. 이제 우리 민족끼리 통일하자는 망상은 아주 오랫동안 시렁 위에 올려놓아야 한다. 우리의 통일 목표는 명확하다. 바로 자유한국의, 자유한국에 의한, 자유한국을 위한 통일이다. 이것이 비스마르크라는 위대한 외교관이 남긴 '분리를 통한 통일'의 교훈일 것이다.

그렇다면 왜 비스마르크는 오스트리아 없는 통일만이 프로이센을 살리는 길이라 생각했을까? 여기에 대한 해답은 비스마르크의 프랑크푸르트 주재 외교관 경험에 있다. 비스마르크가 당시 프로이센의 외교 사절 중 가장 중요한 포스트였던 프랑크푸르트에 파견된 것은, 그가 프로이센 왕으로부터 오스트리아와의 협력을 이끌 대변자로 인정받았기 때문이었다. 프리드리히 빌헬름 4세는 "프로이센과 오스트리아의 동맹만이 야생의 거친 동물(혁명과 자유주의 세력)을 우리 안에 잡아 두며 미소를 지을 수 있게 한다"고 할 정도로 오스트리아와의 동맹을 강조하였고, 비스마르크도 오스트리아에 대하여 호감을 가지고 있었다.

하지만 프랑크푸르트 외교 현장에서 오스트리아와 부딪힌 8년 동안 비스마르크의 생각은 달라졌다. 당초 기대와는 달리 오스트리아와의 협력이 어렵다는 걸 절감하였다. 오스트리아는 프로이센과 번갈아 가며 의장을 맡자는 제안을 거부하였고, 만장일치 사안을 줄여 가면서 두 번째 큰 나라인 프로이센에 부여했던 거부권도 인정치 않았다. 합스부르크 왕조는 혁명의 위기를 이겨 내면서 중부 유럽을 장악하려는 의도를 노골적으로 드러내었다. 오스트리아의 헤게모니 앞에서 독일연방은 한낱 도구에 지나지 않았다. 결국 비스마르크는 독일 전체의 주군이 되려는 오스트리아를 적으로 돌릴 수밖에 없었다.

비스마르크는 처칠만큼이나 능숙한 달변가로 많은 명언을 쏟아 내었다. 그는, "일하려면 우선 쉬어야 한다"는 말을 했는데, 내가 가장 좋아하는 말이다. 비스마르크야말로 '아우토겐'Autogen 즉 '자율회복'의 이치를 일찍이 터득한 전형적인 독일인이었다. 1871년 통일을 완수한 후 비스마르크는 독일제국이 새로운 전쟁을 벌여 봐야 더는 얻는 게 없을 것이라 생각했다. 그래서 독일제국은 "배부르다"는 말로 주변국들을 안심시켰다. 그는 평상시 충분한 힘을 비축하고 있어야 한다는 지론을 가졌지만, 예방 전쟁이나 선제공격은 철저히 거부하였다. 키신저는 비스마르크를 이렇게 회고했다.

> "능력이 탁월한 비스마르크가 만든 강력한 국가도 이후 주변국과의 관계를 슬기롭고 원만하게 유지할 능력이 없는 사람들에 의해 20세기 초 붕괴되고 말았다."

· 에버하르트 콜브Eberhard Kolb 지음, 김희상 옮김,
『지금, 비스마르크Otto von Bismarck』
· 제바스티안 하프너Sebastian Haffner 지음, 안인희 옮김,
『비스마르크에서 히틀러까지Von Bismarck zu Hitler: Ein Rueckblick』
· 독일연방의회 발행, 『Fragen an die deutsche Geschichte』

참고 문헌

1. 로버트 D. 카플란Robert D. Kaplan 지음, 이재규 옮김, 『21세기 국제정치와 투키디데스Warrior Politics』

2. 리처드 하스Richard Haass 지음, 김성훈 옮김, 『혼돈의 세계A World in Disarray』

3. 조지 프리드먼George Friedman 지음, 홍지수 옮김, 『다가오는 유럽의 위기와 지정학 Flash Points』

4. 조지 프리드먼George Friedman 지음, 홍지수 옮김, 『다가오는 폭풍과 새로운 미국의 세기The Storm before the Calm』

5. 우디 그린버그Udi Greenberg 지음, 이재욱 옮김, 『바이마르의 세기The Weimar Century』

6. 팀 마샬Tim Marshall 지음, 김미선 옮김, 『지리의 힘Prisoners of Geography』

7. 프랜시스 후쿠야마Francis Hukuyama 지음, 이수경 옮김, 『존중받지 못하는 자들을 위한 정치학Identity』

8. 프랜시스 세예르스테드Francis Sejersted 지음, 유창훈 옮김, 『사회민주주의의 시대』

9. 존 J. 미어샤이머John J. Mearsheimer 지음, 이춘근 옮김, 『미국 외교의 거대한 환상 The Great Delusion』

10. 헨리 키신저Henry Kissinger 지음, 이현주 옮김, 최형익 감수, 『헨리 키신저의 세계 질서World Order』

11. Michael R. Auslin 지음, 『Asia's New Geopolitics』

12. 하우케 프리드리히Hauke Friedrich, 《디 차이트Die Zeit》 기명기사 2022.2.19.

13. 앤터니 비버Antony Beevor 지음, 김원중 옮김, 『스페인 내전The Battle for Spain』

14. 티머시 스나이더Timothy Snyder 지음, 유강은 옮김, 『가짜 민주주의가 온다The Road to Unfreedom』

15. 토르스텐 크라우엘Torsten Krauel 《디 차이트Die Zeit》 기명기사 2020.6.17.

16. 마르쿠스 가브리엘Markus Gabriel 지음, 오노 가즈모토 편찬, 김윤경 옮김, 『왜 세계사의 시간은 거꾸로 흐르는가』

17. 배리 골드워터Barry Goldwater, 『보수주의자의 양심The Conscience of a Conservative』

18. 앤드류 퍼터Andrew Futter 지음, 고봉준 옮김, 『핵무기의 정치The Politics of Nuclear Weapons』

19. 햄프턴 사이즈Hampton Sides, 박희성 옮김, 『데스퍼레이트 그라운드On Desperate Ground』

20. T. R. 페렌바크Fehrenbach 지음, 최필영, 윤상용 옮김, 황규만 감수, 『이런 전쟁This Kind of War』

21. 새뮤얼 킴Samuel Kim 지음, 김병로 옮김, 『한반도와 4대 강국The Two Koreas and the Great Powers』

22. 심천보 지음, 『우리는 누구인가 우리는 어디로 가는가』

23. 베르너 아벨하우저Werner Abelshauser 지음, 『Deutsche Wirtschaftsgeschichte: Von 1945 bis zur Gegenwart』

24. 폴 레버Paul Lever 지음, 이영래 옮김, 『독일은 어떻게 유럽을 지배하는가Berlin Rules』

25. 케이티 마튼Kati Marton 지음, 윤철희 옮김, 『메르켈 리더십The Chancellor』

26. 공로명 지음, 『나의 외교 노트』

27. 임병직 장관 회고록 『임정에서 인도까지』

28. Patrick Koellner 지음, 『Die beiden Koreas und die Vereinigungsfrage, Suedkorea und Nordkorea』

29. Michael Walzer 지음, 『Just and Unjust Wars』

30. 한승주 지음, 『한국에 외교가 있는가』

31. 류성룡 지음, 장윤철 옮김, 『징비록』

32. 박상휘 지음, 『선비, 사무라이 사회를 관찰하다』

33. Roger Garside 지음, 『China Coup』

34. 가토 요시카즈加藤嘉 지음, 정승욱 옮김, 『붉은 황제의 민주주의中國民主化硏究』

35. 뉴트 깅리치Newt Gingrich 지음, 주준희 옮김, 『전체주의 중국의 도전과 미국Trump vs. China』

36. Xifan Yang,《더 차이트Die Zeit》기명기사, 「중국의 몰락」, 2022.6.16.

37. 로렌스 라우Lawrence J. Lau 지음, 『The China-U.S. Trade War and Future Economic Relations』

38. 머라이케 올베르크Mareike Ohlberg, 경제 포탈《Capital》인터뷰, 2020년 6월 인터넷 기사

39. 김진명 지음, 『미중전쟁』

40. 이영훈 지음, 『호수는 어디에: 호서와 호남은 없다』

41. 정병준 지음, 『독도 1947』

42. 대한민국 정부 발간, 『대한민국과 일본국 간의 조약 및 협정 해설』, 1965.7.5.

43. 존 다우어John Dower 지음, 최은석 옮김, 『패배를 껴안고Embracing Defeat』

44. 오누마 야스아키, 에가와 쇼코 지음, 조진구, 박홍규 옮김, 『한중일 역사인식 무엇이 문제인가』

45. 가루베 다다시 지음, 박홍규 옮김, 『마루야마 마사오: 리버럴리스트의 초상』

46. 야스카와 주노스케安川 寿之輔 지음, 이향철 옮김, 『마루야마 마사오가 만들어낸 '후쿠자와 유키치'라는 신화』

47. 정일성 지음, 『후쿠자와 유키치』

48. 재레드 다이아몬드Jared Diamond 지음, 강주헌 옮김, 『대변동 위기, 선택, 변화 Upheaval』

49. 이영기 지음, 『독일통일의 해부』

50. 한스 쿤드나니Hans Kundnani 지음, 김미선 옮김, 『독일의 역습The Paradox of German Power』

51. 에버하르트 콜브Eberhard Kolb 지음, 김희상 옮김, 『지금, 비스마르크Otto von Bismarck』

52. 제바스티안 하프너Sebastian Haffner 지음, 안인희 옮김, 『비스마르크에서 히틀러까지Von Bismarck zu Hitler: Ein Rueckblick』

53. 독일연방의회 발행, 『Fragen an die deutsche Geschichte』